Isabell Pohlmann

Steuererklärung
2021/2022
Arbeitnehmer, Beamte

Mit Leitfaden für ELSTER

Inhaltsverzeichnis

Auf ein Neues!

Muss ich eine Steuererklärung machen? Lohnt es sich, freiwillig mit dem Finanzamt abzurechnen? Wie stehen die Chancen auf eine attraktive Steuererstattung? Auf den folgenden Seiten geben wir einen ersten Überblick für die Steuererklärung für 2021, sagen, wer abrechnen muss, und informieren über neue und alte Sparchancen.

Wie motiviert sind Sie, die Steuererklärung für das Jahr 2021 zu machen? Wenn Sie im Vorjahr eine größere Summe vom Finanzamt zurückbekommen haben und auch dieses Mal mit einer Erstattung rechnen, wird es Ihnen vermutlich leichter fallen, sich an die Formulare zu setzen.

Schwieriger ist es, wenn Sie noch an den Steuer-Erfahrungen aus dem Corona-Jahr 2020 zu knabbern haben und fürchten, dass es für 2021 ähnlich aussehen könnte: Vielleicht gehören Sie zu den Arbeitnehmern, die Steuern nachzahlen müssen, weil Sie Kurzarbeitergeld erhalten haben. Oder Ihre Steuererstattung fällt infolge von Corona deutlich niedriger aus, als Sie es aus früheren Zeiten gewohnt sind – etwa weil Sie viel Zeit im Homeoffice verbracht haben und deshalb weniger Ausgaben für den täglichen Arbeitsweg als Werbungskosten absetzen können. In dem Fall ist die Motivation vermutlich eher gering. Doch auch wenn es Sie etwas

Überwindung kostet: Trotz dieser und anderer Besonderheiten in Corona-Zeiten haben viele Arbeitnehmende und Verbeamtete dennoch die Chance, sich mit der Steuererklärung für 2021 Geld vom Finanzamt zurückzuholen. Dafür sorgen unter anderem einige Steueränderungen – angefangen bei der Ende 2020 eingeführten Homeoffice-Pauschale, die auch für 2021 noch gilt. Sie kann allen, die einen Großteil ihrer Berufstätigkeit am Küchen- oder Wohnzimmertisch absolviert haben, zumindest eine gewisse Steuerersparnis bringen.

Wer 2021 hingegen regelmäßig in die Firma gefahren ist, kann bei weiten Wegen von einer erhöhten Pendlerpauschale profitieren und mehr Werbungskosten geltend machen als früher. Weitere Verbesserungen gelten seit Jahresbeginn zum Beispiel bei den Pauschalen, die Sie im Fall einer Behinderung oder für die Pflege eines Angehörigen geltend machen können. Einen kurzen Überblick zu diesen und anderen Steueränderungen geben wir auf den folgenden Seiten.

Dazu viele bekannte Sparchancen

Mit dieser Übersicht zu den Neuerungen können Sie gleich sehen, auf welche Punkte Sie bei der diesjährigen Steuererklärung im Vergleich zum Vorjahr besonders achten sollten. Auch wenn Sie erstmals eine Steuererklärung machen (müssen), können Sie neue Chancen gleich in den Blick nehmen, um möglichst viel herauszuholen. Darüber hinaus bestehen weiterhin zahlreiche Sparmöglichkeiten, die vielen Arbeitnehmern und Beamten seit Jahren bekannt sind. Auf diese alten Bekannten werden wir an entsprechender Stelle eingehen, wenn wir Sie Schritt für Schritt durch die aktuellen Steuerformulare führen.

Ob Sie diese weiter traditionell auf Papier ausfüllen oder sich für die digitale Abrechnung beim Finanzamt entscheiden, bleibt meist Ihnen überlassen. Eine Entscheidungshilfe und Unterstützung, wie die erste Abrechnung über das Online-Portal ELSTER der Finanzverwaltung klappen kann, erhalten Sie ab → Seite 33. Abschließend geben wir Ihnen weitere Steuerspartipps – quasi als Vorbereitung für künftige Steuererklärungen, sodass Sie in Zukunft noch besser beim Finanzamt dastehen können.

Steuerjahr 2021: Das ist neu

Zum Jahreswechsel 2021 hat sich steuerlich etwas getan. Einige Änderungen zu Ihren Gunsten dürften Sie bereits beim Blick auf Ihre Lohn- oder Gehaltsabrechnungen festgestellt haben: Selbst wenn sich an ihrem Bruttoverdienst im Vergleich zu 2020 nichts getan hat, werden viele Arbeitnehmer und Beamte 2021 mehr Netto ausgezahlt bekommen als früher. Dafür sorgen zum Beispiel erhöhte Steuerfreibeträge. Dadurch bleibt nun ein größerer Teil Ihres Monatsbruttos steuerfrei, sodass der Arbeitgeber oder Dienstherr weniger Lohnsteuer einbehalten muss. Für die allermeisten Steuerzahlenden ist zudem der Solidaritätszuschlag weggefallen. Das bedeutet: Anders als in früheren Jahren werden nun meist nicht mehr 5,5 Prozent der fälligen Lohnsteuer zusätzlich ans Finanzamt abgeführt.

Wichtige Gesetzesänderungen im Überblick

Weitere Steueränderungen können sich ebenfalls zu Ihren Gunsten bemerkbar machen – spätestens mit der Steuererklärung für 2021:

▶ **Pendlerpauschale:** Fahren Sie regelmäßig mehr als 20 Kilometer zur Arbeit, können Sie von der erhöhten Pendlerpauschale profitieren. Für die ersten 20 Kilometer Wegstrecke zwischen Wohnung und erster Tätigkeitsstelle bleibt es zwar wie bisher bei den 30 Cent pro Entfernungskilometer, ab Kilometer 21 sind es aber mittlerweile 35 Cent je Kilometer. Diese erhöhte Pauschale gilt auch für Fahrten, die Sie im Rahmen einer doppelten Haushaltsführung zurücklegen.

▶ **Mobilitätsprämie:** Haben Sie als Arbeitnehmer einen weiten Arbeitsweg, aber ein so niedriges Einkommen, dass Sie gar keine Steuern zahlen müssen? Dann bringt Ihnen die erhöhte Pendlerpauschale steuerlich keinen Vorteil. Deshalb können Sie neuerdings mit der Steuererklärung eine sogenannte Mobilitätsprämie beantragen und so doch noch eine Entschädigung für den weiten Arbeitsweg einstreichen.

▶ **Familien:** Zum Jahreswechsel wurde das Kindergeld angehoben. Für die ersten beiden Kinder erhalten Eltern nun 219 Euro im Monat, für das dritte Kind 225 Euro und für jedes weitere Kind 250 Euro. Infolge der Corona-Pandemie erhalten sie zudem einen Familienbonus von 150 Euro je Kind. Auch die Steuerfreibeträge, die Eltern im Zuge der Steuererklärung je nach Einkommen für ihre Kinder erhalten können, wurden erhöht. Jeder Elternteil erhält nun pro Kind 2730 Euro Kinderfreibetrag plus 1464 Euro Betreuungsfreibetrag.

▶ **Behindertenpauschbetrag:** Der Steuerfreibetrag für Menschen mit einer Behinderung ist deutlich angehoben worden. Er staffelt sich nach dem jeweiligen Grad der Behinderung und liegt nun zwischen 384 und 7400 Euro im Jahr. Zudem ist die Hürde, um den Steuerfreibetrag zu nutzen, leicht gesunken: Er steht Ihnen nun ab einem Grad der Behinderung von 20 zu, im Vorjahr war das erst ab 25 möglich. Neu ist außerdem, dass Sie ab einem Grad der Behinderung von 70 eine Fahrtkostenpauschale in Anspruch nehmen können: So können Sie weitere 900 bis 4500 Euro im Jahr als außergewöhnliche Belastung geltend machen.

▶ **Pflegepauschbetrag:** Pflegen Sie zum Beispiel Ihren Partner oder Ihre Eltern unentgeltlich, steht Ihnen ein Pauschbetrag zu. Ihn gibt es nun schon, wenn die zu betreuende Person mindestens Pflegegrad 2 hat, vorher gab es ihn erst ab Pflegegrad 4. Je nach Pflegegrad liegt der Betrag nun zwischen 600 und 1800 Euro.

▶ **Ehrenamtliches Engagement:** Die Steuerfreibeträge für Einnahmen aus gemeinnütziger Tätigkeit wurden erhöht. So bleiben beispielsweise für Jugendtrainer im Fußballverein nun bis zu 3000 Euro im Jahr (vorher: 2400 Euro) steuerfrei. Der Freibetrag für andere Tätigkeiten, etwa im Vorstand oder als Platzwart, stieg auf 840 Euro im Jahr.

Neben diesen Gesetzesänderungen sorgen zum Beispiel aktuelle Urteile der Finanzgerichte für Bewegung. Um im Laufe des Jahres jeweils auf dem neuesten Stand über Änderungen und Entwicklungen im Steuerrecht zu bleiben, können Sie sich auf test.de im Ressort „Steuern" informieren.

Grundbegriffe erklärt

Wenn es um Steuern geht, sind die Inhalte nicht immer leicht zu verstehen. Hinzu kommt, dass es sicher unterhaltsamere Themen gibt, als beispielsweise den Progressionsvorbehalt oder die Berechnungsgrundlage, um die Höhe der „zumutbaren Belastung" zu ermitteln. Die gute Nachricht ist aber, dass Sie sich nur mit vergleichsweise wenigen Fachbegriffen auseinandersetzen müssen. Die schlechte Nachricht ist jedoch: Manche Fachbegriffe sind in der Alltagssprache verwurzelt und stehen dort für allgemeine Sachverhalte – in der Steuerfachsprache bedeuten sie aber etwas ganz anderes.

So werden beispielsweise Begriffe wie „Einkommen" oder „Einkünfte" in der Alltagssprache ziemlich gleich verwendet. In der Steuerfachsprache liegen sie allerdings weit auseinander. Darüber hinaus gibt es Spezialbegriffe, unter denen sich steuerliche Laien kaum etwas vorstellen können. Einige der wichtigsten Begriffe stellen wir Ihnen kurz vor, sodass Sie beim Ausfüllen der Erklärung besser verstehen, worum es geht, und bei Problemen noch einmal nachschlagen können.

Auf der Einnahmenseite dreht sich im Steuerrecht alles um den Begriff der **Einkünfte**. Davon gibt es sieben unterschiedliche, die sogenannten **Einkunftsarten**. Die unterliegen der Einkommensteuer, sind nach ihrer jeweiligen Quelle benannt und heißen deshalb einigermaßen nachvollziehbar Einkünfte aus

1 Land- und Forstwirtschaft,

2 Gewerbebetrieb,

3 selbstständiger Arbeit,

4 nichtselbstständiger Arbeit,

5 Kapitalvermögen,

6 Vermietung und Verpachtung.

7 Die siebte Einkunftsart nennt sich **„sonstige Einkünfte"**, und darunter fällt, was bei den anderen Einkunftsarten nicht unterzubringen ist, beispielsweise Renteneinkünfte.

Einige Fachbegriffe erklärt

Die zentrale Einkunftsart aller Arbeitnehmer, ob Angestellte, Arbeiter oder Beamte, heißt **Einkünfte aus nichtselbstständiger Arbeit**. Die ergeben sich vor allem aus Löhnen und Gehältern, die der Arbeitgeber zahlt. Aber Löhne und Gehälter sind nicht dem Begriff Einkünfte aus nichtselbstständiger Arbeit gleichzusetzen: Vereinfacht gesagt sind Einkünfte im steuerlichen Sinn nämlich immer die Einnahmen aus einer Quelle minus die Ausgaben, die erforderlich sind, um diese Einnahmen zu erzielen. Für Arbeitnehmer und Beamte heißt das: Ihre Einkünfte sind vor allem Lohn oder Gehalt minus der Kosten, die sie für ihren Job aufbringen müssen. Die heißen **Werbungskosten** und stehen ihnen zunächst in Form des **Arbeitnehmerpauschbetrags** zu.

Der Pauschbetrag beläuft sich auf 1 000 Euro für ein Kalenderjahr. Arbeitnehmer können ihn auch dann in vollem Umfang nutzen, wenn sie nur einige Monate im Jahr gearbeitet haben. Alle, die höhere Ausgaben für ihren Job haben, etwa für Fahrten zur Arbeit, ein häusliches Arbeitszimmer, die Anschaffung eines Computers, Fachbücher, andere Arbeitsmittel oder eine doppelte Haushaltsführung, können diese Ausgaben als Werbungskosten in tatsächlicher Höhe geltend machen.

→ Zum Beispiel Ariane A.

Sie ist alleinstehend und arbeitet in der Krankenhausverwaltung, Bruttolohn im Jahr 30 000 Euro. Die drei Kilometer zur Klinik fährt sie entweder mit dem Rad oder mit ihrem Auto. Ausgaben für den Job hat sie sonst keine, andere Einkünfte auch nicht. Mit ihren Werbungskosten kommt sie nicht über den Arbeitnehmerpauschbetrag von 1000 Euro, denn ihr Arbeitsweg schlägt gerade mal mit 198 Euro zu Buche (3 km mal 220 Tage mal 0,30 Euro, → Seite 66). Sie erzielt folglich 29 000 Euro Einkünfte aus nichtselbstständiger Tätigkeit (30 000 minus 1000). Wäre ihr täglicher Arbeitsweg etwa mit 20 Kilometern deutlich länger, kämen allein dadurch 1320 Euro Werbungskosten zusammen (20 km mal 220 Tage mal 0,30 Euro). Das würde Arianes Einkünfte auf 28 680 Euro drücken (30 000 minus 1320).

Das Finanzamt fasst alle positiven und negativen Einkünfte zusammen. Freibeträge, beispielsweise der Entlastungsbetrag für Alleinerziehende (Steuerklasse II, → Seite 13), sind zudem zu berücksichtigen. Das Zwischenergebnis wird als **Gesamtbetrag der Einkünfte** bezeichnet. Der Betrag spielt zum Beispiel bei der Berechnung von Steuervorteilen eine Rolle oder bei der Berechnung der zumutbaren Belastung (→ Seite 250). An dieser Stelle dient er uns vor allem als Ausgangspunkt für einen nächsten Rechenschritt.

Werden vom Gesamtbetrag der Einkünfte **Sonderausgaben** und **außergewöhnliche Belastungen** abgezogen, ergibt das in der Steuersprache das **Einkommen**. Sonderausgaben sind bestimmte private Kosten, die steuerlich abzugsfähig sind. Dazu gehören beispielsweise Spenden oder Kirchensteuer. Jedem steht zunächst ein Sonderausgabenpauschbetrag von jährlich 36 Euro zu. Die wichtigsten Sonderausgaben für Arbeitnehmer sind in der Regel die Beitragszahlungen an Renten-, Kranken- und Pflegeversicherungen (→ Seite 103). Diese speziellen Sonderausgaben werden auch **Vorsorgeaufwendungen** genannt und zusätzlich zum Sonderausgabenpauschbetrag berücksichtigt.

Unter außergewöhnlichen Belastungen versteht das Steuerrecht weitere private Ausgaben, die das Finanzamt ganz oder teilweise steuermindernd anerkennt. Darunter fallen etwa Krankheitskosten oder Aufwendungen behinderter Menschen (→ Seite 122).

Wie die weitaus meisten Arbeitnehmer kann Ariane A. aus dem Beispiel zuvor einen Teil ihrer Versicherungskosten absetzen. Für 2021 wären das 5140 Euro für die gezahlten Rentenversicherungs-, Kranken- und Pflegeversicherungsbeiträge. Wenn sie keine weiteren Sonderausgaben und keine außergewöhnlichen Belastungen geltend machen kann, käme sie damit auf ein Einkommen von 23824 Euro (29000 minus 5140 minus 36 Euro Sonderausgabenpauschale).

Um aus dem Einkommen das **zu versteuernde Einkommen** zu berechnen, also den Betrag, der unter dem Strich tatsächlich zu versteuern ist, können weitere **Freibeträge** abgezogen werden. Vor allem geht es an dieser Stelle um den Kinderfreibetrag und den sogenannten Betreuungsfreibetrag. Das betrifft vor allem gut verdienende Eltern, bei denen die finanzielle Entlastung durch das Kindergeld geringer ausfällt als die Entlastung durch beide Freibeträge (→ Seite 141).

Da Ariane A. ihren erwachsenen Sohn steuerlich nicht mehr als Kind geltend machen kann, ist die Höhe ihres Einkommens also genauso hoch wie ihr zu versteuerndes Einkommen von 23824 Euro. Nach geltendem Steuertarif müsste sie als Alleinstehende 3297 Euro Einkommensteuer zahlen. Solidaritätszuschlag wird für sie seit 2021 nicht mehr fällig. Gegebenenfalls kämen noch bis zu rund 300 Euro Kirchensteuer hinzu. Wer herausfinden will, wie viel Einkommensteuer je nach Einkommen fällig wird, findet dazu im Internet ein praktisches Tool: bmf-steuerrechner.de („Berechnung der Einkommensteuer").

Liegt das zu versteuernde Einkommen unter dem **Grundfreibetrag**, oft auch **steuerfreies Existenzminimum** genannt, wird keine Einkommensteuer fällig. Der Grundfreibetrag liegt 2021 bei 9744 Euro für Alleinstehende und bei 19488 Euro für Verheiratete/eingetragene Lebenspartner.

Lohnersatz: Kurzarbeit, Arbeitslosigkeit und Elternzeit

Neben dem Arbeitslohn erhalten Angestellte manchmal Lohnersatzleistungen. Die heißen so, weil sie anstelle von Arbeitslohn gezahlt werden, zum Beispiel Arbeitslosengeld, Kurzarbeitergeld, Mutterschafts-, Eltern- oder Krankengeld (→ Seite 231). Gerade in Corona-Zeiten flossen Leistungen wie Kurzarbeiter- und Arbeitslosengeld häufiger als sonst. Solche Leistungen sind steuerfrei, können aber unter dem Strich trotzdem zu höheren Steuern führen. Das funktioniert über den sogenannten **Progressionsvorbehalt**. Hinter dem sperrigen Begriff verbirgt sich für Arbeitnehmer im Zusammenhang mit Lohnersatzleistungen folgender Vorgang: Zum zu versteuernden Einkommen wird eine im Jahresverlauf bezogene Lohnersatzleistung hinzugezählt und auf dieser Grundlage der durchschnittliche Steuersatz ermittelt. Danach zieht man die Lohnersatzleistung wieder ab und wendet den so ermittelten Steuersatz auf das ursprüngliche zu versteuernde Einkommen an.

Das führt in der Regel zu einer höheren Steuerbelastung als vorher. Hätte beispielsweise Ariane A. zu ihrem zu versteuernden Einkommen von 23 824 Euro noch 2 000 Euro Kurzarbeitergeld erhalten, wäre ihr Durchschnittssteuersatz (→ Seite 261) von 13,84 Prozent auf 14,95 Prozent gestiegen. Sie müsste auf dasselbe zu versteuernde Einkommen von 23 824 Euro „dank Progressionsvorbehalt" knapp 265 Euro mehr Einkommensteuern zahlen.

Gleich möglichst passend Lohnsteuer zahlen

Den laufenden Steuerabzug von Lohn und Gehalt übernimmt der Arbeitgeber im Auftrag des Finanzamts. Das funktioniert über sechs unterschiedliche **Lohnsteuerklassen**. Vor allem die familiäre Situation entscheidet darüber, welcher Lohnsteuerklasse Sie angehören.

- ▶ **Alleinstehende.** Ohne Kinder sind Sie in Klasse I. Haben Sie mindestens ein Kind, kann es auch Steuerklasse II sein. Hier wird ein besonderer Freibetrag, der Entlastungsbetrag für Alleinerziehende, berücksichtigt.
- ▶ **Ehepaare und eingetragene Lebenspartnerschaften.** Sie können wählen. Dabei ist die Kombination der Steuerklassen IV/IV in der Regel erste Wahl, wenn beide Partner etwa gleich viel verdienen. Liegen die Löhne weit auseinander, sorgt die Kombination III/V für den geringsten laufenden Steuerabzug (Klasse III für den Partner mit dem höheren Gehalt, → Seite 235). Bei großen Lohnunterschieden müssen Ehepaare jedoch mit zum Teil erheblichen Nachzahlungen rechnen. Um dies zu vermeiden, besteht für Paare eine Alternative unter dem

Begriff „Faktorverfahren". Ein Faktor gleicht den Verdienstunterschied aus und mindert die Steuerbelastung im Vergleich zur Steuerklassenwahl IV/IV („vier-vier"). Die jährliche Gesamtbelastung nach Abgabe der Steuererklärung ändert sich nicht. Der Faktor kann ebenso wie die anderen Steuerklassen aber die Höhe von Lohnersatzleistungen, etwa von Elterngeld, beeinflussen (→ Seite 231).

Die Lohnsteuerklasse VI gilt für ein zweites und für jedes weitere Arbeitsverhältnis – unabhängig von familiären Verhältnissen. Die Zuordnung zu Lohnsteuerklassen beeinflusst die Abzüge vom Bruttolohn und damit die Höhe des laufenden Nettolohns. So ist zum Beispiel ein Bruttomonatsgehalt von 3 000 Euro in den Klassen I und IV mit rund 396 Euro Lohnsteuer belastet (ohne Solidaritätszuschlag und ohne Kirchensteuer). In der Klasse III sind es nur rund 146 Euro und in der Klasse V rund 719 Euro Lohnsteuer. Die Unterschiede kommen daher, dass die einzelnen Steuerklassen unterschiedliche Freibeträge und Pauschalen enthalten. So drücken der in Klasse III eingearbeitete doppelte Grundfreibetrag und ein teilweise höherer Abzugsbetrag für Vorsorgeaufwendungen (das sind hier die Beiträge für die Renten-, Kranken- und Pflegeversicherung) die laufende Steuerlast erheblich.

Welche Steuerklassenkombination für Ehe- und Lebenspartner am günstigsten ist, finden Sie im Internet auf der BMF-Homepage unter bundesfinanzministerium.de (Suchbegriff „Steuerklassenwahl").

Der Steuerabzug über die Lohnsteuerklasse erfolgt im Jahresverlauf pauschal nach einem ziemlich groben Raster. Dadurch kann der laufende Lohnsteuerabzug von der tatsächlichen Steuerschuld erheblich abweichen. Im Bundesdurchschnitt zahlen die Finanzämter Arbeitnehmern pro Steuererklärung rund 1 000 Euro zurück.

Warum die meisten Arbeitnehmer zu viel Steuern zahlen

Mehr bleibt netto nicht übrig? Beim Blick auf die monatliche Lohn- oder Gehaltsabrechnung wird die eine oder der andere vielleicht enttäuscht sein: Bei einem Monatsbruttogehalt von zum Beispiel 4 500 Euro bekommen Sie knapp 2 800 Euro netto ausgezahlt. Ein größerer Teil des Bruttoverdienstes fließt in die einzelnen Zweige der Sozialversicherung. Den weiteren größeren Posten macht die Lohnsteuer aus: In Steuerklasse IV werden zum Beispiel rund 800 Euro im Monat fällig bei 4 500 Euro Bruttoverdienst.

Die Höhe der Lohnsteuer, die der Arbeitgeber direkt an das Finanzamt weiterleitet, ist allerdings nicht unbedingt ganz genau: Der Sofortabzug der Lohnsteuer funktioniert nämlich wie zuvor beschrieben zunächst pauschal und berücksichtigt die konkrete Lage des einzelnen Arbeitnehmers nur zum Teil. Das führt dazu, dass das Finanzamt in den weitaus meisten Fällen zunächst mehr Geld kassiert, als ihm zusteht.

So wird der Arbeitnehmerpauschbetrag in den Lohnsteuerklassen I bis V in jedem Monat mit 83,33 Euro berücksichtigt (1 000 durch 12, Ergebnis gerundet). Hat ein Arbeitnehmer beispielsweise aber nur sechs Monate eines Jahres gearbeitet, etwa weil er im Juli erstmals einen Job angetreten hat, weil er in den anderen Monaten arbeitslos war oder weil er am 1. Juli in Rente ging, konnte er nur für sechs Monate den Arbeitnehmerpauschbetrag nutzen, also 500 Euro. Die restlichen 500 Euro stehen ihm aber trotzdem zu, weil es ein Jahresbetrag ist. Ein Arbeitnehmer erhält ihn auch dann ohne zeitanteilige Kürzung, wenn er nur an einem einzigen Tag des Jahres gearbeitet hat. Die Berechnung, nach der ein Arbeitgeber die Lohnsteuer einbehält, geht aber davon aus, dass ein Angestellter volle zwölf Monate des Jahres beschäftigt ist. Wer kürzer gearbeitet hat, zahlt somit im Jahresverlauf zu viel Lohnsteuer für den Arbeitslohn.

Solange sich die Werbungskosten im Rahmen des Arbeitnehmerpauschbetrags bewegen, bleibt der Nachteil für Arbeitnehmer meist überschaubar. Liegen sie höher, etwa weil Sie regelmäßig einen weite Entfernung zwischen Wohnung und Betrieb zurücklegen, durch häufige Dienstreisen, ein Heimbüro, einen zweiten Haushalt am Arbeitsort, Fortbildungsaufwand oder höhere Ausgaben für Arbeitsmittel, kann ein Angestellter übers Jahr ein paar Hunderter oder gar Tausender zu viel Steuern bezahlen. Grund: Die Lohnsteuerberechnung beim Arbeitgeber berücksichtigt grundsätzlich nur den Arbeitnehmerpauschbetrag.

Höhere Ausgaben senken die laufende Steuerlast nur, wenn Arbeitnehmer und Beamte dafür Freibeträge beantragt haben (→ Seite 211). Ansonsten können sie erst in der Steuererklärung die Kosten geltend machen, vorausgesetzt, man gibt eine ab. Wer keine abgibt, beschenkt die Staatskasse nicht nur zeitweise, sondern auf Dauer.

Gleiches gilt für die sogenannten Sonderausgaben oberhalb der eingearbeiteten und ziemlich mageren Pauschale von 36 Euro (3 Euro monatlich), beispielsweise für Kirchensteuer, Spenden oder Ausbildungskosten. Für außergewöhnliche Belastungen wie etwa Krankheitskosten und Unterhaltszahlungen (→ Seite 172) gibt es beim regulären Lohnsteuerabzug im Jahresverlauf sogar gar keine Pauschale.

Anders sieht es beim Vorsorgeaufwand aus. Die Beiträge zur Rentenversicherung, Kranken- oder Pflegeversicherung drücken bereits den laufenden Lohnsteuerabzug, und das in der Regel sehr zutreffend.

Viele andere Steuervergünstigungen bleiben beim Lohnsteuerabzug jedoch unberücksichtigt. Hier hilft nur die Abgabe einer Steuererklärung, um an sein Geld zu kommen.

Lohnt sich die Steuererklärung?

Das Finanzamt kassiert im Jahresverlauf in der Regel mehr, als ihm zusteht. Daher sollten Sie grundsätzlich immer prüfen, ob sich eine Steuererklärung für Sie lohnt. Wenn ja, müssen Sie nur noch den inneren Schweinehund überwinden, die Steuererklärung ausfüllen und abgeben. Wer dazu keine Zeit findet oder aus anderen Gründen Hilfe benötigt, findet diese bei professionellen Beratern (→ Seite 262).

▶ So bleiben als sogenannter Härteausgleich bis zu 410 Euro Einkünfte im Kalenderjahr steuerfrei, die Angestellte neben Lohn und Gehalt einnehmen. Arbeitnehmer, Beamte und Pensionäre können bis zu dieser Höhe zum Beispiel Mieteinkünfte, Renteneinkünfte, freiberufliche oder gewerbliche Einkünfte steuerfrei einnehmen. Für Zinsen und andere Kapitaleinkünfte funktioniert das jedoch nicht, hier gelten andere Regeln (→ Seite 223).

▶ Für Nebeneinkünfte von Angestellten bis 820 Euro gibt es einen „erweiterten Härteausgleich". Dabei unterliegen Einkünfte zwischen 410 und 820 Euro nur teilweise einer Besteuerung (→ Seite 223).

▶ Auch der Altersentlastungsbetrag für Menschen, die am 1. Januar des Steuerjahres mindestens 64 Jahre alt waren (→ Seite 194), wird nur über eine Steuererklärung berücksichtigt.

▶ Steuererstattungen für Dienstleistungen rund um den Privathaushalt (→ Seite 131) oder für (Partei-)Spenden (→ Seite 115) erhalten Arbeitnehmer und Beamte ebenfalls erst, wenn sie die Posten in der Steuererklärung abrechnen.

▶ Nur die Eltern, die eine Steuererklärung samt Anlage(n) Kind abgeben, können Kinderbetreuungskosten und weitere steuerliche Kinderförderungen geltend machen (→ ab Seite 141). Für Unterhaltszahlungen an den erwachsenen Nachwuchs brauchen Eltern die Anlage Unterhalt (→ Seite 172).

Wer abrechnen muss – wer abrechnen sollte

Viele Arbeitnehmer und Beamte müssen nicht nachdenken, ob sie eine Steuererklärung abgeben. Sie sind dazu verpflichtet. Der Fiskus befürchtet in diesen Fällen, dass ihm ohne Steuererklärung etwas durch die Lappen gehen könnte. Also will das Finanzamt schwarz auf weiß und ganz genau sehen, was das Jahr über finanziell gelaufen ist. Unter dem Strich führen viele dieser „Pflichtveranlagungen" aber trotzdem dazu, dass der Fiskus Geld zurückgeben muss.

Wann die Steuererklärung Pflicht ist

Arbeitnehmer müssen eine Steuererklärung abgeben, wenn sie im Jahresverlauf neben ihrem Arbeitslohn weitere steuerpflichtige Einkünfte oder Lohnersatzleistungen von mehr als 410 Euro eingenommen haben. Nebeneinkünfte bis 410 Euro im Jahr bleiben für Sie steuerfrei (→ Seite 223). Wer beispielsweise Ackerland verpachtet, muss eine Steuererklärung abgeben, wenn die Pachteinkünfte 410 Euro übersteigen.

Die Abgabepflicht betrifft auch viele Ehepaare und eingetragene Lebenspartner. Ist etwa der eine Arbeitnehmer und der andere Freiberufler, Rentner oder Vermieter, wird eine Steuererklärung fällig, wenn Einkünfte aus diesen Quellen von mehr als 410 Euro vorliegen. Für Paare mit gemeinsamer Steuererklärung verdoppelt sich die 410-Euro-Grenze nicht. Alternativ überlegen Sie nun vielleicht, dass Sie und Ihr Partner einzeln Ihre Steuererklärungen einreichen. Dann können Sie zwar beide den Freibetrag erhalten. Allerdings besteht bei einer Einzelveranlagung dann auch wieder für beide Partner die Pflicht zur Abgabe. Außerdem profitieren Sie nicht vom für Paare günstigen Ehegattensplitting (→ Seite 235).

Steuerpflichtige Nebeneinkünfte und Lohnersatzleistungen werden erfreulicherweise nicht zusammengerechnet. Ein Arbeitnehmer, der im Jahr zum Beispiel bis zu 410 Euro Einkünfte aus einer vermieteten Immobilie hat und dazu bis zu 410 Euro Kurzarbeitergeld erhält, ist nicht dazu verpflichtet, eine Steuererklärung abzugeben.

Eine Ausnahme von der Abgabeverpflichtung bilden Zinsen und andere Einkünfte aus Kapitalvermögen. Wurden private Kapitaleinkünfte pauschal mit 25 Prozent Abgeltungsteuer, Solidaritätszuschlag und gegebenenfalls Kirchensteuer belegt, lösen sie keine Steuererklärungspflicht aus, egal wie hoch sie sind. Wenn Sie allerdings kirchensteuerpflichtig sind und eine **Sperrvermerkserklärung** beim Bundeszentralamt für Steuern (BZSt) eingereicht haben, ist eine Steuererklärung in der Regel Pflicht. Wenn Arbeitnehmer die sogenannte **Günstigerprüfung** beantragen wollen, weil sie der Meinung sind, dass ihnen die Abgeltungsteuer Nachteile bringt, funktioniert das nur mithilfe einer Steuererklärung, einschließlich der Anlage KAP (→ ab Seite 162).

Ehepaare, bei denen beide als Arbeitnehmer berufstätig sind, müssen dann eine Steuererklärung abgeben, wenn sie sich für das Faktorverfahren oder für die **Steuerklassenkombination III/V** entschieden haben und der Lohn des zweiten Partners nach Klasse V versteuert wurde (→ ab Seite 235). Sind Sie und Ihr Partner beide in Steuerklasse IV (ohne Faktor), besteht grundsätzlich keine Verpflichtung, eine Steuererklärung abzugeben. Dagegen löst **Klasse VI**, die es für ein zweites und jedes weitere Arbeitsverhältnis gibt, bei Alleinstehenden wie bei Paaren Erklärungspflicht aus.

Wenn beim Lohnsteuerabzug im Jahresverlauf zusätzliche **Freibeträge** neben den je nach Steuerklasse automatisch geltenden Freibeträgen berücksichtigt wurden, führt das ebenfalls zur Pflichtabgabe. Solche Freibeträge können Sie im Laufe des Jahres für Posten beantragen, die Sie sonst erst in der Steuererklärung abrechnen würden. So zahlen Sie gleich etwas passender Lohnsteuer. Einen Freibetrag bekommen Sie zum Beispiel, wenn Sie Werbungskosten oberhalb des Arbeitnehmerpauschbetrags geltend machen können. Zusätzliche Freibeträge gibt es etwa für Unterhaltszahlungen, Krankheitskosten oder für Vermietungsverluste. Sie alle können den laufenden Lohnsteuerabzug drücken (→ Seite 211). Sie sorgen also dafür, dass Sie quasi gleich bei der monatlichen Gehaltsabrechnung einigermaßen passend Steuern und nicht vorab zu viel Steuern zahlen, die Sie sich spätestens mit der Steuererklärung sowieso zurückholen würden. Sie können die Freibeträge also gewissermaßen „vorausschauend" beantragen. Anhand der Steuererklärung prüft das Amt dann nachträglich, ob die beantragte Erwartung eingetroffen ist.

Ausnahmen sind hier Behinderten- und Hinterbliebenenpauschbeträge (→ ab Seite 122). Ihre Eintragung löst keine Abgabepflicht aus. Ebenfalls eine Ausnahme von der Abgabepflicht gilt für andere eingetragene Freibeträge, wenn Arbeitnehmer im Jahr 2021 nur einen Bruttojahreslohn bis 12 250/23 350 Euro (Alleinstehende/Ehepaare oder Lebenspartner) erzielt haben.

Arbeitnehmer und Beamte sind grundsätzlich verpflichtet, eine Einkommensteuererklärung abzugeben, wenn die vom Arbeitgeber pauschal berücksichtigten Beiträge zur Kranken- und Pflegeversicherung höher ausgefallen sind als die tatsächlich gezahlten Beiträge. Das betrifft viele Beamte (→ Seite 241). Die Pflichtabgabe entfällt aber auch in diesem Fall bei Bruttoarbeitslöhnen bis 12 250 beziehungsweise 23 350 Euro (Alleinstehende/Paare).

Schließlich wird auch dann eine Steuererklärung fällig, wenn das **Finanzamt** eine sehen will und **zur Abgabe auffordert**. Dem sollte man besser nachkommen. Wenn nicht, darf das Amt Zwangsgeld oder einen Verspätungszuschlag festsetzen und Einnahmen und Ausgaben schätzen. Persönliche steuermindernde Beträge werden dann nur ausnahmsweise berücksichtigt, sodass die Steuer dann entsprechend hoch ausfällt.

Oft lohnt sich die freiwillige Erklärung

Menschen in den Lohnsteuerklassen I, II und IV sowie Alleinverdiener in Klasse III sind grundsätzlich nicht verpflichtet, eine Einkommensteuererklärung abzugeben. Sie müssen abgeben, wenn einer der zuvor genannten Pflichtgründe auf sie zutrifft. Ungeachtet dessen ist es oft vorteilhaft, freiwillig eine Steuererklärung abzugeben. Das nennt sich „Antragsveranlagung", und wenn mindestens einer der folgenden Umstände zutrifft, haben Sie Aussichten auf eine Steuererstattung:

▶ Die **Werbungskosten** liegen oberhalb des Arbeitnehmerpauschbetrags. Das ist oft schon der Fall, wenn der Betrieb weiter als 15 Kilometer von der Wohnung entfernt liegt. Die für die Jahre 2020 und 2021 eingeführte Homeoffice-Pauschale in Höhe von bis zu 600 Euro im Jahr reicht allein noch nicht aus, wenn jedoch andere Posten hinzukommen, kann der Pauschbetrag von 1 000 Euro im Jahr doch übersprungen werden. Zu den Werbungskosten zählen darüber hinaus zum Beispiel Ausgaben für eine doppelte Haushaltsführung, für eine Fortbildung, ein Arbeitszimmer zu Hause. Was sonst alles zu den Werbungskosten gehört, finden Sie → ab Seite 66.

▶ Sie können höhere Versicherungsbeiträge geltend machen, daneben weitere **Sonderausgaben** oberhalb der eher niedrigen Pauschale von 36/72 Euro (Alleinstehende/Ehe- und Lebenspartner), zum Beispiel für die Kirchensteuer, für Spenden oder für eine erste Berufsausbildung (→ Seite 114).

▶ Sie können das Finanzamt an höheren Krankheitskosten, an Ausgaben für die Unterstützung bedürftiger Angehöriger oder an weiteren **außergewöhnlichen Belastungen** beteiligen (→ Seite 122).

▶ **Sie waren nicht das gesamte Jahr über angestellt.** Dadurch werden Pauschalen, die Ihnen ganzjährig zustehen, beim laufenden Lohnsteuerabzug nur für einen Teil des Jahres berücksichtigt (→ Seite 247).

▶ **Private Lebensumstände** haben sich aus steuerlicher Sicht zum Besseren verändert, etwa durch Hochzeit oder eine Geburt, sodass Ihnen etwa als Eltern zusätzliche Steuerfreibeträge zustehen.

- Sie können Ausgaben für Haushaltshilfen, für Handwerker- und andere **Dienstleistungen im Privathaushalt** geltend machen. Gefördert werden auch Kosten für Treppenreinigung und den Hauswart, die in sehr vielen Haushalten anfallen, oder auch für den Winterdienst und für Gartenarbeiten (→ Seite 131).
- Sie haben **Verluste** aus verschiedenen Einkunftsarten zu verrechnen oder in andere Jahre zu übertragen. Bei solchen Fällen sollte in der Regel ein professioneller Berater (→ Seite 178 und 262) helfen.
- Bei Zinsen und anderen **Kapitalerträgen** kann es sich lohnen, eine Steuererklärung abzugeben: beispielsweise, wenn der eigene Grenzsteuersatz unter 25 Prozent liegt (→ Seite 261) oder wenn der Altersentlastungsbetrag (→ Seite 256) auch für Zinsen, Dividenden, Kursgewinne und andere Kapitalerträge nutzbar ist.
- Sie können **Kinderbetreuungskosten** für Ihr Kind bis zum 14. Geburtstag geltend machen. Diese Ausgaben sind als Sonderausgaben abzugsfähig (→ Seite 141).

→ Zum Beispiel das Ehepaar Bianka und Ben B.

Beide haben Lohnsteuerklasse IV, wohnen in Köln und arbeiten im selben Betrieb. Die 20 Kilometer dorthin fährt das kinderlose Ehepaar an 220 Tagen im Jahr mit Bens privatem Pkw. Bianka verdient monatlich 2 500 Euro brutto, Ben 3 000 Euro. Er kann 2021 Kosten für eine berufliche Fortbildung in Höhe von 500 Euro geltend machen. Weitere steuerlich relevante Einnahmen oder Ausgaben oder eingetragene Freibeträge haben sie nicht. Im Jahresverlauf zieht ihnen der Arbeitgeber zusammen rund 8 043 Euro Lohnsteuer ab und überweist das Geld an das Finanzamt. Wie die folgende vereinfachte Rechnung zeigt, bringt ihnen die freiwillige Abgabe einer Steuererklärung rund 351 Euro Steuererstattung, die allein von den Ausgaben für den Arbeitsweg und die Fortbildung verursacht wurde.

Bruttojahreslohn (3 000 plus 2 500 mal 12)	**66 000**
minus Fahrtkosten zur Arbeit (220 Tage mal 20 km mal 0,30 Euro mal 2 Personen, → Seite 66)	−2 640
minus Ausgaben für berufliche Fortbildung	−500
Einkünfte	62 860
minus Rentenversicherungsbeiträge (66 000 mal 18,6 %, davon 92 % Höchstbetrag im Jahr 2021 minus 6 138 Euro Arbeitgeberanteil, → Seite 104)	−5 156
minus Krankenversicherungsbeiträge (66 000 mal 7,75 % minus 4 % für Krankengeld)	−4 911
minus abzugsfähige Pflegeversicherungsbeiträge (66 000 mal 1,775 %,)	−1 172
minus Sonderausgabenpauschale (36 mal 2)	−72
zu versteuerndes Einkommen	**51 549**
Einkommensteuer laut Einkommensteuertabelle	7 692
im Jahresverlauf bei Kombination IV/IV bereits abgeführt	8 043
Steuererstattung (8 043 minus 7 692, Angaben in Euro)	**351**

Bereit zum Abrechnen

Bevor Sie mit der Steuererklärung starten, müssen Sie für sich einige Fragen beantworten, zum Beispiel, wie Sie abrechnen: traditionell auf Papier oder komfortabel digital? Wichtig auch: Welche Fristen gelten, und wer hilft wenn nötig weiter?

Nach der ersten Durchsicht von Kapitel 1 wissen Sie oder ahnen zumindest, dass die Steuererklärung für Sie Pflicht ist? Vielleicht gilt das sogar zum ersten Mal überhaupt, etwa weil Sie 2021 Lohnersatz wie Kurzarbeitergeld bekommen haben?

Bevor Sie mit dem Ausfüllen der Steuerformulare loslegen, sollten Sie für sich einige Fragen klären:

▶ **Wollen Sie die Steuererklärung** allein anfertigen oder mit Unterstützung eines Steuerexperten, also beispielsweise mithilfe des Steuerberaters oder in einem Lohnsteuerhilfeverein?

▶ **Wenn Sie auf Unterstützung verzichten:** Wollen Sie digital mit dem Finanzamt abrechnen, oder wollen Sie doch noch die traditionellen Papierformulare in Grün nutzen?

▶ **Welche zeitlichen Fristen** müssen Sie jeweils beachten?

Gerundete Werte eintragen

Meist müssen Sie nur volle Euro-Beträge in die Formulare eintragen. Ausgaben können Sie zu Ihren Gunsten auf den nächsten vollen Euro aufrunden (etwa von 320,35 auf 321 Euro), Einnahmen auf den vollen Euro abrunden. Cent-Beträge gehören nur an die Stellen, wo der Vordruck sie vorsieht.

Vor diesen Fragen stehen Sie natürlich auch, wenn Sie zwar nicht zur Steuererklärung verpflichtet sind, aber abrechnen wollen, um zu viel gezahlten Steuern zurückzuholen. Die Entscheidung darüber, welche Abrechnungsform Sie wählen, hängt von diversen Umständen ab, zum Beispiel, wie erfahren Sie in Steuerfragen sind, wie kompliziert Ihr Steuerfall ist und welche Kenntnisse Sie selbst im Umgang mit dem Computer haben.

Einige Vorbereitungen treffen

Ganz gleich, wie Sie letztlich abrechnen wollen: Es hilft, wenn Sie einige Vorarbeiten erledigen, angefangen mit dem Zusammensuchen der Belege. Viele Daten werden dem Finanzamt zwar mittlerweile elektronisch übermittelt, etwa die Höhe Ihres Monatsverdienstes und die von Ihnen geleisteten Beiträge an die gesetzliche Renten-, Kranken- und Pflegeversicherung (→ E-Daten, Seite 51). Gleichzeitig erhalten Sie aber per Post einen Ausdruck dieser Daten. Legen Sie diese Belege zusammen ab, ebenso weitere Bescheide und Mitteilungen über steuerpflichtige Einnahmen, etwa Steuerbescheinigungen von Banken oder über Mieteinnahmen.

Weiterhin brauchen Sie Kontoauszüge, Quittungen, Rechnungen oder andere Belege für Ausgaben, die steuerlich relevant sein können. Sollten Sie Rechnungen nicht finden, können Sie Ersatzbelege beschaffen oder Eigenbelege ausstellen. Nachvollziehbare Eigenbelege akzeptiert das Amt etwa für Ausgaben wie Fahrtkosten zum Arzt mit dem Pkw oder die Reinigungskosten von Berufskleidung. Mit der Abgabe der Steuererklärung müssen Belege in der Regel **nicht** mehr eingereicht werden. Sie müssen aber vorzeigbar sein, wenn das Amt sie sehen will. Und es erleichtert natürlich das Ausfüllen der Formulare, wenn Sie alles parat liegen haben oder gebündelt an einen Steuerexperten übergeben können.

Manchmal empfiehlt sich, bestimmte Ausgaben zunächst in Listenform zu erfassen, etwa Fahrt- und Übernachtungskosten. Das verbessert die Übersicht und kann das Ausfüllen der Formulare erleichtern. Weil das Finanzamt Steuererklärungen zunehmend automatisch bearbeitet, sollten alle wichtigen Angaben möglichst unmittelbar in die entsprechenden Zeilen geschrieben werden. Zusätzliche Anlagen sind dann entbehrlich.

Allein abrechnen oder mit Hilfe vom Profi?

Viele Arbeitnehmer und Beamte erstellen die Steuererklärung allein – ohne einen Experten. Warum auch nicht: Haben Sie nur Lohn oder Gehalt und kaum andere Einkünfte, können Sie Ihre Angelegenheiten mit dem Finanzamt im Regelfall selbst klären. Dennoch ist es natürlich immer eine Option, eine Steuererklärung vom Profi machen zu lassen. Dann wissen Sie aus erster Hand, welche Posten einen Vorteil bringen können oder was es in Ihrem Fall zu beachten gibt, und können auf dieser Grundlage entscheiden, ob Sie in den folgenden Jahren den Service weiter nutzen oder es in Zukunft allein probieren.

Aktuelle Informationen

Verzichten Sie auf einen Experten? Dann finden Sie zum Beispiel unter test.de im Bereich „Steuern + Recht" regelmäßig aktualisierte Informationen über neue Urteile, Gesetzesänderungen und vieles mehr. So können Sie im Laufe des Jahres auf dem neuesten Stand bleiben.

Komplexer Fall? Besser mit Unterstützung!

Es gibt aber auch steuerliche Situationen, in denen Sie sich die Hilfe einer Expertin oder eines Experten holen sollten, auch wenn Sie für diese Unterstützung ein Honorar bezahlen müssen. Sonst könnte das eingesparte Beraterhonorar zum Verlustgeschäft werden, zum Beispiel bei Selbstanzeigen, Vermögensübertragungen innerhalb der Familie, bei Grundstücksverkäufen, Verlusten oder unübersichtlichen Nebeneinkünften. Manchmal ist ein Steuerprofi auch für eher alltägliche Sachen empfehlenswert, etwa im Bereich der Förderung von Kindern über 18, bei haushaltsnahen Dienstleistungen oder wenn Ehepaare/Lebenspartner getrennte Steuererklärungen abgeben.

Dieser Ratgeber weist an den entsprechenden Stellen darauf hin, ob professionelle steuerliche Hilfe empfehlenswert oder unbedingt geboten ist. Umfragen belegen, dass etwa die Hälfte der Befragten gelegentlich oder ständig Rat bei Steuerprofis sucht, sei es beim Steuerberater oder beim Lohnsteuerhilfeverein, und damit auch sehr zufrieden ist.

Zu wem soll ich gehen?

Für alle, die Hilfe im Umgang mit dem Finanzamt suchen, kommt einer der rund 99 000 Steuerberater und Steuerberatungsgesellschaften in Deutschland infrage. Sie verlangen ein Honorar, das sich nach der Höhe der Einkünfte und dem Schwierigkeitsgrad des Falls richtet. Arbeitnehmer und Beamte, Rentner und Pensionäre können sich außerdem von einem Lohnsteuerhilfeverein beraten lassen, meist ist das etwas günstiger. Die Vereine kümmern sich aber nur um ihre Mitglieder. Der jährliche Mitgliedsbeitrag ist in der Regel nach der Einkommenshöhe gestaffelt. Bei den meisten Vereinen sind das zwischen etwa 50 und 400 Euro im Jahr. Der Mitgliedsbeitrag ist bereits der jährliche Gesamtpreis der Beratung.

Allerdings haben Lohnsteuerhilfevereine nur eine begrenzte Beratungsbefugnis. Abgesehen von einigen Ausnahmen dürfen sie Freiberufler, Gewerbetreibende und Landwirte grundsätzlich nicht beraten.

Im Service-Teil finden Sie auf → Seite 262/263 weitere Informationen zur Suche und erfolgreichen Zusammenarbeit mit einem Steuerexperten.

Auf Papier oder digital? So können Sie abrechnen

Immer häufiger geht die Steuererklärung auf elektronischem Weg beim Finanzamt ein: Mehr als 70 Prozent der Einkommensteuererklärungen erfolgen mittlerweile nicht mehr auf den traditionell grünen Papierformularen. Der Höhenflug von „ELSTER", das für „Elektronische Steuererklärung" steht, hat verschiede Gründe. Einer davon: Immer mehr Steuerzahler sind verpflichtet, ihre Angelegenheiten elektronisch mit dem Finanzamt zu regeln und ihre Jahresabrechnung mit elektronischer Unterschrift abzugeben. Pflicht ist das zum Beispiel für Freiberufler, Gewerbetreibende sowie Land- und Forstwirte, also für alle, die unternehmerisch tätig sind und sogenannte Gewinneinkünfte haben. Selbst wenn Sie als Rentner nebenbei unternehmerisch tätig sind, fallen Sie in aller Regel unter die „ELSTER-Pflicht", auch wenn es nur um geringe Einkünfte geht.

Das betrifft auch diejenigen, die schon länger Einkünfte aus einer Photovoltaikanlage erzielen. Sie müssen neben der elektronischen Steuererklärung auch das amtliche Formular „Einnahmenüberschussrechnung" (Anlage EÜR) ausfüllen, und das gibt es nicht auf Papier, sondern nur digital. Ausnahmen akzeptiert das Amt nur noch in wenigen Fällen, etwa, wenn Computer und Internetzugang fehlen und ihre Anschaffung eine „unzumutbare Härte" bedeuten würde. Übungsleiter und andere Ehrenamtler bleiben verschont, wenn ihre Einnahmen die Steuerfreibeträge (→ Seite 184) nicht übersteigen.

Auch Steuerberater und Lohnsteuerhilfevereine müssen die Steuer-erklärungen ihrer Mandanten elektronisch ans Finanzamt übermitteln.

Trifft für Sie keine der genannten Voraussetzungen zu, sondern haben Sie zum Beispiel nur Ihre Einkünfte aus angestellter Tätigkeit abzurech-nen? Dann haben Sie weiterhin die Wahl, ob Sie auf Papier oder elektroni-schem Weg mit dem Finanzamt abrechnen:

Sie wollen den Papierformularen treu bleiben?

Haben Sie Ihre Steuererklärung in den vergangenen Jahren auf Papier ge-macht und wollen es dabei belassen, weil Sie sich daran gewöhnt haben? Dann erhalten Sie die Formulare aus Papier beim Finanzamt, häufig lie-gen sie auch in den Stadt- oder Gemeindeverwaltungen aus.

Alternativ besteht die Möglichkeit, dass Sie sich die Papiere im Internet herunterladen: auf der Seite formulare-bfinv.de. Auf der Startseite klicken Sie links im Menü den Punkt „Steuerformulare" an und dann „Einkom-mensteuer". Dort finden Sie dann die Vordrucke für das Steuerjahr 2021.

Vorteile der elektronischen Abrechnung nutzen

Selbst wenn Sie bisher die Papierformulare genutzt haben: Vielleicht juckt es Sie in den Fingern und Sie überlegen, ob Sie es nicht einfach mal mit der Steuererklärung am PC versuchen wollen? Ehrlich gesagt: Was haben Sie zu verlieren, außer vielleicht ein wenig Zeit? Zur Not können Sie im-mer noch auf die Papierformulare zurückgreifen.

Vielleicht stellen Sie aber auch schnell fest, welche Vorteile die elektro-nische Abrechnung hat. Vermutlich haben Sie diese auch schon wahr-genommen, wenn Sie schon in früheren Jahren den Schritt zu ELSTER ge-macht haben. Ein Vorteil: Wenn Sie Ihre Steuererklärung einmal über das Online-Portal elster.de der Finanzverwaltung erledigt haben, können Sie in den folgenden Jahren auf all Ihre bisherigen ELSTER-Daten zugreifen. Sie können zudem auf die Daten zugreifen, die dem Finanzamt automa-tisch übermittelt wurden, und diese direkt in die aktuelle Steuererklärung einfließen lassen (→ „E-Daten", Seite 51). Das erspart eine Menge Tipp-Arbeit. Letztlich erfahren Sie durch Programmhilfen und Plausibilitäts-

Einfachere Abrechnung für Rentner geplant
Wollen Sie als Rentner Ihre Steuern online erklären, kann es
für Sie ab nächstem Jahr noch einfacher werden als derzeit:
Ab voraussichtlich April 2022 soll es speziell für Rentner das
Angebot „einfachELSTER" geben. Hier erhalten Rentner, die
keine anderen Einkünfte haben, die Möglichkeit, ihre Steuererklärung ohne Benutzerkonto über ELSTER einzureichen.

kontrollen, wenn Sie eventuell wichtige Daten vergessen haben oder wenn
diese falsch sein könnten. Sollten Sie Belege und andere Dokumente mit
der Steuererklärung einreichen müssen, lassen sich auch diese elektronisch übermitteln.

Haben Sie alles in ELSTER eingegeben, ermittelt das Programm, mit
welcher Steuerforderung oder Erstattung Sie rechnen können oder müssen. Das liefert Planungssicherheit, die Sie bei der Abrechnung auf Papier
nicht so bekommen.

Um den Einstieg in ELSTER allein oder eventuell mit der Unterstützung
von Kindern oder Freunden zu schaffen, geben wir Ihnen ab Seite 33 einen
„Leitfaden" für ELSTER an die Hand. Dort erfahren Sie, wie Sie sich registrieren und die entscheidenden Formulare finden können. Haben Sie in
den Vorjahren bereits mit ELSTER gearbeitet, können Sie diesen Abschnitt
überspringen und sich direkt dem Kapitel „Durch die Formulare" ab Seite 49 widmen.

Kommerzielle Programme nutzen

Erstellen Sie via Internet über elster.de Ihre Steuererklärung, sollten Sie
allerdings nicht mit zusätzlichen Steuertipps und Gestaltungshinweisen
rechnen. Wollen Sie eine solche Hilfestellung, bleibt Ihnen die Möglichkeit, dass Sie für die Steuererklärung kommerzielle Programme nutzen.
Hier erhalten Sie viele Zusatztipps. Ob Ihnen das hilft oder Sie vielleicht
aufgrund der Masse der Informationen eher überfordert, lässt sich nicht

pauschal sagen. Vielleicht müssen Sie auch im Laufe der Jahre erst einige Programme für sich ausprobieren, um herauszufinden, welches Ihnen liegt und wo Sie die Inhalte am besten nachvollziehen können.

Die Stiftung Warentest überprüft immer im Abstand einiger Jahre gängige Steuerprogramme, zuletzt im Jahr 2019. Im Test damals waren Programme mit Preisen zwischen 15 und 35 Euro, eines war kostenfrei. Dabei ergaben sich erhebliche Qualitätsunterschiede bei der Handhabung und Berechnung (Finanztest Ausgabe 5/2019 oder im Internet gegen eine geringe Gebühr abrufbar: test.de/Steuerprogramme). Im Test waren damals zum Beispiel auch Apps, um die Steuererklärung möglichst unkompliziert per Smartphone erledigen zu können. Die Idee kam damals im Test gut an. Allerdings zeigten alle Programme im damaligen Test Probleme beim Rechnen.

Eine ausführliche Übersicht zu aktuellen Steuerprogrammen finden Sie auf der ELSTER-Homepage. Auch wenn Sie sich nicht bei ELSTER registriert haben, finden Sie auf der Startseite elster.de in der linken Menüleiste den Punkt „Weitere Softwareprodukte". Hier sind Software-Produkte aufgeführt, die ELSTER unterstützen. Neben einigen kostenfreien Programmen ist eine Vielzahl kostenpflichtiger kommerzieller Anbieter aufgeführt. Zu jedem Programm finden Sie in der rechten Spalte einen Link, der Sie zum jeweiligen Anbieter führt.

Registrierung bei ELSTER oft nötig

Wenn Sie mit kommerziellen Programmen arbeiten und die Einkommensteuererklärung mit elektronischer Unterschrift papierlos abgeben möchten, müssen Sie sich allerdings ebenfalls vorher bei ELSTER registriert haben. Das funktioniert so, wie → ab Seite 33 in den drei Schritten dargestellt. Nach der Registrierung lassen sich alle wesentlichen Funktionen, die „Mein ELSTER" bietet, auch mit kommerziellen Programmen nutzen.

Die komprimierte und von Hand unterschriebene Steuererklärung können Sie mit kommerziellen Programmen in der Regel ebenfalls nutzen. Dafür ist keine Anmeldung bei ELSTER erforderlich; Sie müssen lediglich der Führung Ihres Programms folgen.

ELSTER:
Einfach einsteigen

Egal, ob es Ihre erste Steuererklärung überhaupt ist oder Sie nach Jahren auf Papier erstmals den Umstieg auf die elektronische Steuererklärung vorhaben: Um Ihre Steuern über ELSTER, das Online-Portal der Finanzverwaltung, erklären zu können, müssen Sie sich dort über die Startseite elster.de registrieren. Sie ist in Teilen im Screenshot ❶ zu sehen. Hier finden Sie die Schaltfläche „Benutzerkonto erstellen", die Sie anwählen müssen.

Bevor Sie damit loslegen, lohnt ein Blick auf die übrigen Informationen auf der ELSTER-Startseite. Vor allem die Schaltfläche „Wie finde ich Hilfe?" bietet Ausführliches zur Elster-Nutzung, darunter neben zahlreichen Fragen und Antworten auch Videoanleitungen, etwa zum Registrierungsprozess. Unter „Für wen ist ELSTER?" wählen Sie die Rubrik „Privatpersonen" und erfahren unter anderem, was über das Portal alles möglich ist.

Im linken unteren Teil der ELSTER-Startseite (hier nicht abgebildet) finden Sie unter „Presse und Medien" den Bereich „Flyer und Merkblätter". Dort können Sie sich Informationen ansehen und herunterladen, zum Beispiel zum Registrierungsprozess oder dazu, wer verpflichtet ist, eine Steuererklärung mit elektronischer Unterschrift abzugeben. Arbeitnehmer

Abweichungen 2021

Um Ihnen den Einstieg in ELSTER zu erleichtern, verwenden wir auf den folgenden Seiten Abbildungen mit Ausschnitten der Internetseite **elster.de** – allerdings für das Steuerjahr 2020. Die geänderten Formulare für 2021 standen zum Zeitpunkt der Fertigstellung dieses Buchs noch nicht über ELSTER zur Verfügung. Beachten Sie deshalb: Wenn Sie die Steuererklärung für 2021 anfertigen, kann die tatsächliche Darstellung auf **elster.de** von diesen Abbildungen eventuell abweichen.

und Beamte sind grundsätzlich nicht zur Abgabe einer elektronischen Steuererklärung verpflichtet. Das ändert sich aber, wenn sie außerdem bestimmte andere Einkünfte haben (→ Seite 29).

Unter dem ebenfalls unten auf der ELSTER-Startseite aufgeführten Begriff „Systemanforderungen" können Sie prüfen, ob Ihr Computer und sein Betriebssystem „ELSTER-geeignet" sind. All diese Informationen können Sie nutzen, ohne sich bei ELSTER registrieren zu müssen.

Dank der App „ElsterSmart" können Sie übrigens auch per Smartphone oder Tablet auf „Mein Elster" zugreifen. Mehr dazu und eine Schritt-für-Schritt-Anleitung, wie Sie Ihre Zertifikatsdatei auf Ihr mobiles Gerät bekommen, finden Sie ebenfalls ganz unten auf der Startseite in der Rubrik „ElsterSmart".

Schritt 1: Mit der Registrierung beginnen

Haben Sie sich einen ersten Überblick verschafft, können Sie mit der Registrierung loslegen. Die Finanzverwaltung bietet dafür mehrere Varianten an. Am häufigsten wird die Variante „Zertifikatsdatei" genutzt. Sie ist kostenlos, mit einigen Schritten zu erledigen und reicht für viele Arbeitnehmer und Beamte völlig aus. Für Unternehmen und steuerberatende Berufe gibt es weitere Varianten, auf die wir hier aber nicht eingehen.

Möglich wäre noch, dass Sie sich mit Ihrem Personalausweis einloggen. Das ist zwar der schnellste Weg, doch dazu benötigen Sie zumindest derzeit zusätzlich ein Kartenlesegerät.

Um die Registrierung per Zertifikatsdatei zu starten, klicken Sie auf der ELSTER-Startseite „Benutzerkonto erstellen" an und dann zweimal auf Weiter. Wählen Sie dann in der nächsten Ansicht die Variante „Zertifikatsdatei" aus (Screenshot ❷).

Auf der nächsten Seite markieren Sie „Für mich (und gemeinsam veranlagten Partner)". Der Klick auf „Weiter" und dann auf „Nächste Seite" bringt Sie zu der auf Seite 36 abgebildeten Eingabemaske (Screenshot ❸), in die Sie Ihre persönlichen Daten eintragen. Achtung: Sie benötigen nun Ihre elfstellige **Steuer-Identifikationsnummer**. Das ist nicht Ihre „Steuernummer", die sich etwa bei einem Umzug ändern könnte, sondern das ist Ihre persönliche Identifikationsnummer, die ein Leben lang gilt und die Ihnen vom Bundeszentralamt für Steuern zugeteilt wurde. Sie finden sie in der Regel auf Anschreiben des Finanzamtes oder auf Steuerbescheiden.

Den „Benutzernamen" können Sie sich überlegen. Bei der „Sicherheitsabfrage" haben Sie die Wahl unter mehreren Vorschlägen.

Mit einem Klick auf die blau unterlegten Fragezeichen erhalten Sie weitere Informationen zu den jeweiligen Zeilen. Das Kästchen links („Ich

bestätige, dass ich den Hinweis zur Kenntnis genommen habe") klicken Sie an, gehen anschließend unten rechts auf „Weiter" und nach erfolgreicher Prüfung auf „Absenden".

Schritt 2: Antworten der Finanzverwaltung

Als Nächstes schickt Ihnen ELSTER eine erste E-Mail, mit der Ihre Mailadresse überprüft wird. Das passiert in der Regel sofort. In der E-Mail werden Sie aufgefordert, den Erhalt der empfangenen Nachricht zu bestätigen. Dazu klicken Sie in der E-Mail auf den unterstrichenen Link. Anschließend erhalten Sie eine zweite E-Mail, die unter anderem eine „Aktivierungs-ID" enthält.

Diese zweite E-Mail sollten Sie gut aufbewahren, denn Sie brauchen sie später noch. Jetzt beginnt eine Wartezeit von etwa 7 Tagen, bis Sie per Post einen Brief mit einem „Aktivierungs-Code" erhalten.

Schritt 3: Registrierung abschließen

Liegt der Aktivierungs-Code vor, gehen Sie in die zweite Mail, die Sie vor ein paar Tagen erhalten haben, und klicken auf den farbigen Link. Es öffnet sich eine Internetseite, auf der Sie die Aktivierungs-ID aus der zweiten E-Mail und den Aktivierungs-Code aus dem Brief eingeben. Gehen Sie auf „Absenden", öffnet sich danach eine Eingabemaske, in der Sie ein selbst gewähltes persönliches Passwort eingeben und wiederholen. Sie klicken auf „Erstellen" und anschließend auf „Zertifikatsdatei herunterladen". Der

Vorgang kann etwas länger dauern, brechen Sie ihn also keinesfalls ab, wenn sich erst einmal nichts tut. Speichern Sie die Datei (mit der Endung „.pfx") auf Ihrem Rechner dort, wo Sie sie wiederfinden. Machen Sie möglichst eine Sicherheitskopie der Zertifikatsdatei, die Sie zum Beispiel auf einer externen Festplatte ablegen.

Tragen Sie die Zertifikatsdatei und Ihr persönliches Passwort ein. Mit einem Klick auf „Login" haben Sie die Registrierung abgeschlossen. Prüfen Sie anschließend Ihr gespeichertes Profil und ergänzen Sie wenn nötig fehlende Daten.

Beim nächsten Login über die ELSTER-Startseite öffnet sich die hier abgebildete Eingabemaske (Screenshot ❹). Klicken Sie den Button „Durchsuchen" an, öffnet sich ein Zugang zu den Verzeichnissen auf Ihrem Computer, und Sie können die Zertifikatsdatei auswählen und öffnen. Danach geben Sie noch Ihr Passwort ein und gehen auf die Schaltfläche „Login".

Anschließend öffnet sich Ihre persönliche Seite „Mein ELSTER" (Screenshot ❺). Von hier aus können Sie die gesamte Kommunikation mit ELSTER abwickeln, Profile, das Benutzerkonto und Formulare bearbeiten. Das läuft vor allem über die linke Taskleiste unter den Oberbegriffen „Mein ELSTER" und „Mein Benutzerkonto".

Registrierung für andere Personen

Für Ehe- und eingetragene Lebenspartner genügt es, wenn sich einer der beiden Partner registriert. Solange dem Finanzamt nichts anderes vor-

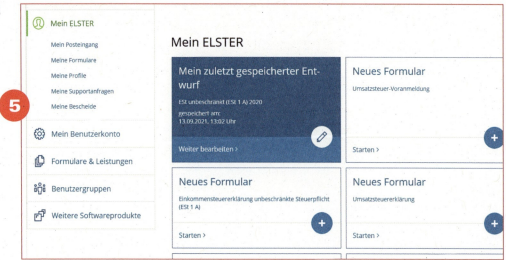

liegt, geht es davon aus, dass der Inhalt der Steuererklärung beiden Partnern bekannt ist und von beiden gebilligt wird.

Sie können auch für Verwandte die Steuererklärung über Ihr ELSTER-Konto einreichen. Dort ist jedoch Vorsicht geboten, da Sie hierbei die Steuererklärung elektronisch unterschreiben. Deshalb ist es besser, wenn Sie ihnen helfen, sich ein eigenes ELSTER-Konto einzurichten. Zur Registrierung können Sie dabei auch Ihre E-Mail-Adresse nutzen, wenn Sie, wie oben beschrieben, die Bestätigung vornehmen.

Die Steuererklärung anfertigen

Sobald die Registrierung abgeschlossen ist, können Sie mit der Steuererklärung loslegen. Im Kapitel „Durch die Formulare" erfahren Sie Schritt für Schritt, was Sie in welche Formulare eintragen. Doch wie gelangen Sie dorthin?

Loggen Sie sich zunächst ein mit Ihrer Zertifikatsdatei und Ihrem Passwort. Starten Sie das Benutzerfeld „Neues Formular, Einkommensteuererklärung unbeschränkte Steuerpflicht" (Screenshot ⑤) und wählen das gewünschte Jahr aus. Danach werden Sie als Erstes gefragt, ob Sie Ihre Vorjahresdaten in die neue Steuererklärung übernehmen wollen. Das setzt allerdings voraus, dass Sie bereits für 2020 eine ELSTER-Steuererklärung eingereicht haben. Anderenfalls gehen Sie auf „Ohne Datenübernahme fortfahren".

Anlagenassistent

Falls Sie die Einkommensteuererklärung 2020 für eine Einzelperson erstellen, dann machen Sie bitte nur Angaben zu Person A. Sollten Sie die Einkommensteuererklärung für ein Ehepaar beziehungsweise eine eingetragene Lebenspartnerschaft erstellen, dann machen Sie bitte zusätzlich Angaben zu Person B.

Vorname	Name	Identifikationsnummer

Steuerpflichtige Person / Ehemann / Person A

★	★	

Ehefrau / Person B

Ohne Anlagenassistent fortfahren   Mit Anlagenassistent fortfahren >

Legende
★ Felder oder Formularabschnitte mit diesem Symbol müssen ausgefüllt werden.

6

Wichtig: Haben Sie beispielsweise schon vor einigen Tagen mit der Steuererklärung begonnen, aber diese nicht abgeschlossen, können Sie auf Ihren zuletzt gespeicherten Entwurf zugreifen.

Formulare: Hauptvordruck und Anlagen auswählen

Haben Sie das Formular für eine neue Einkommensteuererklärung ausgewählt, können Sie auf der nächsten Seite festlegen, ob Sie die für Ihre Steuererklärung notwendigen Vordrucke mithilfe des Anlagenassistenten auswählen wollen (Screenshot **6**). Der Anlagenassistent stellt Ihnen verschiedene Fragen, die Sie mit Nein oder Ja beantworten, um zur Auswahl der nötigen Anlagen zu kommen (Screenshot **7** auf der nächsten Seite).

Sie können auch ohne den Anlagenassistenten fortfahren und die Anlagen direkt anklicken (Screenshot **8** auf Seite 40). Haben Sie die Anlagenauswahl geöffnet, können Sie zudem erkennen, ob Ehepaare bestimmte Vordrucke wie die Anlage Kind gemeinsam oder, wie die Anlage KAP, einzeln ausfüllen müssen.

Der Hauptvordruck ist normalerweise bereits mit einem Häkchen versehen, da Sie diesen immer benötigen. Falls Sie sich unsicher sind, finden Sie mit einem Klick auf den Text oberhalb der Tabelle „Welche Anlagen brauche ich?" eine umfangreiche Hilfe. Außerdem lassen sich auch später noch Anlagen hinzufügen oder wieder entfernen, falls Sie falsch entschieden haben sollten.

Anlagenassistent 1/3 - Allgemeine Angaben

Möchten Sie in der Einkommensteuererklärung 2020 Angaben zu Kindern machen? ★ ❓

○ Nein

○ Ja

(7)

Möchten Sie für 2020 Angaben zu übrigen Sonderausgaben (zum Beispiel Kirchensteuer, Spenden und Mitgliedsbeiträge) machen? ★ ❓

○ Nein

○ Ja

Möchten Sie für 2020 Angaben zu außergewöhnlichen Belastungen (zum Beispiel Krankheitskosten, Behinderten-Pauschbetrag) machen? ★ ❓

○ Nein

○ Ja

Anlagenauswahl Welche Anlagen brauche ich ❓

Allgemeine Angaben

Hauptvordruck ❓	☑
Anlage Kind ❓	☐
Anlage Sonderausgaben ❓	☐
Anlage Außergewöhnliche Belastungen ❓	☐
Anlage Haushaltsnahe Aufwendungen ❓	☐
Anlage Energetische Maßnahmen ❓	☐
Anlage Vorsorgeaufwand ❓	☑
Anlage AV ❓	☐

(8)

Privatpersonen

Anlage N ❓	☑
Anlage R ❓	☑
Anlage R-AUS ❓	☐
Anlage R-AV / bAV ❓	☐

Gespeicherte Daten einfügen

Nach der Auswahl der Anlagen erhalten Sie mit einem Klick auf „Weiter" die Frage, ob Sie Bescheinigungen einfügen möchten. Entscheiden Sie sich dafür, können Sie Ihre Steuererklärung mit den „E-Daten" füllen, die dem Finanzamt bereits von anderen Stellen elektronisch übermittelt wurden. Dazu zählen zum Beispiel die Höhen Ihrer ausgezahlten Renten oder die geleisteten Sozialversicherungsbeiträge. Voraussetzung für den Abruf der

Daten ist allerdings, dass Sie ihn beantragt haben – allein die Registrierung bei ELSTER reicht nicht (siehe Info-Kasten). Wählen Sie den Abruf der Bescheinigungen, werden etwa die Zahlen aus der Rentenbezugsmitteilung der Rentenversicherung oder der Leistungsmitteilung der Pensionskasse direkt in Ihre Steuererklärung eingetragen. Sie wählen dazu in der nächsten Abfrage die betreffende Person aus. Verheiratete finden die Bescheinigung des Ehepartners unter „Bescheinigungen anderer Personen".

Anschließend bestätigen Sie noch einmal die Zuordnung zur richtigen Person. Zuletzt geben Sie den Abrufcode ein, den Sie per Post erhalten haben (→ Kasten unten). Danach erhalten Sie eine Übersicht über alle Bescheinigungen, die andere Stellen elektronisch gemeldet haben. Sie können sich diese einzeln ansehen oder gleich mit einem Klick auf die Zeile „Formular mit Angaben aus den Bescheinigungen aktualisieren" vollständig übernehmen. Müssen Sie für Ihren Ehepartner noch die Bescheinigungen übernehmen, klicken Sie auf „Zurück zur Personenauswahl".

Sind alle Belege übernommen, wählen Sie „Direkt zum Formular" und gelangen zurück zur Startseite Ihrer Steuererklärung. Dorthin kommen Sie auch wieder, wenn Sie keine Bescheinigungen abgerufen haben.

Datenabruf nur mit Code

Um die an das Finanzamt übermittelten E-Daten automatisch in die Steuererklärung einfügen zu können, müssen Sie den Datenabruf gesondert beantragen. Wenn die Registrierung bei ELSTER abgeschlossen ist und Sie eingeloggt sind, wählen Sie auf der ELSTER-Startseite im Bereich „Formulare und Leistungen" den Punkt „Bescheinigungen verwalten" aus. Um hier die Daten abrufen zu können, benötigen Sie einen zehnstelligen Abrufcode, der Ihnen per Post (zusammen mit den Daten, die für die erste Registrierung nötig waren) zugeschickt wurde. Der Belegabruf ist auch für Daten von anderen Personen möglich, etwa für den Ehepartner. Wählen Sie dort „Bescheinigungen anderer Personen" und „Abrufberechtigung beantragen".

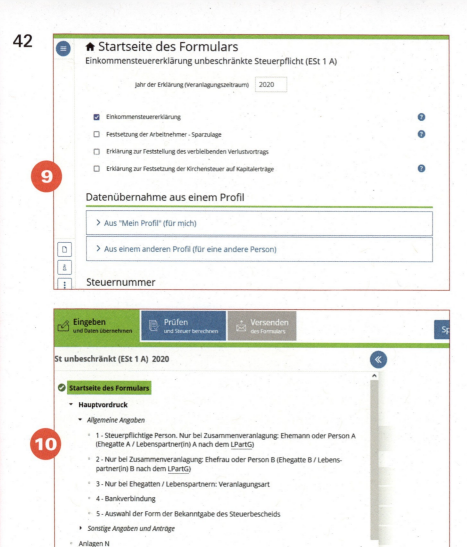

Die einzelnen Formulare abarbeiten

Ab jetzt geht es durch die einzelnen Formulare, angefangen mit dem Hauptvordruck (Screenshot **9**). Links auf der Seite können Sie jeweils ansehen, welche Formulare Sie ausgewählt haben und um welche Angaben es jeweils geht (Screenshot **10**). Um diese Informationen zu öffnen, klicken Sie auf die kleine blaue Schaltfläche mit Linien links im Bild. Diese Informationen können Sie auch wieder ausblenden.

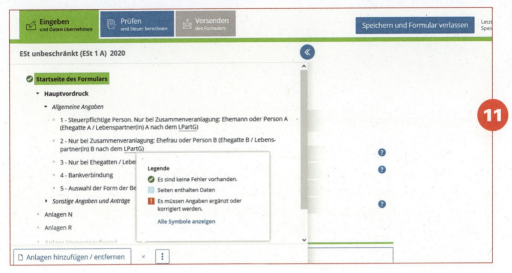

Rechts machen Sie Ihre jeweiligen Angaben: Im Hauptvordruck werden zum Beispiel Ihre persönlichen Daten wie Name und Identifikationsnummer abgefragt. Diese können Sie aus Ihrem ELSTER-Profil in die Vordrucke einlesen lassen („Datenübernahme aus meinem Profil"). Bei den allgemeinen Angaben im Hauptvordruck können Sie unter der Nummer 5 auswählen, ob Sie den Steuerbescheid wie bisher als Brief auf Papier erhalten oder elektronisch abrufen möchten.

Haben Sie das Info-Fenster links geöffnet, finden Sie noch eine weitere Hilfe, die Sie beim Ausfüllen nutzen können: Dort finden Sie eine Legende zu den Programmhinweisen (Screenshot **11**, oben). Ein Ausrufezeichen bedeutet, dass Sie Angaben ergänzen müssen. Zeilen mit hellblauem Hintergrund zeigen an, dass hier bereits Daten enthalten sind, beispielsweise aus den automatisch übernommenen Bescheinigungen der gesetzlichen Rentenversicherung oder Krankenkasse. Kommen Sie an einer Stelle nicht weiter, kann auch der Klick auf das kleine Kästchen mit den drei Punkten helfen. Hier werden Ihnen mögliche Aktionen angezeigt.

Die Formulare und die einzelnen Zeilen sind dieselben, die auch das Papierformular enthält. Deshalb können Sie sich beim Ausfüllen an den jeweiligen Angaben im folgenden Kapitel („Durch die Formulare", → Seite 49) orientieren. Anders als im Papierformular müssen aber auch die Felder mit E-Daten (→ Seite 51) ausgefüllt sein. Wenn Sie die elektronisch gemeldeten Daten bereits automatisch übernommen haben, sollten Sie die Angaben noch einmal überprüfen. Schließlich handelt es sich um Ihre

Angaben in Ihrer Steuererklärung. Falls notwendig, können Sie diese Angaben ändern oder ganz löschen.

Die übrigen Felder füllen Sie genauso aus wie in der Papiererklärung. Sie bewegen sich dabei durch die Steuererklärung, indem Sie entweder rechts unten auf „Nächste Seite" klicken oder im linken Fenster einfach den Abschnitt oder das ganze Formular wechseln. Die Vordrucke können Sie durch Anklicken nacheinander oder in beliebiger Reihenfolge bearbeiten. Die grün unterlegte Zeile im Fenster auf der linken Bildschirmseite zeigt an, bei welcher Eingabe Sie sich gerade befinden.

Auf bestimmte Fehler weist Sie das Programm gleich beim Eingeben oder beim Wechsel auf die nächste Seite hin. Mit einem Klick auf „Prüfen und Steuer berechnen" oberhalb des Eingabefensters erhalten Sie weitere Hinweise dazu, wo das Programm Eingabefehler festgestellt hat und wo Sie gegebenenfalls Korrekturen vornehmen müssen.

Unter „Steuerberechnung" können Sie feststellen, welche Steuererstattung oder Nachzahlung zu erwarten ist. Die Berechnung öffnet sich je nach den Einstellungen auf Ihrem PC entweder in einem neuen Fenster oder wird als PDF-Datei heruntergeladen. Die Berechnung ähnelt der

Ausfüllhilfen nutzen

Orientieren Sie sich beim Ausfüllen an der Bezeichnung des Formulars und den Zeilennummern. Sie entsprechen genau den Zeilenzahlen des Papierformulars. Das ist eine sehr gute Orientierungshilfe für alle, die zusätzlich zum Computerprogramm dieses gedruckte Ratgeberbuch verwenden. Die amtlichen Hinweise und Erläuterungen zu den einzelnen Formularzeilen erhalten Sie mit einem Klick auf die Fragezeichen bei den Eingabefeldern.

Durch einen Klick auf eine andere Zeile auf der linken Bildschirmseite wechseln Sie zu anderen Bereichen in der Steuererklärung. Mit der blau unterlegten Schaltfläche „Anlagen hinzufügen/entfernen" können Sie erneut die „Anlagenauswahl" aufrufen und weitere Formulare auswählen.

Auf Stolpersteine achten und zu Beginn Geduld bewahren

Wenn Sie online loslegen wollen, sollten Sie einige mögliche Hürden im Blick haben:

▸ **Warten:** Sie können nicht gleich mit dem Ausfüllen beginnen: Planen Sie genug Zeit für die Registrierung ein. Es dauert in der Regel 5 bis 7 Tage. Kommt der Brief mit dem Aktivierungs-Code nicht so bald wie erhofft, werden Sie nicht zu ungeduldig. Beginnen Sie nicht gleich mit einer neuen Registrierung, denn das kann zu Verwirrung und im Ergebnis letztlich zu noch längeren Wartezeiten führen.

▸ **Ablage:** Sorgen Sie für eine sichere (und wieder auffindbare) Aufbewahrung von Zertifikatsdatei und persönlichem Passwort. Ein Verlust erfordert eine Neuregistrierung! Gleiches kann passieren, wenn Sie die Registrierungsdaten dreimal falsch eingegeben haben.

▸ **Frist:** Der Registrierungsvorgang muss nach spätestens 90 Tagen abgeschlossen sein, sonst wird eine neue Registrierung erforderlich.

▸ **Gültigkeit:** Die Registrierung ist drei Jahre gültig, kann aber rechtzeitig (und einfach) verlängert werden.

▸ **Kontrolle:** Prüfen Sie alle Daten, die Sie im Rahmen des Belegabrufs erhalten. Sie bestätigen mit Ihrer Steuererklärung deren Richtigkeit und Vollständigkeit. Fehlende Daten müssen Sie manuell ergänzen, ebenso wie in der Steuererklärung auf Papier (→ Seite 51). Wenn Sie Korrekturen vornehmen, empfiehlt sich eine Erläuterung im Hauptvordruck (→ Seite 54).

▸ **Abrechnen:** Tragen Sie weiterhin alle Sonderausgaben, Werbungskosten, außergewöhnlichen Belastungen und sonstige abzugsfähige Aufwendungen in die Formulare ein und prüfen Sie alle aus Vorjahren übernommenen Daten. Das nimmt Ihnen kein „elektronischer Automatismus" ab.

Darstellung wie später, wenn Sie den Steuerbescheid erhalten. Hilfreich ist es, wenn Sie sich am Ende die Steuerberechnung ausdrucken. Oder speichern Sie die Datei ab. So ist es hinterher etwas einfacher für Sie, den Steuerbescheid zu überprüfen.

Wenn Sie alle Eingaben vollständig erfasst haben, können Sie nach der Berechnung die Steuererklärung elektronisch abschicken. Dazu klicken Sie, wieder am oberen Bildschirmfenster, den Kasten „Versenden des Formulars" an. Weil Sie sich bei ELSTER registriert haben, wird die Steuererklärung mit elektronischer Unterschrift verschickt. Sie brauchen deshalb kein Formular mehr zum Unterschreiben auszudrucken und per Post an Ihr Finanzamt zu schicken. Klicken Sie abschließend „Speichern und Formular verlassen" an, werden Sie nochmals gefragt, ob Sie die Angaben speichern wollen. Sie können mit dem Speichern auch Ihre Steuererklärung unterbrechen und zu einem späteren Zeitpunkt weiter bearbeiten.

Termine und Fristen: Pünktlich abrechnen

So hilfreich die beste Vorbereitung ist: Wenn Sie zu spät damit beginnen und die Steuererklärung nicht pünktlich beim Finanzamt einreichen, handeln Sie sich unnötige Kosten ein. Deshalb sollten Sie in ihre Planungen die Abgabefristen für die Steuererklärung fest einplanen.

Wichtig dabei: Es macht einen Unterschied, ob Sie zur Steuererklärung verpflichtet sind oder ob Sie Ihre Erklärung freiwillig abgeben. Ist die Erklärung für 2021 Pflicht, ist der Abgabetermin für Einkommensteuererklärungen der 31. Juli des Folgejahres. Dieses Datum fällt 2022 allerdings auf einen Sonntag. Deshalb verlängert sich die Frist bis zum Montag, den 1. August 2022.

Fertigen Sie Ihre Steuererklärung mithilfe eines Steuerberaters oder eines Lohnsteuerhilfevereins an, bleibt bis Ende Februar des zweiten Jahres nach dem Steuerjahr Zeit. Das ist für die Steuererklärung 2021 dann der 28. Februar 2023. Allerdings kann das Finanzamt die Einkommensteuererklärungen steuerlich beratener Bürger bereits vorher anfordern. Es setzt dann eine viermonatige Frist zur Abgabe. Vor dem allgemeinen Termin Ende Juli ist allerdings niemand zur Abgabe der Steuererklärung verpflichtet.

Arbeitnehmer und Beamte sollten die Frist genau im Auge behalten. Reichen Sie Ihre Steuererklärung erst danach ein, kann das Finanzamt Verspätungszuschläge festsetzen. Fertigen Sie Ihre Steuererklärung ohne professionelle Hilfe an und müssen deshalb früher abgeben, können Sie eine Fristverlängerung erhalten. In der Regel genügt ein formloser schriftlicher Verlängerungsantrag an das Finanzamt mit Begründung und einem neuen Terminvorschlag. Ohne Fristverlängerung werden immer häufiger Verspätungszuschläge fällig: Wird die Steuererklärung verspätet eingereicht, kann jeder Monat mit einem Zuschlag von mindestens 25 Euro zu Buche schlagen.

Sind Sie nicht zur Abgabe verpflichtet, haben Sie deutlich länger Zeit für die Steuererklärung, nämlich bis zu vier Jahre. Allerdings gibt es für diese Frist keine Verlängerung. Bis Ende 2021 nimmt das Finanzamt noch die Steuererklärung für das Jahr 2017 entgegen. Die Steuererklärung für das Jahr 2021 hat bis Dezember 2025 Zeit.

Mehr Zeitdruck als gewohnt

Haben Sie 2021 Lohnersatzleistungen wie Arbeitslosen- oder Kurzarbeitergeld erhalten? Denken Sie daran, dass Sie (vielleicht erstmals) eine Steuererklärung einreichen müssen, wenn im Laufe des Jahres mehr als 410 Euro Lohnersatz gezahlt wurden. Verlassen Sie sich also nicht darauf, dass Sie so viel Zeit wie sonst immer für die Abrechnung beim Finanzamt haben, sondern werden Sie früh genug aktiv.

Durch die Formulare

Sie haben sich das Wochenende freigehalten, die Steuerformulare auf Papier vor sich liegen oder ELSTER startbereit. Dann finden Sie in diesem Kapitel die Antworten darauf, was Sie in welche Anlage und dort in welche Zeile eintragen müssen. Legen Sie los!

Die überwiegend in Hell- und Dunkelgrün gehaltenen Steuerformulare sorgen nicht für beste Wochenendunterhaltung. Andererseits: So schlimm, wie es im ersten Moment aussieht, ist es meist doch nicht. Gerade, wenn es nicht Ihre erste Steuererklärung ist, wissen Sie im besten Fall aus den Vorjahren zumindest, welche Anlagen Sie benötigen und welche Posten Sie dort jeweils abrechnen können. Meist sind sogar die genauen Zeilen gleich geblieben. Entweder haben Sie noch Kopien aus dem Vorjahr, oder – wenn Sie elektronisch abrechnen – holen Sie sich einfach die alten Abrechnungen hervor und nutzen Sie die damaligen Daten als Basis.

Zugegeben: Wenn Sie das erste Mal mit dem Finanzamt abrechnen, haben Sie diese Basis noch nicht, aber mit den Informationen in diesem Kapitel können Sie sich Schritt für Schritt vorarbeiten.

Zeile für Zeile

Auf den nächsten Seiten finden Sie eine Anleitung, die durch die Formulare führt, die für Arbeitnehmer und Beamte besonders relevant sind:

- **Hauptvordruck:** Ihn brauchen alle Arbeitnehmer und Beamten,
- **Anlage N:** für fast alle Arbeitnehmer, Beamten und Pensionäre,
- **Anlage Vorsorgeaufwand:** für alle abziehbaren Versicherungsbeiträge,
- **Anlage Sonderausgaben:** für Spenden, Kirchensteuer und Weiteres,
- **Anlage Außergewöhnliche Belastungen,**
- **Anlage Haushaltsnahe Aufwendungen:** für Handwerker und andere Dienstleister,
- **Anlage Energetische Maßnahmen:** zur Steuerermäßigung für Wärmedämmung, neue Heizung und ähnliche Posten
- **Anlage Kind:** Eltern benötigen sie, um ihre kindbedingten Abzüge geltend zu machen,
- **Anlage AV:** für alle, die in geförderte Riester-Verträge einzahlen,
- **Anlage KAP:** für Sparer, die nicht per Abgeltungsteuer abrechnen wollen oder Kapitaleinkünfte selbst abrechnen müssen,
- **Anlage Unterhalt:** für Unterstützer von anderen.
- **Anlage Sonstiges:** für Steuerpflichtige, die besondere Sachverhalte abzurechnen haben, etwa einen Verlust- oder Spendenvortrag.

Einige weitere Formulare stellen wir zwar vor, behandeln sie aber weniger ausführlich. Wir gehen im weiteren Verlauf unter anderem kurz auf die Anlage SO, Anlage G, Anlage S, Anlage R, R-AUS, R-AV/bAV, Anlage V und Anlage WA-Est ein.

Die im weiteren Verlauf genannten Zeilenangaben gelten sowohl für die Papierformulare als auch für die Abrechnung in ELSTER, sodass Sie sich daran auf beiden Wegen orientieren können. Einzelne Stellen haben wir durch „Ausrisse" aus den Formularen noch einmal besonders hervorgehoben. Es sind Ausrisse aus den grünen Papierformularen. Auf eine Darstellung der Ansichten in ELSTER verzichten wir, da die endgültige Version der Formulare für das Steuerjahr 2021 bei Fertigstellung dieses Ratgebers noch nicht vorlag.

Umgang mit E-Daten

Daten für die mit ⓔ gekennzeichneten Zeilen liegen im Regelfall vor und müssen nicht eingetragen werden.
– Bitte Infoblatt eDaten / Anleitung beachten –

Je nachdem, für welchen Weg – Papier oder digital – Sie sich entscheiden, ergeben sich allerdings einige Besonderheiten beim Umgang mit den sogenannten E-Daten.

Was verbirgt sich dahinter? Zwischen Finanzverwaltung und Ihrem Arbeitgeber und verschiedenen Institutionen wie Renten- und Krankenversicherung, privaten Versicherern oder Versorgungseinrichtungen herrscht ein reger Datenverkehr. Zahlreiche Daten für die Steuerberechnung werden der Finanzverwaltung automatisch von diesen Stellen gemeldet. Gleichzeitig erhalten Sie per Post einen Ausdruck dieser elektronisch gesendeten E-Daten. Das ist dann zum Beispiel die Lohnsteuerbescheinigung des Arbeitgebers oder eine Bescheinigung von der Krankenkasse über die gemeldeten Beiträge zur Basiskrankenversicherung.

E-Daten und Papierformulare

Füllen Sie Ihre Steuererklärung auf Papier aus, gilt: Wenn die Angaben in den zugesandten Bescheinigungen richtig sind, müssen diese gemeldeten E-Daten NICHT in die Papiervordrucke der Steuererklärung eingetragen werden. In den Vordrucken sind die Zeilen, die das betrifft, dunkelgrün unterlegt und mit ⓔ gekennzeichnet. Außerdem enthält jedes Formular, in dem bestimmte Zeilen nicht ausgefüllt werden müssen, einen Hinweis im oberen Bereich.

Wenn Sie zum Beispiel in der Anlage N nur Angaben in den dunkelgrünen Feldern eintragen würden, könnten Sie auf das Formular sogar ganz verzichten. Das gilt ebenso für die Anlage Vorsorgeaufwand, wenn Sie außer den bereits elektronisch an die Finanzverwaltung übermittelten Beiträgen zur Basiskranken- und Pflegeversicherung keine weiteren Ausgaben geltend machen können. Dann würde es reichen, wenn Sie nur den Hauptvordruck mit Ihren persönlichen Daten und der Unterschrift zum Finanzamt schicken, und Sie hätten damit die Pflicht zur Abgabe der Steuererklärung erfüllt.

Daten nicht einfach so übernehmen
Prüfen Sie die Angaben in den zugesandten Bescheinigungen vom Arbeitgeber, der Rentenversicherung und anderen Stellen. Stimmen die enthaltenen Beträge, müssen Sie diese nicht mehr auf Papier eintragen.

Wenn Sie Felder mit E-Daten frei lassen, werden die gemeldeten Daten des Arbeitgebers oder Ihrer Krankenkasse so behandelt, als ob Sie die Beträge tatsächlich in die Steuererklärung eingetragen hätten. Die Daten gelten als Ihre Angaben, und die unterschriebene Steuererklärung ist trotz nicht ausgefüllter Zeilen aus Sicht des Finanzamtes vollständig.

Diese Regelung bedeutet jedoch keineswegs, dass Sie alles so hinnehmen können, wie es gemeldet wurde. Einerseits kann eine Datenmeldung falsch sein und die Steuer zu Ihrem Nachteil zu hoch ausfallen. Andererseits müssen Sie auch Angaben ergänzen oder berichtigen, wenn Sie feststellen, dass etwas fehlt, beispielsweise eine Gehaltsangabe und die Steuer möglicherweise zu niedrig ausfallen würde.

Dann gilt: Finden Sie einen Fehler, müssen Sie die dunkelgrün unterlegten Zeilen doch ausfüllen und die richtigen Werte eintragen. Legen Sie am besten einen Beleg oder eine Erläuterung zum festgestellten Fehler der Steuererklärung bei, damit im Finanzamt geprüft werden kann, welcher Betrag im Steuerbescheid zu berücksichtigen ist.

Abrechnung über ELSTER

Das Weglassen der Eintragungen bei den E-Daten gilt nur für die Steuererklärung auf Papier. Wer seine Steuererklärung elektronisch ausfüllt, übernimmt weiterhin die Beträge aus den Bescheinigungen. Die Daten können über ELSTER automatisch abgerufen und an die dafür vorgesehenen Stellen übernommen werden (→ Seite 40). Mit einem Steuerprogramm kann dann bereits im Voraus berechnet werden, ob eine Steuernachzahlung anfällt und wie sich Ausgaben steuermindernd auswirken.

Ausfüllhilfen nutzen

Ein Blick in die „Anleitung" zu den einzelnen Vordrucken hilft beim Ausfüllen der Steuererklärung. Jedem Formular wird seine eigene Anleitung an die Seite gestellt. Die Finanzverwaltung möchte, dass die gesuchte Information nach kurzem Lesen gefunden wird.

Besonders wichtig ist das **Infoblatt E-Daten**. Für eine Übergangszeit wird das Infoblatt Sie in den nächsten Jahren begleiten. In einem Frage-/Antwortkatalog werden die Neuerungen dargestellt.

Mann, Frau, Ehe, Partnerschaft

Familien und Partnerschaften sind bunt und vielfältig. Alle in diesem Ratgeber genannten Bestimmungen für Ehen zwischen Männern und Frauen gelten ebenso für Ehen gleichgeschlechtlicher Partner und für eingetragene Lebenspartnerschaften, auch wenn das nicht überall gesondert erwähnt wird. Die Partner der beiden letztgenannten Verbindungen werden in den Formularen als „Person A" und „Person B" bezeichnet.

Bevor Sie nun richtig loslegen, ein letzter Tipp: Vergessen Sie nicht, sich von allem, was Sie ans Finanzamt schicken, eine Kopie zu machen. Kommt es zu Rückfragen, können Sie besser reagieren. Und Sie haben eine gute Vorlage für das nächste Jahr. Wer elektronisch abgibt, hat die sowieso.

Hauptvordruck:
So geht's los

Starten Sie beim Ausfüllen mit Ihren persönlichen Daten im Hauptvordruck. Bis vor einigen Jahren wurde er landläufig Mantelbogen genannt, weil er die einzelnen Papieranlagen wie ein Mantel umschlossen hat. Seit einer umfassenden Umgestaltung der Formulare hat der Hauptvordruck nur noch zwei Seiten. Für die anderen Abschnitte gibt es separate Anlagen, etwa die Anlagen Sonderausgaben und Außergewöhnliche Belastungen, die wir gesondert vorstellen.

Die folgenden Hinweise und Tipps sind immer auf die Nummern der Formularzeilen bezogen. Damit sind sie für alle nutzbar, egal ob sie die Formulare per Hand oder elektronisch ausfüllen.

Zeile 1 bis 6: Anträge und Zuständigkeiten

In **Zeile 1** machen Sie in das linke Kästchen ein Kreuz, wenn es um die Abgabe der Einkommensteuererklärung geht. Das rechte Kästchen wird markiert, wenn (auch oder nur) eine Arbeitnehmersparzulage beantragt wird.

Zeile 2 kreuzen Sie links an, wenn Sie kirchensteuerpflichtig sind und die Bank von Ihren Zinsen oder anderen Kapitalerträgen im Jahresverlauf keine Kirchensteuer einbehalten hat. Diese muss auf diesem Weg nachträglich berechnet werden. Hat die Bank laut ihren Abrechnungen bereits Kirchensteuer einbehalten, bleibt dieses Kästchen frei. Verluste aus nichtselbstständiger Tätigkeit sind zwar selten, wenn Angestellte trotzdem welche hatten, etwa wegen vorweggenommener Werbungskosten (→ Seite 66), kreuzen sie das rechte Kästchen an. Sie sollten sich bei Einzelheiten der Verlustverrechnung oder -verteilung möglichst von einem Steuerprofi helfen lassen (→ Seite 262).

Es gibt eine neue **Zeile 3**, in der Arbeitnehmer die 2021 eingeführte „Mobilitätsprämie" beantragen können (→ „Steuerjahr 2021", Seite 7). Das ist interessant für Sie, wenn Ihr zu versteuerndes Einkommen nicht oberhalb des Grundfreibetrags von 9 744 Euro (Ehepaare: 19 488 Euro) liegt und Sie damit nicht von der erhöhten Entfernungspauschale für weite Arbeitswege oder für Familienheimfahrten im Rahmen einer doppelten Haushaltsführung profitieren würden. Weitere Angaben zu Ihrem Arbeitsweg machen Sie in dem Fall in Anlage N und in der neuen Anlage Mobilitätsprämie (→ Seite 61 und Seite 67).

Zeile 4 fragt nach der Steuernummer. Wer noch keine hat, schreibt gar nichts oder „NEU" hinein.

In **Zeile 5** tragen Sie das Amt ein, in dessen Amtsbezirk Sie zum Zeitpunkt der Abgabe der Steuererklärung wohnen. **Zeile 6** müssen Sie nur ausfüllen, wenn Sie seit Ihrer letzten Steuererklärung umgezogen sind. In **Zeile 5** am rechten Rand finden Sie den Hinweis auf die Felder in der Steuererklärung, die Sie häufig nicht mehr ausfüllen müssen. Die für Sie gemeldeten Daten, zum Beispiel vom Arbeitgeber, werden vom Finanzamt dann automatisch übernommen. Die betreffenden Felder sind mit einer dunkelgrünen Farbe hervorgehoben.

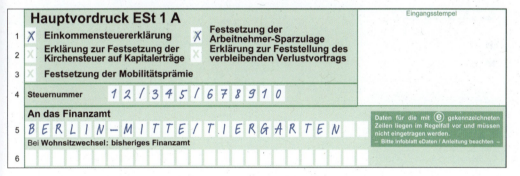

Zeile 7 bis 28: Allgemeine Angaben

Die Angabe der Telefonnummer in **Zeile 7** ist freiwillig, kann aber die Bearbeitung beschleunigen. In **Zeile 8 und 19** wird nach der elfstelligen persönlichen Identifikationsnummer gefragt. Die Steueridentifikationsnummer befindet sich in der Regel auf der Lohnabrechnung des Arbeitgebers. Wer sie noch nicht kennt, kann diese mit einem schriftlichen Antrag beim zuständigen Finanzamt oder beim Bundeszentralamt für Steuern erhalten. Ehepaare sollten darauf achten, dass dem Ehemann die **Zeilen 8 bis 17** zustehen. Auch wenn die Ehefrau die einzige Steuerquelle der Familie ist, kommt sie erst danach.

Bei gleichgeschlechtlichen Ehepaaren und eingetragenen Lebenspartnern gehört in **Zeile 8** derjenige als „Person A", dessen Nachname im Alphabet vor dem Nachnamen des anderen steht. Der andere Partner wird ab **Zeile 19** eingetragen. Handelt es sich um dieselben Nachnamen, entscheidet die alphabetische Reihenfolge der Vornamen. Gibt es auch dort Gleichheit, entscheidet das Geburtsdatum – zuerst kommt der ältere Partner ab **Zeile 8**, der Jüngere als „Person B" ab **Zeile 19**.

Eine Zugehörigkeit zu Religionen wird rechts in **Zeile 11 und 22** mit den dort abgedruckten Abkürzungen markiert. Weitere Abkürzungen stehen in der „Anleitung zur Einkommensteuererklärung" des Finanzamts und finden sich auch bei ELSTER. In **Zeile 16 und 27** geben Sie an, in welchem Staat Sie leben, wenn Ihr Wohnsitz im Ausland ist.

Zeile 18 betrifft nur bestehende oder gewesene Ehe- und Lebenspartner. Wenn Sie ganz rechts (dauernd getrennt) ein Datum vor Neujahr 2021 eintragen, werden Sie wie ein Lediger besteuert und büßen die Steuervorteile von Paaren ein. Haben Sie sich dagegen erst im Jahr 2021 getrennt und in dem Jahr noch mindestens einen Tag zusammengelebt oder 2021 einen Versöhnungsversuch unternommen, tragen Sie das Trennungsdatum von 2021 ein und können dann nochmals eine gemeinsame Steuererklärung abgeben.

Zeile 29: Für Ehepaare und eingetragene Lebenspartner

Paare entscheiden selbst, ob sie eine gemeinsame Steuererklärung („Zusammenveranlagung") oder zwei getrennte Erklärungen abgeben. Die gemeinsame Steuererklärung ist fast immer günstiger, das heißt, eine Steuererstattung ist höher. Warum das so ist, zeigt das Kapitel „Trauschein mit Steuereffekt" → ab Seite 235.

Die „Einzelveranlagung" kann jedoch in besonderen Lebenssituationen, etwa bei hohen medizinischen Kosten oder nach Erhalt einer Abfindung vom Arbeitgeber, zu einer geringeren Steuerbelastung führen. Gerade infolge von Corona kann die Einzelveranlagung auch häufiger lohnend sein: wenn Sie oder Ihr Partner Lohnersatzleistungen wie Kurzarbeitergeld erhalten haben (→ Seite 231). Ist ein Partner Arbeitnehmer und der andere Beamter, kann sich das auch lohnen, da getrennt mehr Versicherungsbeiträge abzugsfähig sein können (→ Seite 241).

Die Einzelveranlagung erlaubt es jedoch nicht, dass bestimmte Kosten, etwa Sonderausgaben, außergewöhnliche Belastungen oder auch Steuerermäßigungen nach freier Entscheidung des Paars einem der Partner zugeordnet werden. Die Kosten darf grundsätzlich nur derjenige absetzen, der sie tatsächlich getragen hat. Ehe- und Lebenspartner können aber beantragen, dass sie bei jedem zur Hälfte abgezogen werden (**Anlage Sonstiges**, → Seite 178). Ehe- und Lebenspartner können nach einer Änderung ihres Steuerbescheids erneut wählen, ob sie eine gemeinsame oder zwei getrennte Steuererklärungen abgeben. Das funktioniert aber nur, wenn eine neue Wahlentscheidung zu einer geringeren Steuer führen würde.

Auch Nebeneinkünfte bis 410 Euro oder steuerliche Verluste können für eine getrennte Veranlagung sprechen. Ist ein Partner 2021 verstorben, kann der verwitwete für die Jahre 2021 und 2022 noch bestimmte Steuervorteile nutzen, zum Beispiel den „Splittingtarif". Von ihm profitieren Paare besonders, wenn die Einkünfte der Partner weit auseinanderliegen. Hat etwa einer der beiden gar keine Einkünfte, der andere aber 100 000 Euro zu versteuerndes Einkommen, beträgt der Splittingvorteil mehr als 10 600 Euro. Ab → Seite 235 lesen Sie mehr zur Besteuerung von Ehepaaren und eingetragenen Lebenspartnerschaften.

Zeile 31 bis 34: Bankverbindung

Oben auf der zweiten Seite des Hauptvordrucks werden Sie nach Ihrer Bankverbindung gefragt. In **Zeile 31** schreiben Sie die IBAN (International Bank Account Number) Ihrer inländischen Bank. BIC (Bank Identifier Code), Name und Ort der Bank werden hier nicht abgefragt. Handelt es sich um ein ausländisches Kreditinstitut, das innerhalb des „Europäischen Zahlungsverkehrsraums" (SEPA) agiert, schreiben Sie die IBAN in **Zeile 32** und die BIC in **Zeile 33**. An SEPA nehmen die EU-, EWR-Staaten sowie die Schweiz, Liechtenstein und Monaco teil. Bankverbindungen außerhalb des SEPA-Raums gehören **nicht** in die **Zeilen 31 bis 33**, sondern müssen dem Finanzamt formlos schriftlich mitgeteilt werden.

In **Zeile 34** wird das rechte Buchstabenfeld nur ausgefüllt, wenn das Finanzamt eine Steuererstattung nicht auf Ihr Konto oder auf das Konto Ihres Partners überweisen soll, sondern wenn Sie die Erstattung an jemand anderen abgetreten haben.

Zeile 35 bis 41: Abweichende Adresse

Sie füllen **Zeile 35 bis 41** nur aus, wenn der Steuerbescheid **nicht** an Ihre Wohnadresse gehen soll. Sie können generell festlegen, dass der Steuerbescheid nicht an Sie, sondern an jemand anderen geschickt werden soll oder an eine andere Adresse. Hat das Finanzamt bereits eine Vollmacht, brauchen Sie das jedoch nicht nochmals anzugeben. In **Zeile 41** tragen Sie den Staat ein, falls der Steuerbescheid im Ausland zugestellt werden soll.

Zeile 42: Arbeitnehmersparzulage

Anspruch auf eine Arbeitnehmersparzulage können Sie haben, wenn Ihr zu versteuerndes Einkommen nicht mehr als 17 900 Euro oder 35 800 Euro bei Zusammenveranlagung beträgt. Für bestimmte Sparanlagen, Beteiligungen an Unternehmen, beträgt die Einkommensgrenze 20 000 Euro beziehungsweise 40 000 Euro bei Zusammenveranlagung. Die Zulage für die eingezahlten Vermögenswirksamen Leistungen beantragen Sie mit der Ziffer „1" in **Zeile 42**. Zusätzlich müssen Sie in **Zeile 1** die „Festsetzung der Arbeitnehmersparzulage" ankreuzen. Die eingezahlten Beträge werden elektronisch vom Empfänger an die Finanzverwaltung übermittelt. Ob Ihnen die Zulage zusteht, errechnet dann das Finanzamt.

Zeile 43 und 44: Einkommensersatzleistungen

Die beiden Zeilen sind für Einkommensersatzleistungen vorgesehen. Das sind Zahlungen, die Ihnen anstelle eines Einkommens zustehen, beispielsweise Arbeitslosen- oder Krankengeld oder auch eine Verdienstausfallentschädigung in Folge der Corona-Pandemie.

Hat Ihnen das Arbeitsamt oder die Krankenkasse mitgeteilt, welche Daten elektronisch an die Finanzverwaltung übermittelt wurden, können Sie **Zeile 43** frei lassen. Die elektronischen Daten (E-Daten) werden beim Finanzamt automatisch in Ihre Steuererklärung übernommen. Liegt der Steuerbescheid dann in der Post, sollten Sie unbedingt überprüfen, ob die übernommenen Ersatzleistungen mit denen Ihrer Bescheinigung übereinstimmen. Den Betrag finden Sie im Steuerbescheid im Abschnitt „Erläuterungen zur Steuerfestsetzung" (Kontrolle Steuerbescheid → Seite 200). Haben Sie Anspruch auf vergleichbare Leistungen aus dem EU- oder EWR-Ausland oder der Schweiz, liegen der Finanzverwaltung keine E-Daten vor. Dann sind die Beträge in **Zeile 44** einzutragen.

Zeile 45: Ergänzende Angaben

In diesem Feld können Sie dem Finanzamt mitteilen, dass Sie ergänzende Angaben machen, die Sie an anderen Stellen nicht eintragen können und auf die Sie das Finanzamt besonders aufmerksam machen wollen. Das ist besonders dann wichtig, wenn Sie möchten, dass sich ein Finanzbeamter diesen Sachverhalt besonders anschaut und individuell prüft.

Die Möglichkeit für weiterführende Angaben wurde aufgrund der vollautomatischen Bearbeitung der Steuererklärungen eingeführt. Vor allem für einfachere Steuererklärungen werden immer häufiger Steuerbescheide ohne Bearbeitung oder Prüfung durch Finanzbeamte erstellt. Das „Gesetz zur Modernisierung des Besteuerungsverfahrens" sieht jedoch vor, dass jeder Bürger weiterhin das Recht hat, seine Steuererklärung anstatt nur von einer Maschine auch von einem Finanzbeamten persönlich prüfen zu lassen. Das kann notwendig sein, wenn Sie bestimmte Angaben in andere Zeilen der Steuerformulare nicht eintragen können oder wenn Sie etwas geltend machen wollen, von dem Sie wissen, dass die Finanzverwaltung dazu eine andere Rechtsauffassung hat.

Wer also in **Zeile 45** die Ziffer „1" einträgt, stoppt den Computer beim Finanzamt und erreicht die personelle Bearbeitung. Die zusätzlichen Erläuterungen sind auf einer formlosen Anlage mit der Überschrift „Ergänzende Angaben zur Steuererklärung" einzureichen. Wer eine elektronische Steuererklärung abgibt, hat für diese Angaben ein zusätzliches Textfeld im Steuerprogramm.

Zeile 46 bis 47: Steuerberatung und Unterschrift

In das Kästchen in **Zeile 46** gehört die Ziffer „1", wenn ein Steuerberater oder Lohnsteuerhilfeverein bei der Steuererklärung geholfen hat. Haben Sie alles auf Papier ausgefüllt, vergessen Sie abschließend nicht die Unterschrift in **Zeile 47**. Ohne Unterschrift gilt die Steuererklärung als nicht eingereicht. Für die elektronische Steuererklärung gelten andere Regeln (→ ab Seite 33).

Denken Sie bei einer gemeinsamen Steuererklärung auch an die Unterschrift Ihres Partners. Hat ein Steuerberater oder Lohnsteuerhilfeverein bei der Steuererklärung geholfen, kommen die Angaben dazu in den Kasten rechts neben der Unterschrift.

Anlage N:
Für Arbeitnehmer

Die Anlage N ist für viele Arbeitnehmer und Beamte die wichtigste Anlage, denn mit ihrer Hilfe können sie alle Ausgaben für ihren Job als Werbungskosten an das Finanzamt weiterreichen.

Das Finanzamt berücksichtigt zwar automatisch Werbungskosten von 1000 Euro im Jahr, doch diese Pauschale überspringen viele Arbeitnehmer problemlos, etwa mit ihren Ausgaben für den Arbeitsweg oder für ein häusliches Arbeitszimmer. Kommen berufliche Reisen hinzu, ein beruflich bedingter Umzug der gesamten Familie oder führen Sie aus beruflichen Gründen einen Zweithaushalt, lässt sich die Steuerlast häufig sogar noch deutlicher drücken.

Das N steht für „Einkünfte aus Nichtselbstständiger Tätigkeit". Beschäftigte mit einem pauschal versteuerten Minijob können sich Anlage N sparen, denn sie zahlen für ihren Lohn keine Steuern und können auch nichts absetzen (→ Seite 226). Ruheständler brauchen dagegen das vierseitige Formular, wenn sie Angaben zu der vom Ex-Arbeitgeber bezogenen Pension machen müssen. Bei Ehepaaren und Lebenspartnerschaften muss jeder Partner eine eigene Anlage N ausfüllen, wenn beide im Jahresverlauf Lohn oder sogenannte Lohnersatzleistungen hatten und nicht nur die bereits elektronisch übermittelten Daten einzutragen wären.

Zeile 1 bis 28: Die Einnahmenseite

Nachdem die persönlichen Angaben in **Zeile 1 und 2** ausgefüllt sind, übernehmen Sie die Steuernummer (**Zeile 3**) aus Zeile 3 des **Hauptvordrucks**. Wer noch keine Steuernummer hat, lässt die Zeile frei. Die in **Zeile 4** verlangte „eTIN" tragen Sie nur in dem Fall ein, wenn keine Identifikationsnummer (→ **Hauptvordruck**, Zeile 8 und 19) vorhanden ist. Ansonsten bleibt **Zeile 4** frei.

Die eTIN steht auf der Lohnsteuerbescheinigung des Arbeitgebers. Dort finden Sie auch alle hier erforderlichen Angaben zum Lohn, zu Versorgungsbezügen und eventuell abgeführten Steuern. Besonders hilfreich sind die Hinweise der Lohnsteuerbescheinigung darüber, was an welche Stelle der Anlage N kommt.

Zeile 5 bis 15: Lohn und Pension

Die Angaben zu Lohn, Pension und bereits abgezogenen Steuern liegen dem Finanzamt in der Regel bereits als elektronische Meldung vor. Sie haben zur Information über diese Datenmeldung eine Lohnsteuerbescheinigung erhalten. In der Papiersteuererklärung müssen Sie als Arbeitnehmer nur etwas eintragen, wenn Sie von den gemeldeten Daten abweichen wollen – etwa, weil diese fehlerhaft sind oder falls der Arbeitgeber in seiner Bescheinigung darauf hinweist, dass keine elektronische Meldung erfolgt ist. In die elektronische Steuererklärung tragen Sie die Daten weiterhin ein. Sie können damit auch die Funktion der Steuerberechnung nutzen.

Eintragungen in **Zeile 5 bis 10** erfolgen getrennt nach Lohnsteuerklassen. Wurde der Lohn nach den Steuerklassen I bis V besteuert, kommt die Lohnsteuerklassennummer in das Kästchen der **Zeile 5**, die Angaben dazu gehören in die erste Spalte. Alles zur Klasse VI kommt in die zweite Spalte.

5			Steuerklasse	168	1				
				EUR		Ct		EUR	
6	Bruttoarbeitslohn	110		4 2 0 0 0 , —			111		
7	Lohnsteuer	140		6 2 8 3 , 0 0			141		
8	Solidaritätszuschlag	150		,			151		

Zu den Versorgungsbezügen (**Zeile 11 bis 15**) gehören Beamten- und Werkspensionen, die vom Arbeitgeber finanziert wurden. Sie betreffen in der Regel Pensionäre. Einige „noch aktive" Angestellte müssen sich mit dem Thema auseinandersetzen, etwa, wenn sie im Jahresverlauf sowohl Gehalt als auch Pension erhalten haben oder wenn der Partner Versorgungsbezüge erhalten hat. Versorgungsbezüge müssen zwar schon im Bruttoarbeitslohn in **Zeile 6** mit enthalten sein, werden aber hier noch einmal getrennt abgefragt, weil sie etwas anderen Steuerregeln unterliegen. **Zeile 14** füllt nur aus, wer nicht das gesamte Jahr über Versorgungsbezüge erhalten hat. Hintergrund ist, dass der Versorgungsfreibetrag (→ Seite 257) nicht ganzjährig gewährt wird, sondern nur anteilig für die entsprechenden Monate.

Zeilen 16 bis 20: Abfindungen & Co.

Manche Arbeitnehmer erhielten im Jahresverlauf Lohnnachzahlungen, Lohn für mehrere Jahre oder Abfindungen. Die Steuerbelastung kann durch eine solche Zusammenballung von Einkünften in einem Jahr unverhältnismäßig ansteigen. Es gibt dafür besondere Steuervergünstigungen, und deshalb gehören solche bereits ermäßigt besteuerten Lohnsonderzahlungen in **Zeile 17** (Pensionen entsprechend in **Zeile 16**). **Zeile 18** betrifft Sonderzahlungen, die vom Arbeitgeber nicht ermäßigt besteuert wurden. Diese Zahlungen können aber trotzdem begünstigt sein, wenn bestimmte Voraussetzungen erfüllt sind.

In einem aufwendigen Rechenverfahren reduziert das Finanzamt die Steuer auf die zusätzlichen Einkünfte. Es wird dabei nur ein Fünftel dieser Einkünfte berücksichtigt und die darauf entfallende Steuer wieder verfünffacht. Der Vorteil ist, dass der Steuersatz nicht so stark steigt. Die Zahlungen, einschließlich der abgeführten Steuern (**Zeile 19 und 20**), lassen sich der Lohnsteuerbescheinigung des Arbeitgebers entnehmen.

Bei Problemen sollte hier ein Steuerprofi helfen. Mit ihm können Sie zum Beispiel auch klären, ob es infolge der Abfindung eventuell für Sie und Ihren Partner günstiger ist, keine gemeinsame Steuererklärung abzugeben.

Wird eine Abfindung in Teilbeträgen über mehrere Jahre bezahlt, versagt das Finanzamt in der Regel die Steuerbegünstigung. Die Ausnahme: Es erfolgt eine im Vergleich zur Hauptleistung „geringfügige" Teilzahlung. Die Grenze der „Geringfügigkeit" gibt die Verwaltung mit zehn Prozent an.

Zeile 21 bis 26: Sonderfall Ausland & Co.

Arbeitslohn, der noch nicht versteuert wurde, etwa, weil ein ausländischer Arbeitgeber ihn zahlte, kommt in **Zeile 21**. Auch wenn Sie eine Aufwandsentschädigung für ehrenamtliches Engagement erhalten haben und diese über geltende Steuerfreibeträge hinausgeht, tragen Sie den darüberliegenden Wert hier ein (→ Seite 186). Die **Zeilen 22 bis 26** betreffen Auslandstätigkeiten von Arbeitnehmern, die zu ziemlich verzwickten Steuerproblemen führen und die sich noch dazu von Land zu Land stark unterscheiden. In der Anlage N-AUS müssen dazu weitere Angaben und Berechnungen erfolgen (→ Infokasten Seite 95). Die sollten Angestellte mithilfe eines Steuerprofis angehen, jedenfalls dann, wenn sie sich zum ersten Mal damit herumschlagen müssen. In **Zeile 26** geben Grenzgänger ihr Beschäftigungsland mit einer der dort vorgegebenen Ziffern an.

Zeile 27: Steuerfreie Aufwandsentschädigung

Wer nebenbei als Arbeitnehmer in Vereinen oder in anderen Einrichtungen arbeitet, die gemeinnützigen, mildtätigen oder kirchlichen Zwecken dienen, kann eine steuerfreie Aufwandsentschädigung erhalten. Dieser „Übungsleiter-Freibetrag" liegt seit Anfang 2021 bei 3 000 Euro und

Tätigkeiten kombinieren
Üben Sie unterschiedliche begünstigte Tätigkeiten aus, etwa als Übungsleiter im Verein und gleichzeitig als Kassenwart, können Sie pro Jahr maximal 3 000 Euro plus 840 Euro pauschal steuerfrei kassieren.

wird gewährt, wenn es sich um ausbildende, erzieherische, betreuende, künstlerische oder pflegerische Arbeiten handelt. Für andere gemeinnützige Tätigkeiten, etwa für den Kassenwart im Verein, bleiben Zahlungen bis 840 Euro steuerfrei.

Sind die steuerfreien Zahlungen höher als die gesetzlichen Freibeträge, vermerken Sie in **Zeile 27** nur den Freibetrag und tragen den darüber hinausgehenden Betrag in **Zeile 21** ein. Werbungskosten für Ihr Engagement können Sie geltend machen, wenn diese den steuerfreien Betrag übersteigen. Das Finanzamt berücksichtigt die Werbungskosten dann anteilig. Der Bundesfinanzhof hat entschieden, dass Werbungskosten auch bei ausschließlich steuerfreien Einnahmen berücksichtigt werden können, wenn sich dadurch ein Verlust ergibt (Az. VIII R 17/16). Allerdings ist dann nachzuweisen, dass sich in anderen Jahren ein Überschuss ergibt, also die Werbungskosten regelmäßig niedriger ausfallen als die steuerfreie Aufwandsentschädigung.

Wenn diese begünstigten Tätigkeiten nicht als Arbeitnehmer, sondern selbstständig ausgeübt werden, gehören die Einnahmen in die **Anlage S** (→ Seite 184).

Zeile 28: Kurzarbeitergeld & Lohnersatz

Lohnersatzleistungen, zum Beispiel Kurzarbeitergeld, sind in der Regel beim Finanzamt bereits gemeldet. Die Entgeltersatzleistungen sind steuerfrei, werden jedoch berücksichtigt, wenn der Steuersatz für die übrigen Einkünfte ermittelt wird (→ Seite 231). Hat der Arbeitgeber Lohnersatzleistungen gezahlt, steht das auf der Lohnsteuerbescheinigung unter der

Ziffer 15. Wenn die Angaben korrekt sind, müssen sie in der Papiererklärung nicht in **Zeile 28** eingetragen werden.

Andere Lohnersatzleistungen, zum Beispiel Arbeitslosengeld, gehören dagegen nicht hierher in die **Anlage N**, sondern in Zeile 43 und 44 des Hauptvordrucks.

Zeile 31 bis 117: Werbungskosten

Wer sich ganz sicher ist, dass er im Jahresverlauf weniger als 1 000 Euro für den Job ausgegeben hat, muss ab **Zeile 31** gar nichts ausfüllen. So hoch ist die zu Beginn genannte Werbungskostenpauschale für Arbeitnehmer, auch „Arbeitnehmerpauschbetrag" genannt. Diesen berücksichtigt das Finanzamt von sich aus automatisch. Die volle Pauschale steht einem Arbeitnehmer übrigens auch dann zu, wenn er nur wenige Monate des Jahres beschäftigt war.

Selbst wenn Sie zunächst meinen, Sie bleiben bei den Werbungskosten unterhalb der Pauschale, sollten Sie zur Sicherheit doch einen Blick auf die folgenden Abzugsposten werfen. Homeoffice, Arbeitsweg, Bildungskosten – eigene Ausgaben für berufliche Fahrten. Da kann doch einiges zusammenkommen. Wichtig auch: Haben Sie 2021 aus beruflichen Gründen, etwa für die Corona-bedingte Arbeit im Homeoffice, einen neuen Computer gekauft, können Sie die Ausgaben für PC und Software im Jahr der Bezahlung komplett absetzen. Auch Ausgaben für weiteres Zubehör wie Monitor oder Computer-Maus rechnen Sie ab. Denken Sie aber immer daran, dass Sie nur Kosten geltend machen dürfen, die nicht der Arbeitgeber getragen hat.

Zeile 31 bis 39: Fahrten zur Arbeit

Der tägliche Weg zur Arbeitsstätte ist in „normalen" Jahren für viele Berufstätige ein dicker Posten auf der Liste der Werbungskosten. Im Zuge von Corona und den damit für viele verbundenen Aufenthalten im Homeoffice dürften die abzurechnenden Arbeitswege zwar niedriger ausfallen, doch trotzdem kommt immer noch einiges zusammen.

Für den Weg in die Firma, die „erste Tätigkeitsstätte" zählt jedoch nur die „einfache Entfernung", das heißt: entweder die Hinfahrt oder die Rück-

Neue Anlage: Sparen bei weitem Weg und niedrigem Einkommen

Haben Sie ein zu versteuerndes Einkommen von höchstens 9744 Euro im Jahr (Ehepaare: 19488 Euro), profitieren Sie nicht von der erhöhten Pendlerpauschale. In dem Fall steht Ihnen die neu eingeführte „Mobilitätsprämie" zu, falls Ihr Arbeitsweg länger als 20 Kilometer ist.

Prämie. Sie liegt bei 14 Prozent der Kilometerpauschale. Fährt etwa eine Angestellte 40 Kilometer zur Arbeit, erhält sie für die Strecke ab Kilometer 21 jeweils 4,9 Cent (14 Prozent von 35 Cent). Bei 150 Bürotagen ergeben sich so 147 Euro Prämie.

Abrechnen. Die Festsetzung der Prämie beantragen Sie im Hauptvordruck,

Zeile 3 (→ Seite 54). Zudem füllen Sie die neu eingeführte Anlage Mobilitätsprämie aus.

Schritt für Schritt. In Zeile 5 der neuen Anlagen geben Sie an, ob sich Ihr Antrag auf Einkünfte aus nichtselbstständiger Tätigkeit bezieht, in Zeile 6, wenn es um andere Einkünfte, etwa aus selbstständiger Tätigkeit, geht. Handelt es sich um eine angestellte Beschäftigung, machen Sie ab Zeile 7 oder Ihr Partner ab Zeile 13 Angaben zur Wegstrecke zwischen Wohnung und erster Tätigkeitsstätte. Ab Zeile 11 oder 17 informieren Sie über die Familienheimfahrten im Zuge einer doppelten Haushaltsführung.

---

fahrt, nicht aber hin und zurück. Es zählen nur die vollen Kilometer, liegen Sie zwischen zwei Kilometerangaben, müssen Sie den Wert abrunden.

Wer beispielsweise an 220 Tagen im Jahr in den 16 Kilometer entfernten Betrieb gefahren ist, kommt auf 1056 Euro Werbungskosten (220 mal 0,30 mal 16) und hat allein damit schon den Arbeitnehmerpauschbetrag von 1000 Euro geknackt.

Dieser Wert ergibt sich, weil in dem Beispiel für jeden Entfernungskilometer mit einer Pauschale von 30 Cent gerechnet wird. Hier gibt es 2021 eine Änderung, denn ab Entfernungskilometer 21 können Sie jeweils 35 Cent je Kilometer geltend machen (→ Seite 7). Von dieser erhöhten Pauschale profitieren allerdings nicht alle Arbeitnehmer – Pendler, deren zu versteuerndes Jahreseinkommen nicht über den Grundfreibetrag von 9744 Euro (Ehe-/Lebenspartner: 19488 Euro) hinausgeht, bleiben außen vor. Sie haben allerdings die Möglichkeit, die 2021 neu eingeführte „Mobilitätsprämie" zu beantragen (→ Kasten oben).

In **Zeile 31 und 32** gehört die „erste Tätigkeitsstätte". Das ist ein fester Arbeitsort, der auf Dauer regelmäßig aufgesucht wird. Infrage kommt jede ortsfeste betriebliche Einrichtung des Arbeitgebers, eines verbundenen Unternehmens oder eines Dritten, etwa eines Kunden, sein. Bei mehreren Arbeitsorten gilt das, wie der Name sagt, nur für einen Arbeitsort: Dann kann der Arbeitgeber festlegen, welcher das ist. Ohne Festlegung durch den Arbeitgeber gelten objektive Kriterien. Danach ist die erste Tätigkeitsstätte dort, wo der Arbeitnehmer in der Regel arbeitstäglich oder zwei volle Arbeitstage pro Woche oder mindestens ein Drittel der vereinbarten regelmäßigen Arbeitszeit im Auftrag seines Arbeitgebers dauerhaft tätig sein soll.

In die beiden rechten Felder kommen die Zahl der wöchentlichen Arbeitstage sowie die Urlaubs- und Krankheitstage und Heimarbeits- und Dienstreisetage. Wer während der Coronakrise zu Hause gearbeitet hat, muss seine Fahrtage reduzieren.

Werbungskosten – ohne Beträge lt. Zeile 73 bis 76 –				**8**
Wege zwischen Wohnung und erster Tätigkeitsstätte / Sammelpunkt / weiträumigem Tätigkeitsgebiet (Entfernungspauschale)				
Erste Tätigkeitsstätte in (PLZ, Ort und Straße)	vom	bis	Arbeitstage je Woche	Urlaubs-, Krankheits-, Heimarbeits- und Dienstreisetage
31 MEDTECH GMBH, EINSTEINWEG 13, 15827 DAHLEWITZ	0 1 0 1	3 1 1 2	5	3 0
32	T T M M T T M M			

Wer anstelle des Arbeitsortes regelmäßig eine bestimmte Abholstelle aufsuchen muss, trägt den „Sammelpunkt" in **Zeile 33 und 34** ein. Gleiches gilt für Arbeitnehmer, die zu einem weiträumigen Tätigkeitsgebiet fahren. Hier zählt die Entfernung zum Beginn des Tätigkeitsfeldes. Für den Weg dorthin gilt – wie zur ersten Tätigkeitsstätte – die Entfernungspauschale von 30 Cent für jeden vollen Kilometer bei einer Entfernung von bis zu 20 Kilometer, ab Kilometer 21 wiederum 35 Cent.

Diese Pauschale steht Ihnen grundsätzlich unabhängig vom Verkehrsmittel zu. Auto, Zug, Rad oder Fußweg bringen pro Kilometer alle dasselbe. Es gibt jedoch ein paar Unterschiede, und deshalb sind die Angaben in den **Zeilen 35 bis 38** erforderlich: In das linke Zahlenfeld gehört die betreffende

Umwege eventuell möglich

Das Finanzamt akzeptiert Umwege, wenn Sie die längere Strecke tatsächlich nutzen und diese offensichtlich verkehrsgünstiger ist. Das ist der Fall, wenn der Arbeitsort dadurch regelmäßig schneller und pünktlicher erreicht wird. Waren Sie also auf einer längeren Strecke schneller als auf der kürzesten, zum Beispiel weil Sie häufigen Staus ausweichen konnten, zählt der längere Weg.

Zeilenzahl aus **Zeile 31 bis 34**, in das zweite Feld von links die Anzahl der Tage, an denen Sie zur ganz links bezeichneten Tätigkeitsstätte gefahren sind.

Beachten Sie hier: Für Arbeitstage, an denen Sie aufgrund von Auswärtstätigkeiten nur jeweils einen einfachen Hin- oder Rückweg zur oder von der ersten Tätigkeitsstätte zurückgelegt haben, etwa wenn Sie als Flugbegleiter tätig sind, können Sie nur die halbe Entfernungspauschale geltend machen. Tragen Sie dementsprechend nur die halbe Anzahl an Arbeitstagen ein. Entsprechendes gilt auch, wenn Sie etwa am Abend nicht in die Wohnung zurückgefahren sind, von der Sie morgens gestartet sind.

	Ort lt. Zeile	aufgesucht an Tagen	einfache Entfernung (auf volle Kilometer abgerundet)	davon mit eigenem oder zur Nutzung überlassenem Pkw zurückgelegt	davon mit Sammelbeförderung des Arbeitgebers zurückgelegt	davon mit öffentl. Verkehrsmitteln, Motorrad, Fahrrad o. Ä., als Fußgänger, als Mitfahrer einer Fahrgemeinschaft zurückgelegt	Aufwendungen für Fahrten mit öffentlichen Verkehrsmitteln (ohne Fähr- und Flugkosten) EUR	Behinderungsgrad mind. 70 oder mind. 50 und Merkzeichen „G"
35	*31* 110 *2 2 0*		111 *1 9* km	112 *1 9* km	113 km	km	114 — 115	1 = Ja
36	130		131 km	132 km	133 km	km	134 — 135	1 = Ja
37	150		151 km	152 km	153 km	km	154 — 155	1 = Ja
38	170		171 km	172 km	173 km	km	174 — 175	1 = Ja

In das dritte Feld tragen Sie die Entfernung in ganzen Kilometern ein. Berechnungsgrundlage ist die kürzeste Straßenverbindung, egal welches Verkehrsmittel tatsächlich genutzt wurde.

Die Entfernung kennt das Finanzamt in der Regel genau, rundet Stellen hinter dem Komma immer auf den vollen Kilometer ab und wird bei Umwegen stutzig. Unter bestimmten Voraussetzungen erkennt es den Umweg aber an (→ Kasten Seite 69).

Im 4. Zahlenfeld von links will das Finanzamt wissen, wie viele Kilometer der einfachen Entfernung Sie mit dem Privat- oder Firmenwagen gefahren sind. Wer die gesamte Strecke per Auto unterwegs war, schreibt hier wieder die einfache Entfernung hinein. Hat der Arbeitgeber einen kostenlosen Sammeltransport organisiert, kommt der damit zurückgelegte Teil der einfachen Entfernung in das 5. Zahlenfeld von links (und fällt für den Werbungskostenabzug unter den Tisch).)m 6. Zahlenfeld von links will das Amt den Teil der Entfernung sehen, der nicht mit dem Auto zurückgelegt wurde oder, wenn doch mit dem Auto, dann nicht als Fahrer, sondern als Teil einer Fahrgemeinschaft. Im 7. Zahlenfeld von links geht es nicht mehr um Kilometer, sondern um Euro, die für öffentliche Verkehrsmittel ausgegeben wurden, um zur Arbeit zu gelangen. In das Kästchen rechts außen können Behinderte die Ziffer „1" eintragen.

Hintergrund dieser aufwendigen Abfrage ist vor allem die grundsätzliche Begrenzung der Entfernungspauschale auf 4 500 Euro pro Jahr. Allerdings gibt es hier einige Ausnahmen. Die erste Ausnahme: Pkw-Nutzer dürfen die Entfernungspauschale in unbegrenzter Höhe absetzen, auch wenn mehr als 4 500 Euro zusammenkommen. Hier lauert jedoch eine „Ausnahme von der Ausnahme": Wenn jemand nicht als Fahrer, sondern stets nur als Mitfahrer einer Fahrgemeinschaft unterwegs ist, gilt für ihn doch die 4 500-Euro-Grenze. Zweite Ausnahme: Wer mit dem Zug oder anderen öffentlichen Verkehrsmitteln zur Arbeit gefahren ist und die dafür entstandenen Kosten nachweist, darf das absetzen, was er tatsächlich bezahlt hat. Das ist natürlich nur sinnvoll, wenn es über das ganze Jahr gerechnet höhere Werbungskosten einbringt als die Entfernungspauschale. Sie können die vollen Kosten etwa für eine Zeitkarte im Öffentlichen Nahverkehr auch dann geltend machen, wenn Sie das Ticket nicht im zunächst geplanten Umfang nutzen konnten, etwa weil Sie während der Pandemie viel im Homeoffice waren. Eine Obergrenze gibt es nicht.

Dritte Ausnahme: Menschen mit einer Behinderung können die tatsächlichen Kosten absetzen, wenn der Behinderungsgrad mindestens 70 beträgt oder 50 plus Merkzeichen „G" im Behindertenausweis steht. Sie können pauschal 30 Cent je Kilometer (ab Kilometer 21: 35 Cent) für Hin- und Rückfahrt mit dem Pkw geltend machen, und sie dürfen per Nachweis auch noch höhere tatsächliche Kosten abrechnen. Die nachgewiesenen tatsächlichen Kosten für Fahrten mit öffentlichen Verkehrsmitteln können Behinderte wie Nichtbehinderte ohne Begrenzung absetzen.

Vierte Ausnahme: Flug- und Fährkosten sind nur mit den nachgewiesenen tatsächlichen Kosten absetzbar, nicht mit der Entfernungspauschale. Das passiert aber nicht hier, sondern in **Zeile 47**.

Angestellte, die mal mit dem Auto und mal mit öffentlichen Verkehrsmitteln zur Arbeit fuhren, können einheitlich entweder per Entfernungspauschale oder per Ticketkosten abrechnen. Das Finanzamt erkennt den für das gesamte Jahr höheren Betrag an. Mit der Entfernungspauschale sind die Ausgaben für den Arbeitsweg abgegolten.

Strittig ist, wie mit Unfallkosten umzugehen ist. Kommt es auf dem Weg zur ersten Arbeitsstätte zu einem Unfall, kann es sein, dass das Finanzamt die dadurch entstandenen Kosten nicht zusätzlich anerkennt. Kommt es allerdings auf einer Dienstfahrt zu einem Unfall, zählen die dadurch entstandenen Kosten zusätzlich:

→ Zum Beispiel das Ehepaar Laura und Lennart L.

Beide arbeiten im selben Betrieb, 19 Kilometer von ihrer Wohnung entfernt. Acht Monate lang fuhren sie mit Lennarts Auto gemeinsam in die Firma. Drei Monate war Lennart wegen veränderter Arbeitszeiten allein mit dem Auto unterwegs, Laura nahm in dieser Zeit den Bus. Das Ticket kostete 60 Euro monatlich. Im Winter hatte Lennart auf einer Fahrt in die Zweigstelle der Firma einen Unfall mit nachfolgenden Reparaturkosten von 3 000 Euro. Andere Werbungskosten kann das Paar nicht abrechnen.

Lennarts Entfernungspauschale für Pkw-Fahrten (220 Tage mal 19 km mal 0,30)	**1 254**
Lauras Entfernungspauschale als Pkw-Beifahrerin (160 Tage mal 19 km mal 0,30)	+ 912
Lauras Entfernungspauschale für Busfahrten (60 Tage mal 19 km mal 0,30)	+ 342
Lauras Monatskarte für den Bus (3 Monate mal 60)	(180)
Lennarts Unfallkosten auf der Dienstfahrt	+ 3 000
Fahrtkosten zur Arbeit insgesamt (alle Angaben in Euro)	**5 508**

Laura und Lennart geben ihre Fahrtkosten jeweils auf ihrer eigenen Anlage N in **Zeile 35** an. Ihre Fahrten mit dem Bus rechnet Laura mit der Entfernungspauschale ab, weil das für sie günstiger ist als wenn sie die die tatsächlichen Ticketkosten in Höhe von 180 Euro angibt. Die Unfallkosten bekommt Lennart hier nicht unter, er trägt sie stattdessen in **Zeile 48** seiner Anlage N ein.

Insgesamt kommen beide zusammen auf 5 508 Euro Werbungskosten (1 254 plus 912 plus 342 plus 3 000). Die Arbeitnehmerpauschbeträge (2 mal 1 000) wurden bereits beim Lohnsteuerabzug berücksichtigt. Unter dem Strich drücken weitere 3 508 Euro Fahrtkosten die Steuerbelastung (5 508 minus 2 000).

Zahlt Ihnen der Arbeitgeber Zuschüsse zu den Fahrtkosten zwischen Wohnung und Firma, sind diese in der Regel bereits zutreffend gemeldet und müssen dann in der Papiererklärung nicht mehr in **Zeile 39** eingetragen werden. Anders verhält es sich mit Zuschüssen der Arbeitsagentur oder vom Jobcenter, die weiterhin in **Zeile 40** einzutragen sind.

Arbeitnehmer mit ständig wechselnden Einsatzorten, etwa Kundendienstbetreuer, Außendienstler, Bau- oder Montagearbeiter, müssen sich in der Regel nicht mit der Entfernungspauschale begnügen. Gleiches gilt für Arbeitnehmer, die neben der ersten weitere feste Arbeitsstellen beim selben Arbeitgeber haben oder die befristet, bis maximal 48 Monate, an einen anderen Arbeitsort versetzt wurden. Sie leisten Auswärtstätigkeit und tragen ihre Fahrten zur Arbeit nicht in diesem Bereich ein, sondern ab **Zeile 61**.

Zeile 41: Berufsverbände

Wer einer Gewerkschaft, einem Beamtenverband oder einem anderen Berufs- oder Fachverband angehört, trägt Organisation und Beitrag in **Zeile 41** ein. Belege müssen Sie nicht mehr beilegen. Wenn das Amt Fragen hat, wird es sich melden.

Zeile 42 und 43: Arbeitsmittel

Als Arbeitsmittel (**Zeile 42 und 43**) gelten Dinge, die für den Job gebraucht werden, zum Beispiel Fachbücher, Büromöbel oder Computer. Haben Sie solche Arbeitsmittel 2021 angeschafft und kosteten sie bis zu 800 Euro ohne Umsatzsteuer, gelten sie als „geringwertige Wirtschaftsgüter". Damit dürfen Sie den Kaufpreis im Jahr des Kaufs voll als Werbungskosten geltend machen oder wahlweise über die Nutzungsdauer.

Neuerdings dürfen Sie die Anschaffungskosten für Computer und Software auch dann im Jahr des Kaufs komplett geltend machen, wenn sie mehr als 800 Euro netto gekostet haben. Für andere Arbeitsmittel ist die Regelung etwas komplizierter. Lag deren Preis über 800 Euro, müssen die Ausgaben auf die festgelegte Nutzungsdauer aufgeteilt werden, etwa Ausgaben für einen Schreibtisch oder andere Büromöbel auf 13 Jahre. Diese Methode heißt Abschreibung und wird kurz AfA genannt (Absetzung für Abnutzung). Sie erfolgt im Prinzip in gleichen Jahresbeträgen über die festgelegte Nutzungsdauer. Im Anschaffungsjahr gibt es den vollen Jahresbetrag aber nur, wenn das Arbeitsmittel im Januar gekauft wurde. Beim Kauf im März gibt nur zehn Zwölftel des Jahresbetrags für die zehn Monate von März bis Dezember. Verloren ist trotzdem nichts – die Ersparnis kommt dann nur später.

Wer wissen will, über wie viele Jahre ein Arbeitsmittel abgeschrieben werden muss, kann das über die Internetseite des Bundesfinanzministeriums erfahren: unter bundesfinanzministerium.de. Geben Sie dort „AfA-Tabellen" als Suchbegriff ein. Die Tabellen sind aber sehr unübersichtlich, sodass es eine bequemere Alternative sein kann, dass Sie einfach beim Finanzamt nachfragen.

Ausgaben für Arbeitsmittel dürfen als Werbungskosten abgesetzt werden, wenn die Gegenstände so gut wie ausschließlich beruflich genutzt werden. Eine private Mitnutzung von höchstens 10 Prozent schadet nichts. Liegt der private Nutzungsanteil darüber, fällt alles dem Rotstift zum Opfer. Es gibt aber immer mehr Ausnahmen von dieser Regel. Der Computer (plus Zubehörgerät wie Drucker) ist eine davon. Telefon, Anrufbeantworter, Smartphone, Tablet und Fax sind andere. Hier lassen sich die Kosten – geschätzt oder per Nachweis – in beruflich und privat aufteilen, und der berufliche Anteil darf geltend gemacht werden. Eine hälftige berufliche Nutzung hakt das Amt in der Regel ab, eine höhere oftmals nur mit Nachweis. Im Zweifel kann eine Bescheinigung des Arbeitgebers helfen.

Der Zusammenhang zwischen beruflich und privat funktioniert übrigens auch in umgekehrter Richtung: Hätte etwa ein Angestellter einen Schreibtisch (samt Computertisch), den er sich im Januar 2019 für 1 500 Euro privat gekauft und in sein Wohnzimmer gestellt hat, in 2020 und in 2021 so gut wie ausschließlich beruflich genutzt, könnte er ihn ab 2020 als Arbeitsmittel über zwölf Jahre mit 115 Euro pro Jahr absetzen (1 500 durch 13 Jahre Nutzungsdauer). Das erste Jahr ist wegen der Privatnutzung für die AfA futsch.

Ein weiteres Arbeitsmittel ist typische Berufskleidung, etwa der „Blaumann", die Polizeiuniform oder auch einheitliche Betriebskleidung: Sie gilt als Arbeitsmittel, und die Ausgaben dafür sind Werbungskosten. Die Betonung liegt dabei auf „typisch", denn Kleidungsstücke, die üblicherweise auch im Alltag getragen werden, zählen nicht dazu.

Bei typischer Berufskleidung sind aber nicht nur die Anschaffungskosten abzugsfähig, sondern auch Ausgaben für die Reinigung, egal ob die eine Reinigungsfirma ausführt oder die eigene Waschmaschine. Reinigen

Sie zu Hause, können Sie die Kosten fürs Waschen, Trocknen und Bügeln der Arbeitskleidung schätzen. Es gibt zwar Werte der Verbraucherverbände, zum Beispiel 87 Cent pro Kilogramm getrocknete und gebügelte Buntwäsche im Zweipersonenhaushalt, doch diese Angaben sind mehr als 15 Jahre alt. Alternativ können Sie auch selbst Ihre Kosten für die Waschgänge schätzen. Es ist jedoch nicht sicher, dass das Finanzamt das akzeptiert.

Zeile 44 und 45: Arbeit zu Hause

In der Anlage N taucht eine ganz neue Zeile auf: In **Zeile 45** machen Sie Angaben zur Homeoffice-Pauschale. Sie wurde Ende 2020 im Zuge der Corona-Pandemie eingeführt und gibt Ihnen auch 2021 noch die Möglichkeit, Ausgaben für einen Arbeitsplatz zu Hause geltend zu machen – ganz egal, ob Sie am Küchentisch oder am Schreibtisch im Schlafzimmer gearbeitet haben. Vorher war es nicht möglich, Raumkosten geltend zu machen, wenn Sie keinen abgeschlossenen Raum für berufliche Arbeiten vorweisen konnten. Infolge der Corona-Pandemie erkennt das Finanzamt nun aber pro Arbeitstag zu Hause pauschal 5 Euro als Werbungskosten an, maximal 600 Euro im Jahr.

In **Zeile 45** geben Sie die Anzahl der Arbeitstage im Homeoffice an. Für die Tage, die Sie hier angeben, können Sie keine Fahrt- oder Reisekosten geltend machen.

Die **Zeile 44** füllen Sie aus, wenn Sie Ihre beruflichen Arbeiten nicht irgendwo in Ihrer Wohnung erledigen, sondern dafür ein separates häusliches Arbeitszimmer nutzen können. Dann können Sie deutlich mehr Raumkosten geltend machen. Hier gibt es zwei Möglichkeiten.

Erste Möglichkeit: Ist dieser Raum Mittelpunkt der gesamten beruflichen Tätigkeit, etwa bei Heim- oder Telearbeitern, können alle Ausgaben

Heim-Büro:
Die wichtigsten Abzugsposten

Raumkosten für Mieter

Miete und die Mietnebenkosten. Hinzu kommen weitere Ausgaben, etwa für Strom, Heizung, Wasser, Gas, Reinigung, Renovierung oder Hausratversicherung.

Raumkosten für Eigentümer

Anstelle der Miet- und Mietnebenkosten machen Wohnungseigentümer die Ausgaben geltend, die sie im Fall einer Vermietung des Raums als Werbungskosten abziehen könnten, zum Beispiel Finanzierungskosten, Gebäudeabschreibung, Reparaturkosten, Gebäudeversicherung und Grundsteuer. Andere Raumkosten, beispielsweise für Energie, können sie wie Mieter absetzen.

Raumausstattung

Ausgaben, die ausschließlich dem Arbeitszimmer zugeordnet werden können, etwa für die Ausstattung dieses Raums mit Deckenlampen oder mit einem Teppich, sind grundsätzlich voll absetzbar, ebenso die Renovierung und Reinigung. Hier kann allerdings die Höchstgrenze von 1 250 Euro als „Deckel" wirken.

Größe

Beziehen sich Kosten auf die gesamte Wohnung, ist nur der Teil absetzbar, der auf das Arbeitszimmer entfällt. Der Anteil richtet sich nach dem Verhältnis von der Gesamtwohnfläche zur Fläche des Arbeitszimmers (→ Beispiel Seite 78).

Arbeitsmittel

Ausgaben für Schreibtisch, Regal, Schreibtischlampe, Bücherschrank, Computer, Fax, Drucker oder Kopierer sind sofort oder entsprechend ihrer festgelegten Nutzungsdauer als Werbungskosten absetzbar (→ Seite 73). Das funktioniert unabhängig davon, ob sich die Dinge in einem steuerlich anerkannten Arbeitszimmer oder anderswo in der Wohnung befinden. Die Arbeitsmittel werden nicht auf die 1 250-Euro-Grenze angerechnet.

als Werbungskosten geltend gemacht werden, zum Beispiel für Miete, Strom und Heizung (→ auch Beispiel unten).

Zweite Möglichkeit: Ist das Heimbüro nicht Mittelpunkt der beruflichen Arbeit, existiert aber für die dort ausgeführten Tätigkeiten kein anderer Arbeitsplatz, können bis zu 1250 Euro im Jahr abgesetzt werden. Das trifft zum Beispiel für viele Außendienstmitarbeiter und Lehrer zu, die Teile ihrer Arbeit zu Hause machen müssen, weil es an Ihrem Arbeitsplatz – also etwa in der Schule – keine Möglichkeit dafür gibt. Auch Arbeitnehmer und Beamte, die sich fortbilden und das Arbeitszimmer zum Selbststudium brauchen, können begünstigt sein.

Ob das Arbeitszimmer den Mittelpunkt der gesamten Tätigkeit bildet, ist in manchen Fällen umstritten. Faustregel: Mittelpunkt ist dort, wo der „wesentliche" und „prägende" Teil der gesamten Tätigkeit stattfindet, also wo der inhaltliche Schwerpunkt liegt. Arbeitnehmer im Außendienst haben meist ihren Schwerpunkt nicht im Arbeitszimmer und können dessen Kosten nur begrenzt abziehen. Ob der längste Teil der Arbeitszeit im Heimbüro oder außerhalb verbracht wird, ist nur dann entscheidend, wenn die Tätigkeiten gleichwertig sind.

Das Finanzamt akzeptiert eine private Mitnutzung des Heimbüros von maximal 10 Prozent. Ist es mehr, fallen sämtliche Raumkosten dem Rotstift zum Opfer. Die Wohnung sollte ausreichend viel Fläche bieten, sodass ohne das Arbeitszimmer noch genügend Freiraum für die Privatsphäre bleibt. Die Einrichtung sollte „büromäßig" ausfallen und überwiegend mit beruflich notwendigen Gegenständen wie Schreibtisch, Regalen oder Bücherschrank bestückt sein. Wenn das Finanzamt Raumkosten für ein Arbeitszimmer nicht anerkennt, sind Computer und Schreibtisch, andere Büromöbel und Bürotechnik als Arbeitsmittel trotzdem absetzbar, wenn sie zu Hause für den Job genutzt werden.

→ Zum Beispiel Familie N.

Norbert N. ist Lehrer, verheiratet mit Nora und hat eine zweijährige Tochter Nina. Norbert arbeitet im Schuldienst, Nora möchte bald ihre erste Stelle an der Schule antreten. Das Arbeitszimmer in ihrer

100 Quadratmeter großen Mietwohnung hat eine Fläche von 15 Quadratmetern. Sie zahlen 850 Euro Monatsmiete (einschließlich aller Betriebskosten, Strom und Gas). Im Januar 2021 hat Norbert den Raum mit einer Büroschrankwand für 1 300 Euro ausgestattet und einen Computer samt Software (1 500 Euro) angeschafft. Die Geräte nutzt er je zur Hälfte beruflich und privat. Für ihre Hausratversicherung zahlte Familie N. 300 Euro. Norbert hat die Werbungskostenpauschale bereits mit Fahrten zur Arbeit ausgeschöpft. Von den Raumkosten kann er 1 250 Euro in **Zeile 44** geltend machen, 325 Euro bleiben wegen der Höchstgrenze von 1 250 Euro grundsätzlich unberücksichtigt. Unabhängig von den Raumkosten kann Norbert die Möbel und den Computer in den **Zeilen 42 oder 43** abrechnen.

Raumkosten	
Miete und Nebenkosten (850 mal 12 Monate mal 15 Prozent der anteiligen Wohnfläche)	1 530
Hausratversicherung (300 mal 15 Prozent)	+ 45
Raumkosten insgesamt	1 575
davon abzugsfähig (maximal 1 250)	1 250
Arbeitsmittel	
Büroschrankwand (1 300 durch 13 Jahre Nutzungsdauer)	100
Computer mit Software (1 500 Euro, Sofortabschreibung, 50 % berufliche Nutzung)	750
Arbeitsmittel insgesamt (alle Angaben in Euro)	**850**

Wenn Nina im nächsten Jahr in den Kindergarten kommt, Nora auch als Lehrerin arbeitet und das Arbeitszimmer mitnutzt, kann das Paar von neuen steuerzahlerfreundlichen Entscheidungen des Bundesfinanzhofs profitieren. Statt höchstens 1 250 Euro pro Raum dürfen sie bis zu 1 250 Euro **Raumkosten pro Person**, insgesamt also bis zu 2 500 Euro geltend machen. Denn die obersten Finanzrichter haben entschieden: Nutzen mehrere Personen ein häusliches Arbeitszimmer gemeinsam, gilt die Höchstbetragsgrenze von 1 250 Euro nicht pro Raum, sondern pro Person

Vorübergehend volle Kosten absetzen?

Ihr Arbeitgeber hat Sie in Zeiten des Lockdowns aufgefordert, die Firma etwa für die nächsten drei Monate nicht zu betreten und nur noch zu Hause zu arbeiten? Für diese Phase war das Arbeitszimmer der Mittelpunkt Ihrer beruflichen Tätigkeit, sodass Sie zumindest für diese drei Monate die vollen Raumkosten für ein häusliches Arbeitszimmer geltend machen können und nicht nur maximal 1 250 Euro. Gerade wenn Sie verschiedene Wechsel hatten (etwa zu Hause, Büro, wieder zu Hause, ehe es zurück in die Firma ging), kann es sich lohnen, einen Steuerprofi einzuschalten, um Ihre Abzugsmöglichkeiten komplett auszuloten.

(Az. des Bundesfinanzhofs VI R 53/12 und VI R 86/13). Alle genannten Bedingungen und Regelungen gelten aber nur für die Anerkennung eines „häuslichen" Arbeitszimmers. Ein Arbeitsraum in der Wohnung der Oma oder bei der Freundin um die Ecke ist nicht „häuslich", sondern „außerhäuslich", und dafür gelten diese Bedingungen nicht.

So ein Raum kann sich übrigens auch im selben Mehrfamilienhaus wie die Wohnung befinden, wenn er baulich klar von ihr getrennt ist. Manchmal geht es auch um die Frage, ob ein Raum überhaupt ein „Arbeitszimmer" ist. Wer zu Hause eine Werkstatt, ein Studio oder ein Lager beruflich nutzt, hat kein Arbeitszimmer. Ein solcher Raum sollte dann aber nicht eingerichtet sein wie ein Büro. Dann können die Raumkosten voll und nicht nur bis 1 250 Euro abgesetzt werden.

Zeile 46: Fortbildungskosten

Arbeitnehmer und Beamte, die sich weiterbilden oder die umschulen, können Ausgaben dafür als Werbungskosten geltend machen. Das betrifft Bildungsveranstaltungen aller Art und jeden Umfangs, zum Beispiel Lehrgänge, Schulungen, Tagungen, Kurse, Studien, Übungen oder Vorträge.

INFO

Bildungskosten von A bis Z
Diese Ausgaben können Sie geltend machen

Bildungskosten sind grundsätzlich absetzbar, egal ob es sich dabei um Ausgaben für eine Erstausbildung oder für ein Zweitstudium handelt, ob es um einen Kongress, ein Seminar oder eine andere Veranstaltung geht. Voraussetzung ist, dass mit der Aus- oder Weiterbildung steuerpflichtige Einnahmen erzielt werden sollen. Je nach der steuerlichen Einordnung können Arbeitnehmer für die Bildungsmaßnahme Sonderausgaben (→ Seite 114) oder Werbungskosten hier auf der Anlage N geltend machen.

Arbeitsmittel

Das sind zum Beispiel Ausgaben für Fachliteratur, Büromaterial, Kopien und andere Leistungen des Copyshops, Schreibtisch, Stuhl und andere Büromöbel, Computer, Laptop und weitere erforderliche Geräte. Die Ausgaben für Computer und Software können Sie unabhängig vom Preis im Jahr der Anschaffung komplett als Werbungskosten geltend machen. Für die anderen Arbeitsmittel gilt, dass Sie die Ausgaben direkt absetzen können, wenn das Gerät bis zu 952 Euro (mit Umsatzsteuer) gekostet hat. Teurere Arbeitsmittel schreiben Sie entsprechend der Nutzungsdauer ab (→ Seite 73).

Fahrten

Bei einer Vollzeitausbildung außerhalb eines Dienstverhältnisses, etwa dem Besuch der Meisterschule, ist nur die Entfernungspauschale von 30 Cent pro Entfernungskilometer (ab dem 21. Entfernungskilometer: 35 Cent) absetzbar oder höhere Ausgaben für öffentliche Verkehrsmittel (→ Seite 66). Für eine Teilzeitausbildung und Bildung während eines Dienstverhältnisses sind stets die tatsächlichen Fahrtkosten absetzbar (→ ab Seite 91). Das gilt auch, wenn Auszubildende zu einer Berufsschule außerhalb ihres Ausbildungsbetriebs fahren.

Übernachtung

Für Vollzeitausbildung außerhalb eines Dienstverhältnisses sind Übernachtungskosten absetzbar, wenn eine doppelte Haushaltsführung vorliegt. Eine Voraussetzung ist ein eigener Hausstand am

„Lebensmittelpunkt" (→ ab Seite 96). Für Teilzeitausbildung und Bildung während eines Dienstverhältnisses sind Übernachtungskosten als Reisekosten absetzbar (→ ab Seite 91).

Verpflegung

Mit der Gleichsetzung der Bildungsstätte zur „ersten Tätigkeitsstätte" bei Vollzeitausbildungen außerhalb eines Arbeitsverhältnisses entfallen die Verpflegungspauschalen. Liegt eine doppelte Haushaltsführung vor, gibt es aber weiterhin für die ersten drei Monate der Ausbildung 14 oder 28 Euro Verpflegungspauschale pro Tag (→ Seite 101). Auch im Rahmen eines Ausbildungsdienstverhältnisses sind Verpflegungspauschalen für die Berufsschule bei einer Abwesenheit von mehr als acht Stunden weiter absetzbar. Wird die Berufsschule an höchstens zwei Tagen in der Woche aufgesucht, gibt es die Pauschalen über drei Monate hinaus.

Gebühren aller Art

Für viele Bildungsaktivitäten werden Gebühren oder andere Zahlungen fällig, etwa Studien-, Kurs- oder Prüfungsgebühren, Bibliotheks- oder Fernleihegebühren, Telefon- und Internetkosten.

Häusliches Arbeitszimmer

Für Arbeitnehmer, die sich gewissermaßen „hauptberuflich" zu Hause weiterbilden, etwa beim Fernstudium, kann das Arbeitszimmer der Mittelpunkt ihrer gesamten beruflichen Tätigkeit sein. Sie können Ausgaben für das Heimbüro als Werbungskosten geltend machen (→ ab Seite 75) oder als Sonderausgaben bis 6 000 Euro (→ Seite 114). Wer sich nebenberuflich weiterbildet und das Arbeitszimmer zum Studium nutzt, kann bis zu 1 250 Euro absetzen, wenn für die Bildung anderswo kein Platz zur Verfügung steht.

Sonstige Bildungskosten

Zinsen und andere Kosten eines Bildungskredits sind ebenso absetzbar wie Ausgaben für eine juristische Auseinandersetzung im Zusammenhang mit Ausbildungs- und Fortbildungskosten, zum Beispiel bei einem Rechtsstreit um einen Studienplatz oder Prüfungsergebnisse.

Erkennt das Finanzamt eine Bildungsmaßnahme als förderungswürdig an, ist die ganze Palette der angefallenen Kosten absetzbar. Dazu gehören etwa Lehrgangs- und Prüfungsgebühren, Fahrt- und Übernachtungskosten. Im Prinzip dürfen Angestellte alles, was an Werbungskosten für den Job absetzbar ist, auch in der Form von Fortbildungskosten geltend machen (→ Infokasten Seite 80/81).

Es gibt aber eine wichtige Einschränkung. Ausgaben für eine erste Berufsausbildung oder für ein Erststudium sieht der Fiskus als Privatsache an. Sie gelten damit im Regelfall nicht als unbegrenzt abzugsfähige Werbungskosten und werden bestenfalls als Sonderausgaben anerkannt (→ ab Seite 114).

Eine abgeschlossene Erstausbildung hilft deshalb, die Kosten für eine anschließende Ausbildung oder ein Studium als Werbungskosten an das Finanzamt weiterzureichen. Das funktioniert aber nur, wenn es sich um eine mindestens 12-monatige Vollzeitausbildung mit mindestens 20 Wochenstunden und dem vorgesehenen Abschluss gehandelt hat.

Findet die Ausbildung im Rahmen eines Dienstverhältnisses statt, sind alle Ausgaben dafür ohnehin Werbungskosten. Wer als Azubi bei einer Firma beschäftigt ist, gilt als Arbeitnehmer, und seine Bildungsausgaben sind Werbungskosten. Gleiches trifft für die Kosten eines Erststudiums nach einer Berufsausbildung zu, egal ob als Direkt- oder Fernstudium.

Hobbykurse bleiben in jedem Fall Privatvergnügen. Wenn etwa der Buchhalter einer Computerfirma Kurse über Orchideenzucht belegt, wird er das Finanzamt kaum dafür gewinnen können, diese Kosten anzuerkennen.

Damit das Amt mitspielt, sollte eine Bildungsveranstaltung erkennbar darauf ausgerichtet sein, in Zukunft steuerbare Einkünfte zu erzielen. Ob die später tatsächlich fließen, ist egal.

Bei Sprachkursen tut sich das Finanzamt oft schwer. Hier kann es Ihre Position gegenüber dem Finanzamt verbessern, wenn Sie nachvollziehbare Argumente zum beruflichen Zusammenhang der Bildungsmaßnahme und eine Bescheinigung des Arbeitgebers vorlegen können. Gleiches gilt für Bildungsveranstaltungen im Ausland, besonders wenn sie an Orten stattfinden, die touristisch interessant sind. Hier ist es hilfreich, wenn Sie das Veranstaltungsprogramm vorlegen können, aus dem hervorgeht, dass die dort verbrachte Zeit vorrangig der beruflichen Bildung diente und wenig Freizeit zur Verfügung stand.

Die strikte Grenze zwischen privat und beruflich ist in den letzten Jahren etwas durchlässiger geworden. Wer früher beispielsweise zu einem dreitägigen Weiterbildungsseminar von Berlin nach München fuhr und anschließend noch drei Tage Urlaub dort verbrachte, hatte teils berufliche und teils private Ausgaben mit der Folge, dass von derart „gemischten Aufwendungen" gar nichts absetzbar war. Das ist nun anders, wenn sich klar abgrenzen lässt, welcher Teil der Reise beruflich und welcher privat veranlasst war. Alle direkten Seminarkosten, etwa die Teilnahmegebühr, sind Werbungskosten, ebenso die anteiligen Reise- und Übernachtungskosten, in diesem Fall drei Sechstel vom Gesamtaufwand. Die privaten Kosten sind zwar nicht absetzbar, aber sie vermasseln auch nicht den Werbungskostenabzug der beruflichen Ausgaben.

Gerade wenn es um größere Summen und die Abgrenzung zwischen Privatem und Beruflichem geht, kann es sinnvoll sein, sich für diese Frage Unterstützung vom Steuerprofi zu holen. Das gilt auch für Fragen rund um die Ausbildung: Was zählt als Ausbildung und was nicht? Wann ist eine Ausbildung abgeschlossen? Wann ist sie unterbrochen? Was ist eine Erst- und was eine Zweitausbildung? Was gilt als privat und was gilt als beruflich? Beispielsweise gilt ein Masterstudium nach abgeschlossenem Bachelor-Studium als Zweitstudium. Die Aufwendungen dafür sind Werbungskosten.

→ **Zum Beispiel Olaf O.**

Der angestellte Masseur bildet sich an zehn Wochenenden im Jahr zum Qigong-Lehrer weiter. Er fährt dafür jeweils 30 Kilometer (Hin-plus Rückweg) mit dem Auto und ist an jedem Kurstag elf Stunden von zu Hause weg. Seine Aufwendungen kann Olaf als Werbungs-kosten geltend machen, weil es sich um eine Ausbildung handelt, die nach seinem Berufsabschluss als Masseur stattfindet. Die Kurs-gebühren gehören in **Zeile 46**, Fahrtkosten in **Zeile 62**, die Verpfle-gungspauschale muss in **Zeile 67**.

Kursgebühr pro Jahr	1 700
Fahrtkosten hin und zurück (30 km mal 20 Tage mal 0,30)	+ 180
Verpflegungspauschale (14 Euro mal 20 Tage, → Seite 92)	+ 280
Werbungskosten insgesamt (alle Angaben in Euro)	**2 160**

Weil sein Arbeitnehmerpauschbetrag durch die Fahrtkosten zu seiner re-gelmäßigen Arbeitsstelle bereits komplett ausgeschöpft ist, kann Olaf die 2 160 Euro, die er für die Fortbildung gezahlt hat, voll als Werbungskosten absetzen.

Zeile 47 bis 49: Weitere Werbungskosten

In diese Zeilen gehören alle Werbungskosten, die sich nirgendwo sonst auf der Anlage N unterbringen lassen. Das Formular gibt allerdings eine gewis-se Ordnung vor. So kommen in **Zeile 47** Fahrtkosten zwischen Wohnung und Tätigkeitsort für die (eher wenigen) Arbeitnehmer, die mit Flugzeug oder Fähre zur Arbeit gelangen. Sie machen hier die tatsächlichen Kosten geltend. Die Entfernungspauschale steht ihnen bei diesen Transportmög-lichkeiten nicht zu.

In **Zeile 48** wird unter anderem nach **Bewerbungskosten** gefragt. Dazu gehören Ausgaben wie beispielsweise für Stellengesuche, Büromaterial, Bewerbungsfotos, Fotokopien, Briefporto, Telefon oder Internet. Ausgaben für Bewerbungstrainings gehören ebenfalls dazu. Kosten für Bewerbungs-

Ausgaben abrechnen und später profitieren

Oftmals ergeben sich aus hohen Bewerbungskosten Verluste, weil in Bewerbungsphasen nur geringe oder keine positiven Einkünfte erzielt werden. Dann kann es sich trotzdem lohnen, eine Steuererklärung abzugeben, denn das Finanzamt schreibt den Verlust dann fest und trägt ihn in das nächste oder wenn nötig in weitere Jahre vor. So kann der Verlust noch in Zukunft die Steuerlast drücken.

gespräche, einschließlich Fahrt, Übernachtung und Verpflegungspauschale, sind wie bei einer Auswärtstätigkeit absetzbar (→ Seite 91). Wer den Einzelnachweis vermeiden will, kann es mit geschätzten Kosten von beispielsweise 2,50 Euro pro elektronische Bewerbung oder 8,50 Euro für jede mit einer Briefpost versandte Bewerbungsmappe versuchen. Einen Anspruch darauf gibt es aber nicht. Als Nachweise gelten Kopien der Bewerbungsschreiben und Antwortschreiben. Ob eine Bewerbung Erfolg hatte oder nicht, ist für den Werbungskostenabzug unerheblich.

Beruflich veranlasste Kontoführungsgebühren für das Girokonto, auf dem der Lohn eingeht, gehören ebenfalls in **Zeile 48**. Sie werden üblicherweise mit 16 Euro anerkannt. Beziehen beide Ehegatten Lohn, können beide jeweils den Betrag von 16 Euro eintragen.

Arbeitnehmer, die ihr privates Telefon oder Smartphone für dienstliche Gespräche nutzen, können pauschal 20 Prozent ihrer privaten **Telefongebühren** als Werbungskosten geltend machen, maximal 20 Euro im Monat. Liegt der dienstliche Anteil höher, empfiehlt es sich, über drei Monate eine Liste aller Gespräche zu führen. Diese dient als Nachweis für eine höhere dienstliche Nutzung als 20 Prozent und führt dazu, dass der ermittelte Anteil der Anschaffungskosten des Telefons, der Anschlusskosten und der Gesprächsgebühren als Werbungskosten absetzbar ist. Was für Telefongebühren funktioniert, gilt entsprechend für Internetgebühren.

Arbeitnehmer dürfen **Steuerberatungskosten**, die mit ihrer Erwerbstätigkeit zusammenhängen, hier als Werbungskosten absetzen. Das betrifft zum Beispiel Kosten für die Erarbeitung der Anlage N durch einen Steuerberater oder Lohnsteuerhilfeverein. Sogenannte private Steuerberatungskosten sind nicht mehr absetzbar, beispielsweise Ausgaben für die Erarbeitung des Hauptvordrucks oder der Anlage Kind. Steuerberater teilen in ihrer Gebührenabrechnung die Kosten in der Regel genau auf, die berufsbedingten gehören hierher.

Manchmal lassen sich Steuerberatungskosten aber nicht trennen, beispielsweise, wenn jemand ein PC-Steuerprogramm oder diesen Steuerratgeber gekauft hat. Arbeitnehmer können in diesem „Mischfall" den Kaufpreis komplett als Werbungskosten in **Zeile 47 bis 49** geltend machen, denn Steuerberatungskosten bis 100 Euro müssen nicht aufgeteilt werden. Liegen die Mischkosten zwischen 100 und 200 Euro, sind 100 Euro abzugsfähige Werbungskosten. Bei höheren Mischkosten akzeptiert das Finanzamt eine hälftige Aufteilung in absetzbare Werbungskosten und nicht absetzbare Sonderausgaben. Interessant wird das bei Steuerberatungskosten von mehr als 200 Euro.

Bewirtungskosten akzeptiert das Finanzamt bei wenigen Anlässen, etwa Dienstjubiläen oder Beförderungen. Wird mit Kollegen und Mitarbeitern gefeiert, sind die Kosten komplett abzugsfähig. Feiern Sie mit Geschäftspartnern und Mitarbeitern, sind es 70 Prozent der Kosten. Ausgaben für Feiern aus beruflichem und privatem Anlass strich das Finanzamt früher komplett. Der Bundesfinanzhof (BFH) lässt eine Aufteilung und den Werbungskostenabzug des beruflichen Kostenanteils zu, wenn der sich nachprüfbar eingrenzen lässt, etwa anhand der Anzahl der Gäste, die beruflich oder privat eingeladen worden sind (Az. VI R 46/14), ausnahmsweise sogar bei Geburtstagsfeiern (Az. VI R 7/16).

Umfasst eine **Rechtsschutzversicherung** auch den Berufsrechtsschutz, ist der darauf entfallende und von der Versicherung bescheinigte Beitragsteil als Werbungskosten absetzbar, entschied der Bundesfinanzhof (Az. VI R 97/94). Beiträge zu **Unfallversicherungen** gegen berufliche und private Risiken können zur Hälfte Werbungskosten sein.

Beruflich bedingte und damit abzugsfähige **Umzugskosten** können etwa bei Jobwechseln, Versetzungen oder Firmenumzügen entstehen. Wenn der Umzug den Arbeitsweg um mindestens eine Stunde pro Tag verkürzt, gilt er ebenfalls als beruflich veranlasst. Das Finanzamt unterstützt auch Wohnungswechsel innerhalb eines Ortes, wenn dadurch eine wesentliche Verkürzung des Arbeitswegs erreicht wird.

Die Verkürzung um mindestens eine Stunde ist ein wichtiges Kriterium, aber kein Dogma; im Einzelfall kann die Zeitersparnis deutlich darunter liegen. Das kann der Fall sein, wenn es sich um den Einzug in eine Dienstwohnung handelt oder um den Wegzug von dort, oder wenn der Betrieb bei häufigen Bereitschaftsdiensten nach einem Umzug in wenigen Minuten zu Fuß erreichbar ist. In Grenzfällen kann Profirat helfen, das Finanzamt vom berufsbedingten Charakter eines Umzugs zu überzeugen.

 Sparen auch bei privatem Umzug

Auch wenn der Wohnungswechsel nichts mit der Arbeit zu tun hat, sondern aus rein privaten Gründen erfolgt, können Sie mit Ihren Kosten für den Umzug Steuern sparen. Umzugskosten lassen sich als haushaltsnahe Dienstleistungen geltend machen (→ Seite 131). In Krankheits- oder Katastrophenfällen gilt ein Umzug manchmal als außergewöhnliche Belastung und kann in diesem Rahmen abzugsfähig sein (→ Seite 122).

INFO

Beruflich bedingter Umzug: Diese Ausgaben können Sie abrechnen

Der Begriff Umzugskosten umfasst sehr unterschiedliche, als Werbungskosten abzugsfähige Ausgaben. Allerdings gibt es ziemlich klar abgegrenzte Kostengruppen.

Beförderungskosten

Das sind die Transportkosten des Umzugsguts, inklusive Verpackung, Versicherung, Trinkgeld, der Aufwand für Transportschäden oder für Ersatz von verloren gegangenem Hausrat.

Reisekosten

Hier sind es zunächst Reisekosten vom alten zum neuen Wohnort während des eigentlichen Umzugs. Arbeitnehmer und Beamte können Fahrtkosten wie bei einer Auswärtstätigkeit absetzen, zum Beispiel beim privaten Pkw mit 30 Cent pro Fahrtkilometer. Das gilt auch für erforderliche Übernachtungskosten und für die Verpflegungspauschale pro Person (→ Seite 92). Zu den Reisekosten gehören in beschränktem Umfang auch vor dem Umzug angefallene Ausgaben bei der Suche oder Besichtigung der neuen Wohnung. In der Regel erkennt das Finanzamt nur Kosten von zwei Reisen einer Person an oder von einer Reise zweier Personen zum preiswertesten Tarif, den öffentliche Verkehrsmittel bieten.

Mietentschädigung

Muss ein Angestellter bereits für die neue Wohnung Miete zahlen, aber für die alte auch noch, kann er die alte Miete nach dem Umzug bis zur Kündigung als Werbungskosten geltend machen. Beamte erhalten bis zu sechs Monate eine Erstattung. Wer für die neue Wohnung schon zahlen muss, sie aber noch nicht beziehen kann, darf als Arbeitnehmer und Beamter sechs Monate lang die neue Miete als Werbungskosten geltend machen, wenn er gleichzeitig noch für die alte Wohnung zahlen muss. Achtung: Wenn die alte Wohnung Wohneigentum war, darf keine Mietentschädigung geltend gemacht werden, hat der Bundesfinanzhof entschieden (Az. VI R 25/10). Wer sich mit solchen

Problemen bei der Mietentschädigung herumschlagen muss, sollte besser einen Steuerprofi fragen.

Andere Umzugskosten

Abzugsfähig sind innerhalb dieser Kostengruppe ortsübliche Aufwendungen für Makler, Inserate, Telefon, Porto und andere Verbindungskosten, die für die Vermittlung der Mietwohnung angefallen sind. Geht es um eine Eigentumswohnung, zählen auch nur die Aufwendungen für eine vergleichbare Mietwohnung. Für Nachhilfeunterricht erkennt das Amt bei Umzügen ab dem 1. April 2021 1 160 Euro pro Kind an, bei Umzug bis März sind es 1146 Euro.

Sonstige Umzugskosten

Neben „anderen" kennt die Steuersprache „sonstige Umzugskosten". Bei diesen geht es zum Beispiel um die Anpassung von Gardinenstangen, die Schönheitsreparatur in der alten Wohnung, Kosten des Telefon- und Kabelanschlusses, Ummeldegebühren für den Personalausweis und das Auto oder den Einbau eines Wasserenthärters für

die Waschmaschine. Diese Posten einzeln abzurechnen lohnt sich nur, wenn die Ausgaben oberhalb der Pauschalen liegen, mit denen das Finanzamt sonst automatisch rechnet. Für Umzüge ab April 2021 gibt es 870 Euro (bis März: 860 Euro). Für jeden weiteren Haushaltsangehörigen (Ehegatte, Lebenspartner, ledige Kinder, Stief- und Pflegekinder) kommen ab April 2021 580 Euro dazu (vorher: 573 Euro). Die Umzugskostenpauschale gilt nicht für den Bezug oder die Auflösung der Zweitwohnung bei einer doppelten Haushaltsführung.

Eine Reihe umzugsbedingter Kosten sind absetzbar, zum Beispiel die tatsächlichen Ausgaben für den Transport des Umzugsguts, die Reisekosten der Umzügler, Mietentschädigungen oder die Kosten für die Beschaffung einer Mietwohnung. Zusätzlich zu den dort genannten tatsächlichen Umzugskosten gewährt das Amt Pauschalbeträge für „sonstige Umzugskosten" (→ Infokasten Seite 88/89).

Die Pauschalen gibt es für jeden berufsbedingten Umzug. Wer innerhalb von fünf Jahren zweimal umzieht, kann beim zweiten Mal 150 Prozent der Pauschalen geltend machen.

Wer die Pauschalen für sonstige Umzugskosten ansetzt, sollte nicht vergessen, daneben Transportkosten und die anderen Ausgaben geltend zu machen, die im Infokasten auf → Seite 88 aufgelistet sind. Auch Umzugsfahrten mit dem eigenen Pkw schlagen übrigens mit 30 Cent pro Kilometer zu Buche. Für Umzüge im Rahmen einer doppelten Haushaltsführung gibt es keine Pauschalen (→ Seite 96). Wer die danach aufgeführten „sonstigen Umzugskosten" auch in vollem Umfang per Einzelabrechnung an das Finanzamt weiterreichen will, muss aufpassen, denn dann können Sie die im Infokasten genannten Umzugspauschalen nicht nutzen, und das dürfte sich häufig negativ auswirken.

→ Zum Beispiel Familie P.

Petra und Paul sind verheiratet, Tochter Pia besucht die siebte Klasse. Familie P. zog im April 2021 von Berlin nach Rostock, weil Petra in einem nahe gelegenen Strandhotel als Küchenchefin angeheuert hat. Die Spedition stellte ihnen 1 500 Euro in Rechnung. Zusätzlich können sie Pkw-Anreisekosten am Umzugstag geltend machen (250 Kilometer mal 30 Cent für den Fahrer Paul). Erfreulicherweise können Petra und Paul auch ihre Fahrtkosten für eine Wohnungsbesichtigung geltend machen. Dafür akzeptiert das Amt allerdings nur den preiswertesten Tarif für die Fahrkarte eines öffentlichen Verkehrsmittels, in diesem Fall der Bahn. Für ihre Berliner Wohnung musste Familie P. laut Vertrag für zwei weitere Monate nach dem Auszug Miete zahlen. Bei den „anderen Umzugskosten" schlug Pias Nachhilfeunterricht mit

500 Euro zu Buche, damit sie den Anschluss an die neue Schule gut schafft, und im Rahmen der sonstigen Umzugskosten fielen 850 Euro für Schönheitsreparaturen und 150 Euro für weitere Kleinigkeiten an, insgesamt also 1000 Euro. Familie P. nutzt die Umzugspauschalen und setzt insgesamt 5 865 Euro ab.

Speditionskosten	1 500
Umzugspauschale Petra und Paul (→ Seite 89)	+ 1 450
Umzugspauschale Pia (→ Seite 89)	+ 580
Wohnungsbesichtigung (billigster Bahntarif)	+ 160
Reisekosten am Umzugstag (250 km mal 0,30)	+ 75
Zwei Monate Mietentschädigung in Berlin (2 mal 800)	+ 1 600
Nachhilfe Pia	+ 500
Abzugsfähige Umzugskosten (alle Angaben in Euro)	**5 865**

Zeile 61 bis 72: Reisekosten

Vor einigen Jahren haben sich die Bestimmungen zur Auswärtstätigkeit und zur doppelten Haushaltsführung erheblich geändert. Immer dann, wenn der Arbeitnehmer keine „erste Tätigkeitsstätte" aufsucht (siehe oben zu den Zeilen 31 und 32), liegt eine Auswärtstätigkeit vor, die Arbeitnehmern bessere Abzugs- und Erstattungsmöglichkeiten für Reisekosten bietet.

Wenn nicht nur ein beruflicher Anlass vorliegt, können Arbeitnehmer Reisekosten dennoch komplett absetzen, wenn der berufliche Anteil an der Reise mindestens 90 Prozent der Kosten ausmacht. Beläuft sich der berufliche Kostenanteil auf unter 10 Prozent, ist gar nichts absetzbar. Bei einem beruflichen Anteil zwischen 10 und 90 Prozent sind die beruflichen Kosten anteilig absetzbar. Fährt zum Beispiel ein Dienstreisender für 10 Tage nach Paris und nutzt einen Tag davon privat, darf er alle Reisekosten geltend machen, weil es zu 90 Prozent eine Dienstreise war. Nutzt er fünf Tage dienstlich und fünf Tage zu privaten Zwecken, akzeptiert das Amt die Hälfte.

Zeile 61 bis 66: Fahrt, Übernachtung & Co.

Wer etwa wegen ständiger Nutzung eines Firmenwagens in **Zeile 61** ein „Ja" angeben muss, kann zwar keine Fahrtkosten geltend machen, andere Reisekosten aber wohl. Die Fahrtkosten, etwa für Fahrten zum Kunden oder in eine Zweigstelle der Firma, gehören in **Zeile 62**. Anstelle der tatsächlichen Kosten dürfen aber auch Pauschalen angesetzt werden, zum Beispiel 30 Cent für jeden Fahrtkilometer mit dem Pkw. Für Fahrten per Motorrad, Motorroller, Moped und Mofa gibt es einheitlich 0,20 Euro. Für das Rad gelten die tatsächlichen Kosten, die bei allen anderen Verkehrsmitteln ebenfalls abgerechnet werden dürfen. In **Zeile 63** kommen Übernachtungskosten. Arbeitnehmer können nur nachweisbare tatsächliche Übernachtungskosten laut Nachweis geltend machen. Reisenebenkosten in **Zeile 64** sind beispielsweise Ausgaben für Gepäck, Parkgebühren oder Telefon- und andere Verbindungskosten.

In **Zeile 65** können Berufskraftfahrer, die in Ihrem Fahrzeug übernachten, eine 2020 eingeführte zusätzlich Pauschale beantragen. Sie erhalten für den An- und Abreisetag sowie für jeden Kalendertag mit einer Abwesenheit von 24 Stunden zusätzlich 8 Euro. Das gilt für Einsätze im In- und im Ausland. Arbeitgebererstattungen werden in **Zeile 66** abgezogen.

Zeile 67 bis 72: Verpflegung

Verpflegungskosten sind nur pauschal absetzbar. Für 2021 gibt es bei mehr als acht Stunden Abwesenheit vom Betrieb beziehungsweise von der Wohnung 14 Euro. 24 Stunden Abwesenheit bringen 28 Euro Werbungskosten. Bei mehrtägigen Reisen mit Übernachtung gelten 14 Euro jeweils für den An- und Abreisetag, unabhängig von der tatsächlichen Abwesenheitsdauer. Sie kann in solchen Fällen auch unter acht Stunden liegen.

Verpflegungspauschalen dürfen grundsätzlich nur für die ersten drei Monate der Auswärtstätigkeit am selben Ort geltend gemacht werden. Nach einer Unterbrechung der beruflichen Tätigkeit an diesem Ort von mindestens vier Wochen beginnt die Dreimonatsfrist von vorn. Gut ist: Für eine Unterbrechung werden nicht nur dienstliche Gründe anerkannt, sondern auch private, etwa eine Krankheit oder ein längerer Urlaub. Wird die auswärtige Tätigkeitsstätte an höchstens zwei Tagen in der Woche aufgesucht, gilt die Dreimonatsgrenze nicht.

In **Zeile 67 bis 69** schreiben Sie nur die Anzahl der Abwesenheitstage, die Berechnung der Höhe der Verpflegungspauschalen übernimmt das Amt. Stellt der Arbeitgeber Mahlzeiten zur Verfügung, erfolgt eine Kürzung der Verpflegungspauschale um 5,60 Euro pro Frühstück und um jeweils 11,20 pro Mittag- und Abendessen. Der Kürzungsbetrag gehört in die **Zeile 70** (gegebenenfalls verringert um eigene Zuzahlungen des Arbeitnehmers).

	Bei einer Auswärtstätigkeit im Inland:				
67	Abwesenheit von mehr als 8 Stunden (bei Auswärtstätigkeit ohne Übernachtung)	470			Anzahl der
68	An- und Abreisetage (bei einer mehrtägigen Auswärtstätigkeit mit Übernachtung)	471		2	Anzahl der
69	Abwesenheit von 24 Stunden	472		3	Anzahl der

Für dienstliche Auslandsreisen gelten anstelle der inländischen Pauschalen Tagegelder, die sich je nach Aufenthaltsort unterscheiden (**Zeile 71**). Die aktuelle Liste gibt es unter bundesfinanzministerium.de, dann Suchbegriff „Reisekosten Ausland" eingeben. Hat der Arbeitgeber Verpflegungskosten im In- oder Ausland steuerfrei erstattet, tragen Sie das in **Zeile 72** ein.

Letztlich kann durch Dienstreisen einiges an Werbungskosten zusammenkommen, gerade wenn es im Laufe des Jahres mehrere davon gibt.

→ Zum Beispiel Reiner R.

Der angestellte Service-Techniker fährt für seine Computerfirma mit dem Zug von Berlin nach Hamburg. Er verlässt seine Wohnung am Montag um 7 Uhr. In Hamburg hatte Reiner die ganze Woche bei einem Kunden zu tun. Er trifft am Freitag um 17 Uhr wieder in seiner Berliner Wohnung ein. Die Bahnfahrkarte erstattet ihm der Arbeitgeber, ebenso die Ausgaben für die Hotelübernachtung. Die Taxifahrten zum und vom Bahnhof in Berlin und Hamburg zahlt Reiner selbst, ebenso die Kosten für öffentliche Verkehrsmittel in Hamburg. Er führte mehrere Rücksprachen mit Berliner Kollegen über sein privates

Smartphone. Von den 644 Euro Reisekosten übernimmt der Arbeitgeber 520 Euro. Reiner selbst kann inklusive der Verpflegungspauschalen 236 Euro als Werbungskosten geltend machen.

Bahnfahrkarten (zahlt Arbeitgeber)	120
Hotelübernachtung ohne Frühstück (zahlt Arbeitgeber)	+ 400
Taxikosten in Berlin und Hamburg	+ 80
Ausgaben für öffentliche Verkehrsmittel in Hamburg	+ 35
Reisenebenkosten (Smartphone)	+ 9
Reiners Reise- und Reisenebenkosten insgesamt (in Zeile 64)	644
Erstattung durch den Arbeitgeber (in Zeile 66)	− 520
verbleibende absetzbare Reisekosten	124
Verpflegungspauschale Montag und Freitag (2 mal 14 in Zeile 68)	+ 28
Verpflegungspauschale Dienstag bis Donnerstag (3 mal 28 in Zeile 69)	+ 84
absetzbare Reisekosten (alle Angaben in Euro)	**236**

Zeile 73 bis 78: Werbungskosten in Sonderfällen

Hier können Sie Ihre eigenen Ausgaben in bestimmten Situationen abrechnen. So gehören etwa in **Zeile 73** Werbungskosten, die mit einer Beamten- oder Werkspension zusammenhängen wie Gewerkschaftsbeiträge oder Beratungskosten. Solche Werbungskosten wirken sich bereits aus, wenn sie auf Ausgaben von mehr als 102 Euro im Jahr kommen. So hoch ist die Werbungskostenpauschale für Pensionen. Sie ist genauso hoch wie für Renten.

Gab es 2021 Versorgungsbezüge für mehrere Jahre, werden die zugehörigen Werbungskosten in **Zeile 74** eingetragen. Arbeitnehmer, die 2021 Abfindungen oder Lohn für mehrere Jahre erhielten, tragen damit verbundene Ausgaben in **Zeile 75** ein. In **Zeile 76** sind Werbungskosten für steuerfreien Arbeitslohn aus einer Auslandtätigkeit einzutragen. Der Betrag wird aus der **Anlage N-AUS** übertragen. In die **Zeilen 73 bis 76** gehören nur solche Aufwendungen, die nicht bereits in den Zeilen 31 bis 72 oder 91 bis 117 stehen.

INFO

Auslandstätigkeit: Die Anlage N-AUS

Bei Auslandstätigkeit von Arbeitnehmern und Beamten ist professionelle steuerliche Hilfe fast unabdingbar. Der wichtigste Vordruck ist die Anlage N-AUS, und die ist schon für Steuerprofis nicht einfach auszufüllen.

Anlage. Diese dreiseitige Anlage muss zusätzlich zur Anlage N abgegeben werden, und in einigen Fällen bleibt auch die Anlage AUS weiterhin erforderlich. Für Arbeitnehmer, die in Baden-Württemberg etwa im grenznahen Bereich zur Schweiz wohnen und im anderen Land arbeiten, ist die Anlage N-GRE ('Grenzgänger') auszufüllen.

Regeln. Die Besteuerung der Auslandstätigkeit unterscheidet sich danach, ob Doppelbesteuerungsabkommen (DBA), andere zwischenstaatliche Übereinkommen (ZÜ) oder der Auslandstätigkeitserlass (ATE) die Rechtsgrundlagen der Besteuerung bilden. Hauptsächlich geht es darum, ob und welche Lohnbestandteile steuerfrei bleiben. Das betrifft auch Lohn in Deutschland, der nach einem bestimmten zwischenstaatlichen Einkommen steuerfrei bleibt. Zudem wird mit der Anlage erfasst, ob und wie ausländische Steuer bei der deutschen Einkommensteuer berücksichtigt wird und wo Werbungskosten geltend gemacht werden können. Der Lohn, der in Deutschland steuerfrei bleibt, ist in die Anlage N, Zeilen 22 bis 26, zu übertragen (→ Seite 64).

Unterschiede. Der Großteil ausländischer Arbeitnehmereinkünfte wird auf der Grundlage von DBA besteuert. In der Praxis bedeuten die unterschiedlichen Rechtsgrundlagen, dass die Besteuerung ausländischer Arbeitnehmereinkünfte von Land zu Land unterschiedlich ist. Bei Einsatz in mehreren Ländern ist für jedes Land eine gesonderte Anlage N-AUS erforderlich.

Belastung. Übrigens kann auch steuerfrei kassierter Lohn im Rahmen des sogenannten Progressionsvorbehalts zu höheren Steuern führen. Mehr dazu auf den Seiten 13 und 232.

Hilfe. Betroffene Arbeitnehmer können sich auch bei der Personalabteilung ihrer Firma erkundigen, welchen Steuerregeln ihre Auslandseinkünfte unterliegen und welche Unterlagen das Finanzamt von ihnen sehen will. Diese Unterlagen benötigen Sie auch, wenn Sie einen Lohnsteuerhilfeverein oder Steuerberater um Hilfe bitten. Arbeitnehmer und Beamte, die diese Anlage N-AUS abgeben müssen, finden einige weitere Informationen im Internet unter test.de/Steuerratgeber-Extra.

Werbungskosten zu Lohn, der in Zeile 21 der Anlage N eingetragen ist, gehören in die **Zeile 77**. Anders als die anderen Angaben auf dieser Seite müssen diese Werbungskosten auch auf den vorherigen Seiten eingetragen sein. Auslandstätigkeit in Belgien ist eine weitere Besonderheit. Für Grenzgänger wird die deutsche Steuer pauschal um 8 Prozent ermäßigt. Werbungskosten aus dieser Tätigkeit, die bereits auf der zweiten oder dritten Seite angegeben wurden, sind nochmals einzutragen (**Zeile 78**).

Zeile 91 bis 117: Doppelte Haushaltsführung

Wird aus beruflichen Gründen eine Zweitwohnung am Beschäftigungsort bezogen, können Sie das Finanzamt an den Kosten beteiligen.

Der Grund einer doppelten Haushaltsführung (**Zeile 91 bis 92**) ist in der Regel berufsbedingt, etwa ein Jobwechsel oder eine Versetzung. Voraussetzung für die doppelte Haushaltsführung ist, wenn gleichzeitig eine erste Tätigkeitsstätte vorliegt (vergleiche Erläuterungen zu Zeilen 31 und 32) Ist das nicht der Fall, handelt es sich um eine Auswärtstätigkeit. Dann können Sie Ihre Übernachtungskosten in Zeile 63 abrechnen.

In das rechte Zahlenfeld der **Zeile 91** gehört das Datum des Beginns des Doppelhaushalts. Hat er bis zum Ende des Jahres 2021 ununterbrochen bestanden, schreiben Sie 31.12. in das Zahlenfeld der **Zeile 93**. In **Zeile 94** gehören Postleitzahl, Ort und Staat des Zweitwohnsitzes. Liegt der im Ausland, ist Zeile 95 auszufüllen (Ziffer „1", Staatsbezeichnung).

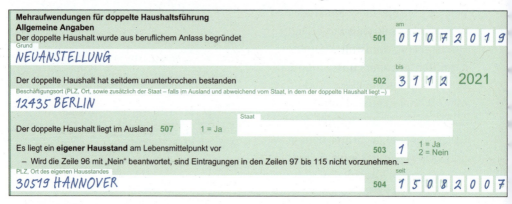

Zweithaushalt und private Gründe

Eine doppelte Haushaltsführung kann auch vorliegen, wenn Menschen aus privaten Gründen vom Arbeitsort weggezogen sind. Nach einer Entscheidung des Bundesfinanzhofs (Az. VI R 7/13) erkennt die Verwaltung danach sogar für drei Monate Verpflegungspauschalen an.

Die Frage nach dem „eigenen Hausstand am Lebensmittelpunkt" in **Zeile 96** ist entscheidend für die steuerliche Anerkennung einer doppelten Haushaltsführung. Wer hier mit „Nein" abstimmt (Ziffer „2"), kann sich den Rest des Formulars schenken. Das Finanzamt versteht unter eigenem Hausstand eine eingerichtete, den Lebensbedürfnissen entsprechende Miet- oder Eigentumswohnung eines Arbeitnehmers, der die Haushaltsführung dort wesentlich mitbestimmt und sich finanziell an der Lebensführung beteiligt. Verheiratete „Auswärtsschläfer" haben damit in der Regel kein Problem. Bei Paaren ohne Trauschein erkennt das Amt einen eigenen Hausstand auch dann an, wenn ein Partner die Ausgaben für den gemeinsamen Haushalt trägt und der andere die Mietzahlungen übernimmt. Vor allem, wenn Singles noch bei den Eltern wohnen, verlangt das Finanzamt einen Nachweis über die finanzielle Beteiligung von mehr als 10 Prozent an den gesamten Haushaltskosten.

So weit auslegbar wie der Begriff „eigener Hausstand" ist der Begriff „Lebensmittelpunkt". Das Finanzamt nimmt auch hier Alleinstehende besonders unter die Lupe. Für den Lebensmittelpunkt spricht neben sozialen Kontakten im Verwandten- und Freundeskreis und Aktivitäten in Vereinen auch die Häufigkeit von Heimfahrten. Je geringer die Entfernung, desto wichtiger sind sie als Indiz. Zwei Fahrten im Monat reichen aber in der Regel aus. Bei größeren Entfernungen, insbesondere wenn die Familie im Ausland lebt, genügt eine Familienheimfahrt im Jahr.

Zeile 98 erfragt, ob Arbeitnehmer vor Beginn der doppelten Haushaltsführung am selben Arbeitsort eine Auswärtstätigkeit hatten. Das wäre etwa

Häufige Heimfahrten

Wenn Sie mehrmals in der Woche zwischen Erst- und Zweit-wohnung pendeln, dürfen Sie trotzdem nur eine Familien-heimfahrt pro Woche absetzen. Deshalb sollten Sie prüfen, ob es für Sie günstiger ist, alle Fahrten mit der Entfernungs-pauschale abzurechnen (Zeile 99 und ab Zeile 31) und dafür auf Ausgaben für Unterkunft und Verpflegung zu verzichten. Für Arbeitnehmer und Beamte mit häufigen oder weiten Heimfahrten und geringen Unterkunftskosten am Arbeitsort kann sich das lohnen.

der Fall, wenn aus einem zunächst befristeten Einsatz ein unbefristeter wird. Dann würde die drei Monate lange Verpflegungspauschale für Auswärtstätigkeit auf die Verpflegungspauschale bei der doppelten Haus-haltsführung angerechnet. In „Wegverlegungsfällen", in denen Arbeitneh-mer vom Arbeitsort weggezogen sind, dort aber eine Unterkunft behal-ten haben, gilt diese Einschränkung nicht. Wer in **Zeile 99** mit der Ziffer 1 („Ja") abstimmt, kann sich nach Auffassung der Finanzverwaltung den Rest des Formulars sparen. Hier sollte vorher aber genau gerechnet wer-den (→ Kasten oben).

Das Finanzamt interessiert sich außerdem für die Entfernung zwischen der Zweitwohnung und dem Beschäftigungsort. Diese Distanz muss zum einen weniger als die Hälfte der Entfernung zwischen dem Wohnort am Lebensmittelpunkt und dem Beschäftigungsort betragen. Zum anderen muss sie auch nah genug sein, damit man die erste Tätigkeitsstätte in zu-mutbarer Weise von der Zweitwohnung aus erreichen kann. Davon geht man aus, wenn die Zweitwohnung nicht mehr als 50 Kilometer vom Be-schäftigungsort entfernt ist. Ist die Entfernung größer, prüft das Finanz-amt, ob die erste Tätigkeitsstätte noch in zumutbarer Weise von der Zweit-wohnung aus zu erreichen ist. Nur dann ist der doppelte Haushalt anzuer-kennen.

Zeile 100 bis 108: Fahrtkosten

Zeile 100 fragt nach der Nutzung eines Firmenwagens oder eines unentgeltlichen Sammeltransports des Arbeitgebers. In solchen Fällen erkennt das Finanzamt Fahrtkosten nicht an. Andererseits dürfen Arbeitnehmer Fahrtkosten geltend machen, die ihnen gar nicht entstanden sind, etwa als Mitfahrer einer Fahrgemeinschaft, entschied der Bundesfinanzhof (Az. VI R 29/12). Neben „Ja" und „Nein" kann hier auch „Ja, teilweise" gewählt werden (Ziffer 3) – etwa, wenn manchmal mit dem Firmenwagen und manchmal mit einem privaten Pkw gefahren wurde. Fahrten mit Firmenwagen oder kostenfreiem Sammeltransport gehören **nicht** in **Zeile 101 bis 106**.

In **Zeile 101 bis 103** gehören nur die Fahrtkosten für die erste Hinfahrt zu Beginn der doppelten Haushaltsführung und die letzte Heimfahrt bei ihrer Beendigung. Das gilt natürlich nur, wenn diese Ereignisse 2021 stattgefunden haben. Wer vorher mit der doppelten Haushaltsführung am oben angegebenen Ort begonnen hat und erst später damit aufhören wird, trägt hier gar nichts ein. Haben Arbeitnehmer für diese Fahrten ihren privaten Pkw genutzt, dürfen sie in **Zeile 101** pauschal 30 Cent je Fahrtkilometer (linkes Zahlenfeld) oder die tatsächlichen Kosten wie bei Auswärtstätigkeiten absetzen (rechtes Zahlenfeld). Für Motorräder und andere motorgetriebene Fahrzeuge gilt **Zeile 102** mit einheitlich 20 Cent pro Fahrtkilometer. Wer die tatsächlichen Kosten ansetzt, muss erforderlichenfalls seine Berechnung vorlegen können. Nutzer öffentlicher Verkehrsmittel tragen die tatsächlichen Kosten laut Belegen ein (**Zeile 103**).

Für eine sogenannte Familienheimfahrt zwischen den Wohnungen am Arbeitsort und am Lebensmittelpunkt können Arbeitnehmer grundsätzlich einmal pro Woche 30 Cent je Entfernungskilometer pauschal als Fahrtkosten geltend machen, ab dem 21. Entfernungskilometer 35 Cent.

Chance auf Mobilitätsprämie

Für Familienheimfahrten im Zuge der doppelten Haushaltsführung gilt 2021 ab Kilometer 21 die höhere Kilometerpauschale von 35 Cent. Davon profitieren Sie nicht, wenn Sie
mit Ihrem zu versteuernden Einkommen innerhalb des Grundfreibetrags von 9 744 Euro (Paare: 19 488 Euro) bleiben.
In dem Fall können Sie die Mobilitätsprämie beantragen,
um doch noch in den Genuss des Steuervorteils zu kommen
(→ Seite 67).

In **Zeile 104** gehören die Entfernung zwischen den Wohnungen am
Wohn- und Arbeitsort und die Anzahl der Familienheimfahrten im Jahr.
Wer öffentliche Verkehrsmittel genutzt hat, trägt die tatsächlichen
Ticketkosten in **Zeile 105** ein, wenn das mehr bringt als die Entfernungspauschale. Menschen mit einem Behinderungsgrad von mindestens 70
oder 50 plus Merkzeichen G nutzen **Zeile 106 und 107** in gleicher Weise.
Wichtigster Unterschied: In **Zeile 106** werden nicht die Entfernungskilometer, sondern die tatsächlichen Strecken für Hin- und Rückfahrt angesetzt oder die tatsächlichen Pkw-Kosten.

Müssen wöchentliche Familienheimfahrten arbeits- oder krankheitsbedingt ausfallen, können an ihrer Stelle im selben Umfang Besuche von
Partnern oder Kindern am Arbeitsort abgerechnet werden. Finden weder
Heim- noch Besuchsfahrt statt, zählen ersatzweise die Ausgaben für ein
15-minütiges Telefonat als Werbungskosten. In **Zeile 108** gehören Familienheimfahrten, die per Flugzeug, Fähre oder entgeltlichem Sammeltransport unternommen wurden. Sie haben in **Zeile 104 bis 107** nichts zu
suchen und dürfen nur mit den tatsächlichen Kosten abgerechnet werden.

Zeile 109 und 110: Unterkunft am Arbeitsort

Als Zweitwohnung am Arbeitsort zählt jede zur Übernachtung geeignete
Unterkunft, eine gemietete Wohnung, die eigenen vier Wände, ein möb-

liertes Zimmer oder ein Zimmer im Hotel. Für Unterkunftskosten im Inland sind höchstens 1 000 Euro im Monat absetzbar. Sie gehören zusammengefasst in **Zeile 109**.

Liegt die Zweitwohnung im Ausland, gilt die Begrenzung auf 1 000 Euro pro Monat nicht. Dafür interessiert sich das Amt für die Wohnungsgröße (**Zeile 110**).

Betriebs-, Renovierungs-, Reinigungs- und Reparaturkosten sowie die Zweitwohnungsteuer sind nur im Rahmen der 1 000-Euro-Grenze abzugsfähig. Aufwendungen für Einrichtungsgegenstände und Hausrat fallen jedoch nicht unter die Höchstbetragsbegrenzung von 1 000 Euro und sind daher grundsätzlich in vollem Umfang als Werbungskosten abziehbar. Dies hat der Bundesfinanzhof entgegen der Auffassung der Finanzverwaltung entschieden (Az. VI R 18/17). Dazu gehören auch Möbel, Gardinen oder Teppiche. Teurere Gegenstände müssen jedoch über die Nutzungsdauer verteilt abgeschrieben werden, ebenso wie Arbeitsmittel (vgl. Zeile 42, 43). Die Ausstattungskosten gehören in die **Zeile 115**.

Wer am Arbeitsort eigene vier Wände bezieht, kann Ausgaben in derselben Höhe geltend machen, wie sie ihm als Mieter einer gleichwertigen Wohnung entstehen würden, dazu gehören in diesem Fall Schuldzinsen, Abschreibungen, Reparatur- und Instandhaltungskosten.

Zeile 111 bis 117: Verpflegung & Co.

Das Finanzamt akzeptiert nur in den ersten drei Monaten der doppelten Haushaltsführung Verpflegungspauschalen je nach Abwesenheitsdauer, genauso wie sie auch bei Auswärtstätigkeit gewährt werden. Das soll auch der Text in der Anlage vor **Zeile 111** besagen (→ Seite 92).

Abwesenheitstage im Inland gehören in **Zeile 111 und 112**. Stellt der Arbeitgeber Mahlzeiten zur Verfügung (**Zeile 113**), wird die Pauschale so gekürzt, wie zu Zeile 70 beschrieben. Verpflegungspauschalen für eine doppelte Haushaltsführung im Ausland gehören als zusammengefasster Betrag in die **Zeile 114**. Das Amt will dazu auf Anforderung eine separate Aufstellung sehen. Mehr Einzelheiten zu Auslandstagegeldern finden Sie auf Seite 93.

→ **Zum Beispiel Sven S.**

Seit dem 1. Juli 2021 arbeitet Sven bei einem Wirtschaftsverband in Berlin. Er wohnt mit seiner Lebensgefährtin Svenja und der gemeinsamen sechzehnjährigen Tochter Silvana in Hannover. Dort bleibt auch sein Lebensmittelpunkt, denn Svenja arbeitet in Hannover im Schuldienst, Silvana besucht dort das Gymnasium. In Berlin hat Sven zunächst zwei Wochen im Hotel gewohnt, danach zog er für 1 500 Euro mit persönlichen Sachen nach Berlin um, wo er ein Zimmer in einer WG anmietete (Monatsmiete 200 Euro) und einrichtete (1 000 Euro). Von Juli bis Dezember kam Sven auf 20 wöchentliche Familienheimfahrten mit seinem Pkw, Svenja und Silvana besuchten ihn zweimal gemeinsam in Berlin, weil er wegen Bereitschaftsdiensten nicht heimfahren konnte. Insgesamt kommen 6 828 Euro zusammen. Die 1000-Euro-Grenze, bei Sven für 6 Monate 6 000 Euro, gilt nur für Miete und Hotelübernachtung und wird nicht erreicht.

Erste Fahrt nach Berlin mit dem Pkw (300 km mal 0,30 Euro)	**90**
20 wöchentliche Heimfahrten (20 mal 0,30 mal 20 plus 280 mal 0,35 mal 20)	+ 2 080
Besuchsfahrten von Svenja und Silvana (20 mal 0,30 mal 2 plus 280 mal 0,35 mal 2)	+ 208
Umzugskosten	+ 1 500
Verpflegungspauschale (50 Tage mal 28 plus 20 Tage mal 14 ist 1 680, vom Arbeitgeber ersetzt)	+ 0
Hotelübernachtung (10 Tage mal 85)	+ 850
Miete mit allen Nebenkosten (200 mal 5,5 Monate)	+ 1 100
Einrichtungsgegenstände für WG-Zimmer (Bett, Schreibtisch, Bürostuhl kosteten jeweils unter 952 Euro, → Seite 73)	+ 1 000
Werbungskosten insgesamt (alle Angaben in Euro)	**6 828**

In **Zeile 115** können noch andere Kosten der doppelten Haushaltsführung eingetragen werden, etwa Umzugskosten oder die Kosten der Wohnungsausstattung. Für den Umzug gelten dieselben Regeln wie ab Seite 87 beschrieben. Ausnahme: Die Pauschale für „sonstige Umzugskosten" gibt es bei der doppelten Haushaltsführung nicht. Absetzbar sind Umzugskosten vom Wohnort an den Arbeitsort zu Beginn der doppelten Haushaltsführung. Gleiches gilt für den Umzug zurück vom Arbeitsort zum Wohnort am Ende der doppelten Haushaltsführung.

In „Wegzugsfällen", also wenn Sie aus privaten Gründen vom Arbeitsort wegziehen, werden Umzugskosten nicht als Werbungskosten anerkannt. Die Ausgaben können dann aber wenigstens teilweise im Rahmen der haushaltsnahen Dienstleistungen geltend gemacht werden (→ Seite 131). Geht es im Jahresverlauf um mehr als eine doppelte Haushaltsführung, kommen die Ausgaben in **Zeile 116**. Hat der Arbeitgeber Kosten ersetzt, gehört der Betrag zusammengefasst für alle Kostenarten in **Zeile 117**.

Anlage Vorsorgeaufwand: Versicherungsbeiträge

In diese Anlage gehören die Beiträge zur Renten-, Kranken-, Pflege- sowie Arbeitslosenversicherung und zu anderen Versicherungen, die als Vorsorgeaufwendungen abzugsfähig sind. Beiträge zur Basiskranken- und Pflegeversicherung dürfen von gesetzlich sowie privat Versicherten grundsätzlich ungekürzt abgesetzt werden. Aufwendungen, die nicht im Leistungskatalog der gesetzlichen Krankenversicherung enthalten sind, beispielsweise eine Chefarztbehandlung, sind in diesem Rahmen allerdings nicht abzugsfähig

Ebenso wie in den anderen Formularen finden Sie auch in der Anlage Vorsorgeaufwand die dunkelgrün hinterlegten, mit ⓔ gekennzeichneten Zeilen. Die Versicherungsbeiträge, die hier einzutragen sind, liegen der Finanzverwaltung in der Regel als gemeldete E-Daten bereits vor. In der Papiererklärung können Sie die betreffenden Zeilen dann leer lassen.

Zeile 4 bis 10: Altersvorsorge

Beitragszahlungen in die gesetzliche Rentenversicherung, in berufsständische Versorgungseinrichtungen oder in landwirtschaftliche Alterskassen gehören in **Zeile 4 bis 6**, bei Ehepaaren/Lebenspartnerschaften jeweils in die zutreffende Spalte. Arbeitnehmer finden den von ihnen gezahlten und bereits an das Finanzamt gemeldeten Anteil in der Lohnsteuerbescheinigung des Arbeitgebers. Der Arbeitgeberzuschuss zur Rentenversicherung gehört in **Zeile 9**. Wenn die Beiträge in die gesetzliche Rentenversicherung nicht vom Arbeitgeber überwiesen, sondern selbst eingezahlt werden, liegen dem Finanzamt keine E-Daten vor. Daher wird der vom Versicherungsträger bescheinigte Betrag in **Zeile 6** eingetragen. Das können beispielsweise freiwillige Sonderzahlungen an die Rentenkasse sein, die ab dem Alter von 50 möglich sind, um Abschläge bei früherem Rentenbeginn zu vermeiden.

Sind die Beiträge zur gesetzlichen Rentenversicherung in eine landwirtschaftliche Alterskasse oder eine berufsständische Versorgungseinrichtung geflossen, werden sie in **Zeile 5** eingetragen. Arbeitgeberzuschüsse müssen vorher abgezogen werden. Überweist der Arbeitgeber die Beiträge und sind diese auf der Lohnsteuerbescheinigung aufgeführt, gehören die Angaben dagegen in **Zeile 4 und 9** und werden vom Finanzamt als E-Daten berücksichtigt. Die elektronische Meldung liegt in der Regel auch für Erstattungen oder steuerfreie Zuschüsse vor (**Zeile 7**), ebenso für sogenannte Rürup-Rentenbeiträge (**Zeile 8**). Die Rentenbeiträge für Minijobber werden nicht automatisch berücksichtigt, sondern müssen in **Zeile 6** (Arbeitnehmeranteil) und **Zeile 10** (Arbeitgeberbeitrag) vermerkt werden. Die Angabe ist freiwillig und vorteilhaft, wenn der Arbeitnehmer keine Befreiung von der Rentenversicherung beantragt hat.

Ihre Beiträge zur Rentenversicherung und auch zu einem zertifizierten Vertrag über eine Basisrente (häufig auch „Rürup-Rente" genannt) berücksichtigt das Finanzamt im Jahr 2021 bis zur Förderhöchstgrenze von 25 787 Euro. Bis zu 92 Prozent der Beiträge, maximal 23 724 Euro, wirken sich steuerlich aus. Für Ehepaare und eingetragene Lebenspartner gelten die doppelten Werte. Die Beträge steigen jedes Jahr an.

Der Höchstbetrag von 25 787 Euro klingt zunächst gut, praktisch kommt aber deutlich weniger Entlastung heraus. Haben zum Beispiel Arbeitnehmer und Arbeitgeber je 3 500 Euro in die gesetzliche Rentenkasse eingezahlt, zusammen also 7 000 Euro, akzeptiert das Finanzamt von dieser Summe in diesem Jahr 92 Prozent, also 6 440 Euro. Von diesem Betrag wird aber noch der Arbeitgeberanteil abgezogen. Für den Arbeitnehmer bleiben danach noch 2 940 Euro Altersvorsorgeaufwand abzugsfähig (6 440 minus 3 500). Für Beamte ist hier nur **Zeile 8** interessant (Rürup-Rente, → Seite 241).

Zeile 11 bis 44: Kranken- und Pflegeversicherung

Die **Zeilen 11 bis 22** betreffen Beiträge an inländische gesetzliche Kranken- und Pflegeversicherungen. Arbeitnehmerbeiträge (**Zeilen 11 und 13**) sind auf der Lohnsteuerbescheinigung zu finden. Darin enthalten sind auch die Zusatzbeiträge an die Krankenkassen. Die Angaben liegen normalerweise dem Finanzamt als E-Daten bereits vor und müssen in die Papiersteuererklärung nicht mehr eingetragen werden. Das Finanzamt kürzt den Versicherungsbeitrag um 4 Prozent. Dieser Anteil gilt als Absicherung von Krankengeld. Nur wer keinen Krankengeldanspruch hat, beispielsweise als weiterbeschäftigter Rentner, muss den Beitrag zusätzlich in **Zeile 12** eintragen. Er kann dann den gesamten Beitrag als Sonderausgabe geltend machen.

	Beiträge zur inländischen gesetzlichen Kranken- und Pflegeversicherung				
11	Arbeitnehmerbeiträge zu Krankenversicherungen lt. Nr. 25 der Lohnsteuerbescheinigung	320	3 8 7 5 ,–	420	2 3 2 5 ,–
12	In Zeile 11 enthaltene Beiträge, aus denen sich kein Anspruch auf Krankengeld ergibt	322	,–	422	,–
13	Arbeitnehmerbeiträge zu sozialen Pflegeversicherungen lt. Nr. 26 der Lohnsteuerbescheinigung	323	8 8 8 ,–	423	5 3 2 ,–

Haben Sie Anspruch auf einen Arbeitgeberzuschuss zu Ihren Versicherungsbeiträgen, dürfen Sie neben Ihren Rentenversicherungsbeiträgen im oben beschriebenen Umfang grundsätzlich bis zu 1 900 Euro an sonstigen abzugsfähigen Versicherungsbeiträgen absetzen. Für Selbstständige und

andere Menschen ohne Beitragszuschuss liegt die Grenze bei 2 800 Euro, für Ehe- und Lebenspartner kann bis zu doppelt so viel zusammenkommen, wenn beide die Voraussetzungen erfüllen. Für die meisten Arbeitnehmer würde das bedeuten, dass allein ihre Beiträge zur Kranken- und Pflegeversicherung das nutzbare Abzugsvolumen von 1900 Euro ausschöpfen. So zahlen bereits Arbeitnehmer mit einem unterdurchschnittlichen Jahresbruttolohn von 20 000 Euro in der Regel mehr als 1 900 Euro an Pflichtbeiträgen in die Kranken- und Pflegeversicherung ein. Lassen Sie sich davon aber nicht beeindrucken. Das Finanzamt nimmt eine „Günstigerprüfung" zwischen der 1900-Euro-Grenze und den tatsächlich gezahlten Kranken- und Pflegeversicherungskosten vor. Die gute Nachricht: Im Ergebnis dürfen Arbeitnehmer (fast) alle ihre Kranken- und Pflegeversicherungsbeiträge absetzen, auch wenn sie über 1900 Euro liegen. Das trifft auf die Mehrzahl der Arbeitnehmer zu.

Die schlechte Nachricht: Weitere „sonstige" Vorsorgeaufwendungen sind nicht mehr absetzbar, wenn der Grenzbetrag von 1900 Euro mit den Beiträgen zur Kranken- und Pflegeversicherung bereits überschritten ist. Dann werden nicht einmal die Pflichtbeiträge zur Arbeitslosenversicherung berücksichtigt, geschweige denn Beiträge zu Haftpflicht- oder zu anderen grundsätzlich absetzbaren Versicherungen.

→ Zum Beispiel Jonas J.

Der 51-jährige alleinstehende und kinderlose Arbeitnehmer erhält 30 000 Euro Bruttolohn im Jahr. Dafür zahlt er 7,85 Prozent Krankenversicherung (2 355 Euro) und 1,775 Prozent Pflegeversicherung (rund 533 Euro). Seinen Beitrag zur Pflegeversicherung kann Jonas J.

voll als Sonderausgaben geltend machen. Der Krankenversicherungs-
beitrag wird um 4 Prozent gekürzt, denn diese 4 Prozent entfallen
pauschal auf die Versicherung von Krankengeld und sind laut Gesetz
nicht abzugsfähig. Damit wirken sich 94 Euro vom Krankenversiche-
rungsbeitrag steuerlich nicht aus (2 355 mal 4 Prozent). Es verbleiben
2 794 Euro (533 plus 2 355 minus 94), die als Sonderausgaben abgezogen werden dürfen. Klar ist aber auch: Die 1 900-Euro-Grenze für
sonstige Vorsorgeaufwendungen ist damit überschritten. Jonas darf
nach dieser Berechnungsmethode keine weiteren sonstigen Vorsorgeaufwendungen geltend machen, etwa seinen Beitrag zur gesetzlichen
Arbeitslosenversicherung (360 Euro) oder Beiträge für seine Kfz-Haftpflichtversicherung.

Die **Zeilen 14 und 15** fragen nach Beitragsrückzahlungen durch die Versicherung, die die abzugsfähigen Beiträge des Arbeitnehmers verringern.

Die **Zeilen 16 bis 22** gelten vor allem für Rentenbezieher und Selbstständige, die Mitglied in einer gesetzlichen Krankenversicherung sind.
Wer beispielsweise neben seinem Arbeitslohn eine Hinterbliebenenrente
bezieht, entnimmt die Beitragshöhe aus dem Rentenbescheid. In der Regel liegen die Beträge dem Finanzamt als elektronisch gemeldete Daten
bereits vor. Wenn die gemeldeten Daten in den Bescheiden richtig sind,
müssen die Zeilen in der Steuererklärung auf Papier nicht mehr ausgefüllt
werden. Weil für Rentenbezüge in der Regel kein Anspruch auf Krankengeld besteht, bleibt **Zeile 20** frei. Sollte es anders sein, etwa bei Selbstständigen in der gesetzlichen Versicherung, muss der entsprechende Betrag in
Zeile 20 eingetragen werden. Beiträge von Beamten, die in der gesetzlichen Sozialversicherung versichert sind, gehören ebenfalls in die **Zeilen
16 bis 22**.

Nach einem Urteil des Bundesfinanzhofes verringern Bonuszahlungen
der Krankenkasse an ihre Mitglieder nicht in jedem Fall die als Sonderausgaben abzugsfähigen Krankenversicherungsbeiträge (Az. X R 30/18).
Erhalten Versicherte für ihre Teilnahme an bestimmten von ihnen selbst
bezahlten Gesundheitsmaßnahmen Geld- oder Sachleistungen ihrer

Krankenkasse, schmälert das den Sonderausgabenabzug nicht. Sie sind deshalb **nicht** in Zeile 14 beziehungsweise 19 zu berücksichtigen.

Die **Zeile 22** fragt nach Beiträgen zu einer gesetzlichen Krankenversicherung für Wahl- oder Zusatzleistungen (etwa Chefarztbehandlung oder Einzelzimmer im Krankenhaus). Diese Beiträge werden nicht elektronisch an das Finanzamt gemeldet und müssen deshalb gesondert eingetragen werden.

Die Beiträge zur Kranken- und Pflegeversicherung von Privatversicherten, bei denen die Versicherung ihren Sitz in Deutschland hat, gehören in die **Zeilen 23 bis 26**. Diese Beträge werden elektronisch gemeldet und müssen, wenn sie korrekt sind, nicht eingetragen werden.

Zeile 23 betrifft nur die Beiträge zur Basisabsicherung, die dem Leistungskatalog der gesetzlichen Krankenversicherung entspricht. Die private Krankenversicherung schlüsselt die Beiträge für Basisabsicherung und für Sonderleistungen in der Regel von sich aus oder auf Nachfrage entsprechend auf. Beitragsteile, die hier nicht erfasst werden, sowie Beiträge zu privaten Zusatzversicherungen, etwa für Auslandsreisekrankenversicherungen oder Zahnversicherungen, müssen in **Zeile 27** manuell eingetragen werden.

In **Zeile 24** gehören Beiträge zu privaten Pflegepflichtversicherungen. Mit „Beitragszuschüssen von dritter Seite" (**Zeile 26**) sind nicht die Zuschüsse des Arbeitgebers gemeint, sondern etwa Zuschüsse der gesetzlichen Rentenversicherung oder der Künstlersozialkasse.

In den **Zeilen 31 bis 36** geht es um Zahlungen an ausländische gesetzliche und private Kranken- und Pflegeversicherungen. Die Abfrage erfolgt nach dem Muster der **Zeilen 23 bis 28**. Allerdings ist hier die Unterstützung eines Steuerprofis zu empfehlen. Diese Daten werden nicht elektronisch gemeldet und müssen immer eingetragen werden. Anderes gilt für die **Zeilen 37 bis 39**, in die Arbeitgeberzuschüsse für Arbeitnehmer gehören, die freiwillig gesetzlich oder privat versichert sind.

Angestellte, die mit ihrer Krankenversicherung Beitragserstattungen oder einen Selbstbehalt vereinbart haben, sollten überprüfen, ob das auch steuerlich vorteilhaft ist. Die Krankenversicherungsbeiträge zur Basisvorsorge können sie ohne Einschränkung geltend machen. Das gilt aber nur für die Beiträge, die sie tatsächlich bezahlt haben. Beitragserstattungen der Kassen verringern die als Sonderausgaben abzugsfähigen Beitragszahlungen. Versicherte mit einem hohen Grenzsteuersatz (→ Seite 261) sollten hier besonders genau rechnen.

→ Zum Beispiel Katharina K.

Die alleinstehende Dozentin ist privat versichert, Jahresbeitrag 5000 Euro. Sie hat 500 Euro Arztkosten selbst bezahlt. Wenn sie auf die Übernahme der Kosten durch die Krankenversicherung verzichtet, erhält sie 600 Euro Beitragserstattung. Ein gutes Geschäft, denkt Katharina zunächst, denn unter dem Strich hat sie anschließend 100 Euro mehr in der Tasche (600 minus 500). Allerdings führen die 600 Euro Beitragserstattung auch zu 600 Euro weniger abzugsfähigen Sonderausgaben. Bei ihrem Grenzsteuersatz (40 Prozent) verzichtet Katharina damit auf eine Steuerersparnis von 240 Euro (600 mal 40 Prozent). Wenn sich Katharina für die Beitragserstattung entscheidet, ist der Vorteil deutlich geringer als angenommen. Sie bekommt zwar 600 Euro von der Krankenkasse, zahlt dafür aber 240 Euro mehr an das Finanzamt. Ob sich ein Verzicht auf Beitragserstattungen lohnt, hängt immer von den Bedingungen des Einzelfalls ab. Hier muss genau gerechnet werden, am besten mithilfe eines Steuerprofis. Hätte Katharina K. einen deutlich geringeren Steuersatz und hätte sie es mit anderen Rechnungs- oder Erstattungsbeträgen zu tun gehabt, könnte sich eine Beitragserstattung vom Versicherer für sie auch vorteilhaft auswirken.

In **Zeile 40 bis 44** geht es um Beiträge zur Kranken- und Pflegeversicherung, mit denen „andere Personen" versichert werden. Dazu zählen an dieser Stelle nur bestimmte Menschen: vornehmlich erwachsene Kinder, für die die Eltern keinen Anspruch auf Kindergeld mehr haben. Wenn etwa die 28-jährige Tochter noch studiert, gilt sie steuerlich in der Regel nicht mehr als Kind. Kindergeld und andere Kinderförderungen gibt es dann nicht mehr. Die Eltern können hier die von ihnen übernommenen Beiträge zur Kranken- und Pflegeversicherung des Kindes als ihre eigenen Sonderausgaben geltend machen: Voraussetzung ist, dass sie selbst Versicherungsnehmer sind. Zudem muss die Versicherung von ihnen abgeschlossen und bezahlt werden.

Wenn Eltern für ein Kind noch Kindergeld zusteht, tragen sie übernommene Versicherungsbeiträge nicht hier ein, sondern in die Anlage Kind (→ Seite 141). Unterstützen Sie andere Menschen mit Unterhaltszahlungen und übernehmen Sie auch die Beiträge zur Kranken- und Pflegeversicherung, schreiben Sie das in **Anlage Unterhalt** (→ Seite 172).

Nach Eintragung der Steuer-Identifikationsnummer (**Zeile 40**) sowie des Namens und der Anschrift der unterstützten Person gehören in die **Zeilen 41 bis 43** die übernommenen Beiträge zur privaten Kranken- und Pflegeversicherung sowie eventuelle Beitragserstattungen. Diese Daten liegen dem Finanzamt in der Regel bereits durch eine elektronische Meldung vor und brauchen dann nicht angegeben zu werden. In **Zeile 44** geht es um zusätzliche Versicherungen außerhalb der Basisabsicherung, etwa für ein Einzelzimmer im Krankenhaus oder für eine zusätzliche Pflegeversicherung.

Zeile 45 bis 50: Weitere abzugsfähige Beiträge

Für viele Arbeitnehmer ist die Rubrik „Weitere sonstige Vorsorgeaufwendungen" wenig interessant, weil sie allein mit ihren Beiträgen zur Kranken- und Pflegeversicherung den Rahmen der abzugsfähigen 1 900 Euro überschreiten. Weitere Versicherungsbeiträge wirken sich dann also nicht aus. Bei Arbeitnehmern mit geringen Löhnen, Rentnern, manchen Beamten und Selbstständigen kann hier aber noch Abzugspotenzial bestehen. Auch deshalb gilt: Führen Sie immer alle abzugsfähigen Beiträge auf! Nur wenn Sie die gezahlten Beiträge auch eintragen, kann das Finanzamt prüfen, ob diese Beiträge zusätzlich zu Ihren Gunsten zu berücksichtigen sind oder nicht.

Zeile 45 fragt nach den Beiträgen zur gesetzlichen Arbeitslosenversicherung. Der Betrag ergibt sich aus der Lohnsteuerbescheinigung und wurde

in der Regel bereits elektronisch an das Finanzamt übermittelt. Freiwillige Zahlungen in Arbeitslosenversicherungen gehören in die **Zeile 46**. Beiträge zu einer privaten Erwerbs- und Berufsunfähigkeitsversicherung werden in **Zeile 47** erfragt.

In den **Zeilen 48 bis 50** besteht die Möglichkeit, noch andere Versicherungsbeiträge geltend zu machen. Dazu gehören Beiträge zu sämtlichen Haftpflichtversicherungen – beispielsweise zur Kfz-Haftpflichtversicherung, Tierhalterhaftpflichtversicherung oder Privathaftpflichtversicherungen. Und auch die Beiträge zu Unfall- oder Risikolebensversicherungen können hier eingetragen werden. Ebenfalls lassen sich Beiträge zu bestimmten Lebensversicherungen sowie privaten Rentenversicherungen hier geltend machen.

Sachversicherungen, zum Beispiel Haushalt-, Kasko-, Feuer- oder Rechtsschutzversicherung, tauchen hier jedoch nicht auf, weil dafür gezahlte Beiträge nicht als Sonderausgaben absetzbar sind. Eine umfassende Übersicht, welche Versicherungen Sie wo eintragen, zeigt zudem unser Kasten → Seite 112.

Unfall- und Haftpflichtversicherungen sowie Risikoversicherungen, die nur für den Todesfall eine Leistung vorsehen	502	6 2 8 ,–
Rentenversicherungen mit Kapitalwahlrecht und / oder Kapitallebensversicherungen mit einer Laufzeit von mindestens 12 Jahren sowie einem Laufzeitbeginn und der ersten Beitragszahlung vor dem 1.1.2005	503	,–

Zeile 51 bis 56: Ergänzende Angaben

Das Finanzamt fragt in **Zeile 51** nach steuerfreien Zuschüssen oder Beihilfen zur Krankenversicherung oder zu den Krankheitskosten. Diese

Versicherungsbeiträge von A bis Z
So rechnen Sie die Ausgaben für Ihren Schutz ab

Neben den Beiträgen zur Altersvorsorge und zu einer Basisversorgung in der Kranken- und Pflegeversicherung sind in Zeile 45 bis 50 „weitere sonstige Vorsorgeaufwendungen" als Sonderausgaben absetzbar. Die wichtigsten zeigt diese Übersicht:

▶ **Arbeitslosenversicherung:** Der gesetzliche Arbeitnehmeranteil laut Lohnsteuerbescheinigung gehört in Zeile 45, freiwillige Beiträge laut Vertrag in Zeile 46.

▶ **Ausbildungsversicherung:** Beiträge gehören in Zeile 49, wenn sie den Bedingungen für abzugsfähige Kapitallebensversicherung entsprechen.

▶ **Auslandsreisekrankenversicherung:** Haben Sie sie als private Zusatzversicherung abgeschlossen, gehören die Beiträge in Zeile 27 oder 36.

▶ **Berufs- und Erwerbsunfähigkeitsversicherung:** Beiträge für eigenständige Versicherungen gehören in Zeile 47. Wurden sie im Rahmen von anderen Versicherungen, zum Beispiel von Kapitallebensversicherungen, abgeschlossen, sind sie nur begünstigt, wenn auch die Beiträge der Rahmenversicherung begünstigt sind (→ Kapitallebensversicherung).

▶ **Haftpflichtversicherung:** Beiträge für Haftpflichtversicherungen aller Art (zum Beispiel Kfz-, Privat-, Tierhalter-, Gebäude-Haftpflicht) gehören in Zeile 48.

▶ **Kapitallebensversicherung:** Die Beiträge sind in Zeile 49 abzugsfähig, wenn die Versicherung mit laufender Beitragszahlung vor 2005 abgeschlossen wurde, mindestens

bekommen sowohl gesetzlich versicherte Arbeitnehmer als auch Beamte. Besteht der Anspruch, ist in der Zeile kein Eintrag notwendig. Selbstständige und nicht familienversicherte Hausfrauen/-männer, die ihren gesamten Beitrag selbst bezahlen, tragen jedoch die Ziffer „2" (Nein) ein. Sie können dann neben Rentenversicherungsbeiträgen bis zu 2 800 Euro andere abzugsfähige Versicherungsbeiträge absetzen. Für alle anderen gilt nur die bereits genannte Grenze von 1 900 Euro.

Die weiteren Angaben ab **Zeile 52** betreffen Menschen, die im gesamten Kalenderjahr nicht rentenversicherungspflichtig waren. Das können zum Beispiel Beamte sein, Richter, Soldaten, Praktikanten, GmbH-Geschäftsführer, Pensionäre und deren Angehörige oder auch Rentner,

12 Jahre läuft und alle anderen Anforderungen erfüllt sind. Fondsgebundene Versicherungen und solche gegen Einmalzahlung sind nicht begünstigt.

- **Krankenhaustagegeldversicherung:** Die Beiträge gehören in Zeile 27 oder 36.
- **Krankentagegeldversicherung:** Die Beiträge gehören in Zeile 27 oder 36.
- **Krankenversicherung:** Arbeitnehmerbeiträge zur Basisversorgung gehören in Zeile 11, 23 oder 31.
- **Pflegeversicherung:** Arbeitnehmerbeiträge zur gesetzlichen Pflegeversicherung müssen in Zeile 13, 24 oder 33 eingetragen werden. Beiträge zu einer zusätzlichen Pflegeversicherung gehören in Zeile 28 oder 36.
- **Rentenversicherung:** Beiträge für private Rentenversicherungen mit Kapitalwahlrecht gehören in Zeile 49, wenn sie die unter Kapitallebensversicherung aufgeführten Bedingungen erfüllen. Die Bedingungen gelten auch für private Rentenversicherungen ohne Kapitalwahlrecht. Beiträge dafür gehören aber in Zeile 50.
- **Risikolebensversicherung:** Die Beiträge tragen Sie in Zeile 48 ein.
- **Unfallversicherung:** Die Beiträge für private Unfallversicherungen (auch für Kfz-Insassenunfallversicherungen) gehören in Zeile 48. Unfallversicherungen mit garantierter Prämienrückzahlung werden hingegen wie Kapitallebens- oder Rentenversicherungen behandelt und gehören dementsprechend in die Zeilen 49 oder 50, wenn sie die dort genannten Voraussetzungen erfüllen.

die sich sozialversicherungspflichtig noch etwas hinzuverdienen. Aus den Angaben entnimmt das Finanzamt, in welcher Höhe es Vorsorgeaufwendungen berücksichtigen muss. So trägt zum Beispiel ein Beamter in **Zeile 52** die Ziffer „1" ein und bestätigt in **Zeile 55**, dass er dennoch Anspruch auf eine Altersversorgung hat.

Für die Ehe- und Lebenspartner wird in der Spalte daneben das Gleiche abgefragt. Versicherungspflichtig beschäftigte Arbeitnehmer tragen hier für sich selbst gar nichts ein.

Anlage Sonderausgaben

Die für die meisten Arbeitnehmer wichtigsten Sonderausgaben sind in der Regel die Beiträge zur Renten-, Kranken- und Pflegeversicherung. Sie gehören jedoch nicht in diese Anlage, in der Sonderausgaben abgerechnet werden, sondern in die **Anlage Vorsorgeaufwand** (→ Seite 103). Deshalb gibt es im Untertitel der Anlage Sonderausgaben auch den Hinweis „ohne Versicherungsaufwendungen und Altersvorsorgebeiträge".

Auch andere Sonderausgaben tauchen nicht in dieser Anlage auf, etwa die Ausgaben, die Eltern für Kinderbetreuung haben. Das Finanzamt berücksichtigt sie zwar mit bis zu 6 000 Euro im Jahr und erkennt zwei Drittel davon, maximal 4 000 Euro, als Sonderausgaben an. Doch diese Ausgabe werden über die **Anlage Kind** (→ Seite 141) abgerechnet. Trotzdem bietet die Anlage Sonderausgaben Ihnen interessante Steuersparchancen.

Wenn Sie von sich aus keine Sonderausgaben abrechnen, berücksichtigt der Fiskus automatisch nur eine geringe Pauschale von jährlich 36 Euro für Alleinstehende, 72 Euro für Ehepaare/Lebenspartner. Jeder Euro, den Sie darüber hinaus als Sonderausgaben abrechnen, senkt somit Ihre Steuerlast. Wichtige Posten sind zum Beispiel Spenden, Unterhaltszahlungen und Kirchensteuer.

Zu Beginn schreiben Sie zunächst nochmals Ihren Namen und die Steuernummer. Das gilt für alle Anlagen, die zusätzlich zum Hauptvordruck abgegeben werden. Zusammen veranlagte Ehepaare und eingetragene Lebenspartner füllen eine gemeinsame Anlage aus und tragen nur den Namen ein, der im Hauptvordruck als Erstes steht.

Zeile 4: Kirchensteuer

Hierher gehört die tatsächlich gezahlte Kirchensteuer, einschließlich im Jahresverlauf geleisteter Voraus- oder Nachzahlungen. Erstattete Kirchensteuer, beispielsweise aus der letzten Steuererklärung, ist in der Zeile rechts gesondert anzugeben. Freiwillige Beiträge oder Zahlungen sind nicht hier, sondern unter Spenden (**Zeile 5**) einzutragen. Kirchensteuer, die die Bank oder ein anderer Finanzdienstleister im Rahmen der Abgeltungsteuer bereits an das Finanzamt abgeführt hat, gehört nicht hierher. Ob Kirchensteuer abgeführt wurde, ergibt sich in der Regel aus den Mitteilungen der Banken (→ Anlage KAP ab Seite 162).

Kirchensteuer		2021 gezahlt EUR		2021 erstattet EUR	
4	soweit diese nicht als Zuschlag zur Abgeltungsteuer einbehalten oder gezahlt wurde	103	*487,—*	104	*212,*

Zeile 5 bis 12: Spenden & Co.

Spenden sind für viele Arbeitnehmer ein wichtiges Anliegen. Auch wenn dabei in der Regel nicht der Steuervorteil im Vordergrund steht, sollte auf diesen nicht verzichtet werden.

Absetzbar sind Spenden „zur Förderung steuerbegünstigter Zwecke" im Inland (**Zeile 5**) und für Empfänger in der EU und im Europäischen Wirtschaftsraum (EWR) im Ausland (**Zeile 6**). Hinter dieser Formulierung verbirgt sich so ziemlich alles, zum Beispiel Kultur und Bildung, Jugend und Sport, Denkmalschutz und Heimatpflege. Auch Mitgliedsbeiträge mancher Organisationen, etwa des DRK, sind absetzbar. Spenden können grundsätzlich bis zur Höhe von 20 Prozent der Einkünfte abzugsfähige Sonderausgaben sein.

→ Zum Beispiel das Ehepaar D.

Dorothea und Daniel D. sind beide Beamte und haben zusammen 40 000 Euro Jahreseinkünfte. Sie dürfen 20 Prozent davon, also 8 000 Euro, als Sonderausgaben geltend machen. Dieses Jahr waren Not und Spendenbereitschaft besonders groß. Das Ehepaar D. spendete 5 000 Euro an das Deutsche Rote Kreuz und 3 000 Euro an den örtlichen Sportverein, um den Bau eines neuen Sportlerheims zu unterstützen. Im Dezember bat der Pfarrer noch um eine Spende für die einsturzgefährdete Dorfkirche. Dorothea und Daniel gaben dafür 2 000 Euro. Sie schreiben 10 000 Euro in ihre Steuererklärung 2021, davon akzeptiert das Finanzamt für dieses Jahr 8 000 Euro als abzugsfähige Sonderausgaben (20 Prozent von 40 000). Die verbleibenden 2 000 Euro trägt das Amt von sich aus vor: Ehepaar D. kann sie im nächsten oder in den folgenden Jahren geltend machen.

Für die Anerkennung der Spende ist in der Regel die Spendenbescheinigung des Empfängers nach amtlichem Muster erforderlich – eine sogenannte Zuwendungsbescheinigung. Bei Spenden bis 300 Euro ist keine Zuwendungsbescheinigung nötig, es reicht der Kontoauszug mit Angaben zum Spender und dem Spendenempfänger. Bei Spenden an private Organisationen sind weitere Angaben wie zum Verwendungszweck auf einem Vordruck des Spendenempfängers erforderlich. Der gleiche Nachweis genügt auch für höhere Beträge in Katastrophenfällen, wenn auf bestimmte Sonderkonten gespendet wurde.

Zuwendungen (Spenden und Mitgliedsbeiträge)					
Spenden und Mitgliedsbeiträge (ohne Beträge in den Zeilen 9 bis 12)		lt. Bestätigungen EUR		lt. Betriebsfinanzamt EUR	
5	– zur Förderung steuerbegünstigter Zwecke an Empfänger im Inland	123	*1 0 0 0 0 ,—*	124	
6	– zur Förderung steuerbegünstigter Zwecke an Empfänger im EU- / EWR-Ausland	133	,—	134	

Auch gespendete Sachen wie Kleider, Möbel oder Bücher sind von der Steuer absetzbar, wenn sich der Wert der Gegenstände nachvollziehbar ermitteln lässt. Bei erbrachten Leistungen ist das mitunter leichter, zum Beispiel, wenn unter Verzicht auf einen – rechtlich zustehenden – Kostenersatz mit dem eigenen Pkw Fahrten für den Verein unternommen wurden. Auch in diesen Fällen ist eine Spendenbescheinigung erforderlich.

Belege aufbewahren

Spendenbescheinigungen müssen Sie der Steuererklärung nicht mehr beifügen. Doch Sie müssen sie auf Anforderung des Finanzamts vorlegen und bis zu einem Jahr nach Erhalt des Steuerbescheids aufbewahren.

In die **Zeilen 7 und 8** gehören Mitgliedsbeiträge und Spenden an politische Parteien sowie unabhängige Wählervereinigungen. Davon drücken bei Ledigen bis zu 1650 Euro, bei Ehe-/Lebenspartnern bis zu 3300 Euro zur Hälfte direkt die Steuerschuld. Höhere Spenden können wiederum bis zu 1650 beziehungsweise 3300 Euro zusätzlich als Sonderausgaben abgesetzt werden. Spendet beispielsweise ein lediger Beamter 2000 Euro an eine Partei, zahlt er 825 Euro weniger Steuern (50 Prozent von 1650). Die darüber hinaus gespendeten 350 Euro werden zusätzlich als Sonderausgaben angerechnet (2000 minus 1650). Zusätzlich zu seiner Parteispende und in gleicher Weise steuerlich gefördert dürfte der Beamte an eine unabhängige Wählervereinigung spenden.

In den **Zeilen 9 bis 12** geht es um Zuwendungen an bestimmte Stiftungen. Wer damit zu tun hat, sollte sich ohnehin an einen Steuerberater wenden. Das gilt auch, wenn Sie Großspenden oberhalb der 20-Prozent-Grenze geleistet haben.

Der Freibetrag für alle, die sich im Verein gemeinnützig engagiert haben und dafür eine Aufwandsentschädigung bekamen, gehört nicht hierher, sondern in **Anlage N** oder **Anlage S** (→ Seite 61 und 184).

Zeile 13 bis 14: Berufsausbildung

Im richtigen Leben liegen die Begriffe Ausbildung und Fortbildung eng beieinander. Das Steuerrecht errichtet dazwischen eine Mauer. Die Verwaltung versteht an dieser Stelle unter „Berufsausbildung" eine allererste Ausbildung, beispielsweise ein Erststudium. Fortbildung heißt hingegen Weiterlernen nach einer Erstausbildung, etwa ein Studium nach abgeschlossener Berufsausbildung, ein Zweitstudium, Umschulungen oder Weiterbildungen. Aufwendungen hierfür gehören zu den Werbungskosten (→ Seite 79).

Die Abgrenzung ist in der Praxis nicht immer einfach zu bestimmen. Denn was gilt überhaupt als Ausbildung, wann und wie wurde sie abgeschlossen, unterbrochen oder wieder aufgenommen, dient ihr Zweck der Erwerbstätigkeit oder dem Privatvergnügen? Das sind nur einige der Fragen, um die Bürger und Verwaltung ständig streiten.

In die Anlage Sonderausgaben gehören Kosten für eine erste Berufsausbildung und für ein Erststudium nach der Schulausbildung. Die Betonung liegt hier auf „erste", und diese liegt nur vor, wenn bisher noch gar kein Berufs- oder Studienabschluss vorhanden ist oder die bisherige Ausbildung weniger als 12 Monate gedauert hat oder kein Abschluss erzielt wurde.

Bei der Unterscheidung zwischen Erst- und weiterer Ausbildung geht es darum, wie und vor allem in welcher Höhe Bildungsausgaben steuerlich geltend gemacht werden dürfen. Für die erste Ausbildung dürfen bis zu 6 000 Euro pro Person und Jahr als Sonderausgaben abgesetzt werden. Dagegen können Aufwendungen für alle weiteren Ausbildungen in unbegrenzter Höhe als Werbungskosten geltend gemacht werden. Das gilt auch, wenn es sich zwar um eine erste Ausbildung handelt, diese jedoch als Dienstverhältnis erfolgt wie bei einem Azubi.

Erste Ausbildungskosten, die nur als Sonderausgaben geltend gemacht werden können, haben einen weiteren Nachteil: Sie wirken sich nur in dem Jahr steuerlich aus, in dem sie entstanden sind. In Ausbildungsphasen sind aber oftmals keine oder nur geringe steuerpflichtige Einkünfte vorhanden. Somit führen Ausbildungskosten in vielen Fällen nur zu einer geringen oder zu gar keiner Steuerentlastung.

Ausgaben für eine Weiterbildung oder eine zusätzliche Ausbildung funktionieren grundsätzlich anders: Sie können als „vorweggenommene Werbungskosten" zu steuerlich anerkannten Verlusten führen. Solche Verluste müssen nicht zwingend mit Einkünften desselben Jahres ausgeglichen

Erst Tischler, dann Biologe

Nach einer ersten abgeschlossenen Berufsausbildung oder einem Studium können alle weiteren Ausbildungen zu Werbungskosten führen. Das gilt auch dann, wenn die weiteren Ausbildungen überhaupt nicht mit dem ersten Abschluss zusammenhängen oder darauf aufbauen.

werden. Sie lassen sich mit positiven Einkünften des Vorjahres oder in Folgejahren steuersparend verrechnen.

Wegen der unterschiedlichen steuerlichen Behandlung von Ausbildungs- und Fortbildungskosten und der sehr eingeschränkten Möglichkeiten, Kosten für eine Erstausbildung steuerlich zu berücksichtigen, gab es in den letzten Jahren eine Vielzahl von Gerichtsverfahren. Ende 2019 hat letztlich das Bundesverfassungsgericht abschließend geurteilt, dass die bestehende gesetzliche Unterscheidung verfassungsgemäß ist (Az. 2 BvL 22/14). Folglich bleibt es dabei, dass Kosten der Erstausbildung nur als Sonderausgaben zählen.

Welche Voraussetzungen eine Erstausbildung erfüllen muss, damit anschließend die Ausgaben für weitere Ausbildungen anerkannt werden, war ebenfalls Bestandteil verschiedener Gerichtsverfahren. So hat der Bundesfinanzhof etwa bei einer Stewardess, die sich zur Pilotin ausbilden ließ, die Kosten des Pilotenkurses als vorweggenommene Werbungskosten akzeptiert (Az. VI R 6/12). Jedoch gilt nicht jede beliebige Ausbildung als Erstausbildung. Der Begriff Erstausbildung ist mittlerweile gesetzlich definiert als mindestens zwölfmonatige Vollzeitausbildung mit mindestens 20 Wochenstunden. Die Ausbildung muss mit einer Prüfung oder einem anderen für die jeweilige Ausbildung üblichen Abschluss enden.

Ausbildungskosten sind ein weit gefasster Begriff. Dazu gehören etwa Fahrtkosten, Gebühren für Kurse und Prüfungen, Ausgaben für Fachbücher, Computer oder Laptop, Kopien und Schreibwaren. Auch Kosten für ein häusliches Arbeitszimmer können in bestimmten Fällen bis zu 6 000 Euro pro Jahr abzugsfähig sein.

Bei Ehepaaren und Lebenspartnern macht jeder Partner seine eigenen Ausbildungskosten geltend. Der Ehemann füllt **Zeile 13** aus, die Ehefrau **Zeile 14**, gleichgeschlechtliche Ehe- und Lebenspartner unterscheiden nach „Person A und B". Unter dem Strich kann damit ein Paar bis zu 12 000 Euro Ausbildungskosten absetzen. Es gibt aber keine Zusammenrechnung. Hatte etwa ein Partner 8 000 Euro Ausbildungskosten und der andere keine, berücksichtigt das Finanzamt nur den Höchstbetrag von 6 000 Euro pro Jahr für den, der die Kosten tatsächlich hatte.

Ausbildungskosten sind nur absetzbar, wenn eine Ausbildung auf beruflich verwendbare Kenntnisse und Fertigkeiten gerichtet ist. Andere Bildungsmaßnahmen, die nur dem Hobby oder der Allgemeinbildung dienen, beispielsweise für eine gängige Fremdsprache ohne beruflichen Bezug, bleiben ungefördert.

Zeile 15 bis 37: Gezahlte Versorgungsleistungen

In **Zeile 15 bis 37** geht es um Versorgungsleistungen – oft im Zusammenhang mit Vermögensübertragungen der Älteren an die Jüngeren der Familie. Für das Vermögen erhalten die Älteren zum Beispiel eine lebenslange Rente. Diese Zahlungen können in seltenen Fällen Arbeitnehmer und Beamte unter bestimmten Voraussetzungen als Sonderausgaben absetzen. Wenn Sie damit zu tun haben, sollten Sie möglichst einen Steuerprofi konsultieren, bevor solche Leistungen vereinbart und hier erstmals eingetragen werden. Voraussetzung ist auf jeden Fall, dass diejenigen, die die Leistungen absetzen wollen, immer den Namen und die Identifikationsnummer des Empfängers mit in die Anlage eintragen. Es ist möglich, Leistungen an zwei empfangsberechtigte Personen abzurechnen.

Zeile 38 bis 50: Zahlungen an den oder die Ex

Zeile 38 behandelt Unterhaltsleistungen, die an einen geschiedenen oder getrennt lebenden Ehegatten oder Lebenspartner geleistet wurden. Voraussetzung für die steuermindernde Berücksichtigung ist, dass der Unterhaltsempfänger auf der **Anlage U** zugestimmt hat, die Zahlungen als Einnahmen zu versteuern. Sie sind beim Zahler in dem Umfang als

Sonderausgaben abzugsfähig, wie sie beim Empfänger steuerpflichtig sind. In **Zeile 39** ist die Steueridentifikationsnummer der ersten unterstützten Person einzutragen.

Zusätzlich zum Höchstbetrag von 13 805 Euro Unterhalt können Sie von Ihnen übernommene Beiträge zur Basiskrankenversicherung und die Beiträge zur gesetzlichen Pflegeversicherung des Unterstützten als Sonderausgaben geltend machen. In **Zeile 40** muss der Teil der Unterhaltszahlung, der auf Beiträge zur Kranken- und Pflegeversicherung entfällt, nochmals separat aufgeführt werden. Krankenversicherungsbeiträge, die Anspruch auf Krankengeld auslösen, geben Sie in **Zeile 41** an.

Unterhaltsleistungen lt. Anlage U – ohne Kindesunterhalt – an den		
– geschiedenen Ehegatten, Lebenspartner einer aufgehobenen Lebenspartnerschaft		
– dauernd getrennt lebenden Ehegatten / Lebenspartner		
Angaben zur ersten unterstützten Person		tatsächlich gezahlt EUR
38	Name der ersten unterstützten Person CHRISTINA KÜHN	116 14 500,–
39	117 IdNr. der ersten unterstützten Person 1 2 5 8 9 2 2 2 4 2 5	
40	In Zeile 38 enthaltene Beiträge (abzgl. Erstattungen und Zuschüsse) zur Basis-Kranken- und gesetzlichen Pflegeversicherung	EUR 118 695,–
41	Davon entfallen auf Krankenversicherungsbeiträge mit Anspruch auf Krankengeld	119 0,–

Zeile 46 bis 48 behandelt Ausgleichszahlungen, die im Rahmen eines vertraglichen oder gerichtlich angeordneten Versorgungsausgleiches an einen geschiedenen Ehegatten oder Lebenspartner geleistet wurden. Sie werden vom Finanzamt in der Höhe als Sonderausgaben abgezogen, in der sie beim Empfänger steuerpflichtig sind. In **Zeile 49 und 50** gehören Zahlungen, die als Ausgleich erfolgt sind, um einen Versorgungsausgleich, also eine Kürzung der eigenen Altersbezüge, zu vermeiden. Für den Abzug ist die **Anlage U** erforderlich.

Anlage Außergewöhnliche Belastungen

Diese Anlage kann dieses Mal für viele Arbeitnehmer und Beamte besonders wichtig sein: Hinter den „außergewöhnlichen Belastungen" verbergen sich zahlreiche Sachverhalte. Es geht zum Beispiel um Ausgaben für Krankheit, Behinderung und Pflege und um die Unterstützung Bedürftiger. Hier hat es 2021 einige Gesetzesänderungen gegeben, von denen viele Steuerpflichtige profitieren können, etwa von erhöhten Behindertenpauschbeträgen und höheren Pflegepauschbeträgen (→ Seite 7).

Waren Sie von der Hochwasserkatastrophe im Sommer betroffen, ist diese Anlage für Sie ebenfalls besonders relevant, denn Sie dürfen die Ausgaben für das Wiederbeschaffen von existenziell nötigen Gegenständen wie Möbel, Hausrat, Kleidung und die Beseitigung von Schäden am Wohneigentum als außergewöhnliche Belastung geltend machen. Auch die Folgen von anderen außergewöhnlichen Umständen können Sie hier eventuell geltend machen, etwa Ausgaben für Gebäudeschäden durch Hausschwamm oder Feuer oder für die Abwehr einer Gesundheitsgefährdung durch ein mit Asbest verseuchtes Dach.

Eine Besonderheit rund um die außergewöhnlichen Belastungen gibt es aber zu beachten: Viele der Posten, die das Finanzamt hier berücksichtigt, bringen nicht vom ersten Euro an einen Steuervorteil, sondern erst, wenn die Ausgaben so hoch sind, dass sie nicht mehr als „zumutbar" gelten, sondern bereits „außergewöhnlich hoch" sind. Diese Grenze ermittelt das Finanzamt individuell für jeden Steuerpflichtigen anhand der Höhe seiner Jahreseinkünfte und familiären Situation (→ Tabelle Seite 250).

Zeile 4 bis 9: Behinderung und
Zeile 17 bis 18: Fahrtkostenpauschale bei Behinderung

Je nach Grad der Behinderung gewährt das Finanzamt seit Anfang 2021 einen pauschalen Freibetrag zwischen 384 und 7 400 Euro jährlich (→ Seite 249).

Diese Werte haben sich im Vergleich zum Vorjahr deutlich erhöht. Neu ist zudem, dass Ihnen bereits ab einem Grad der Behinderung von 20 Prozent der Freibetrag zusteht. In die **Zeilen 4 und 9** werden die Gültigkeitsdaten der entsprechenden Dokumente (zum Beispiel Bescheid des Versorgungsamts) eingetragen sowie rechts der Grad der Behinderung, der auf ihnen vermerkt ist. Legen Sie, wenn Sie den Behindertenpauschbetrag erstmals beantragen, eine Kopie des Dokuments bei.

Die kleinen Kästchen in den **Zeilen 5 bis 6** und **8 bis 9** sind, wenn die genannten gesundheitlichen Einschränkungen vorliegen, mit der Ziffer „1" auszufüllen. In **Zeile 5** setzten Sie eine „1", wenn Sie erheblich gehbehindert (Merkzeichen „G") oder außergewöhnlich gehbehindert (Merkzeichen „aG") sind. **In Zeile 6** geben Sie an, wenn Sie das Merkzeichen „Bl" (blind), „TBl" (taubblind) und/oder „H" für „ständig hilflos" in Ihrem Behindertenausweis stehen haben. Auch wenn Sie Pflegegrad 4 oder 5 haben, setzen Sie hier eine „1". Trifft eine der Angaben aus **Zeile 6** auf Sie zu, erhalten Sie den Höchstwert von 7 400 Euro im Jahr.

Behinderten-Pauschbetrag							
– bei erstmaliger Beantragung / Änderung bitte Nachweis einreichen –							
		Ausweis / (Renten-) Bescheid / Bescheinigung			unbefristet		Grad der
		gültig von		bis	gültig		Behinderung
4	stpfl. Person / Ehemann / Person A	100 0 4 1 8	101 M M J J		102 1 1 = Ja	105	7 0
5	Ich bin – erheblich gehbehindert (Merkzeichen „G") / außergewöhnlich gehbehindert (Merkzeichen „aG")		104 1 1 = Ja				
6	– blind / taubblind / ständig hilflos (Merkzeichen „Bl" / „TBl" und / oder „H"), schwerstpflegebedürftig (Pflegegrad 4 oder 5)		103 1 = Ja				

Anspruch prüfen

Viele Arbeitnehmer und Beamte mit erheblichen Gesundheitsproblemen wissen nicht, dass ihnen eigentlich ein Behindertenpauschbetrag zusteht. Sprechen Sie mit Ihrem behandelnden Arzt, ob ein Antrag auf einen Behindertenausweis Erfolgsaussichten hat.

Zusätzlich können Sie bei einem Grad der Behinderung ab 70 eine Fahrtkostenpauschale von 900 bis 4 500 Euro geltend machen. Diese Pauschale beantragen Sie in **Zeile 17 und 18**.

Behinderungsbedingte Fahrtkostenpauschale				
– bei erstmaliger Beantragung / Änderung bitte Nachweis einreichen – ⋅				
Ich beantrage die Berücksichtigung der behinderungsbedingten Fahrtkostenpauschale, da ich die nachfolgenden Voraussetzungen erfülle:		stpfl. Person / Ehemann / Person A		Ehefrau / Person B
17	Ich habe einen Grad der Behinderung von mindestens 80 oder einen Grad der Behinderung von mindestens 70 und Merkzeichen „G"	250 *1*	1 = Ja	251 1 = Ja
18	Ich bin außergewöhnlich gehbehindert / blind / taubblind / ständig hilflos (Merkzeichen „aG" / „Bl" / „TBl" und / oder „H", schwerstpflegebedürftig (Pflegegrad 4 oder 5)	252	1 = Ja	253 1 = Ja

Anstelle des Behindertenpauschbetrags können auch die tatsächlichen, nachgewiesenen Kosten der Behinderung geltend gemacht werden. Das passiert alles in **Zeile 33** beziehungsweise in ergänzenden Aufstellungen zu diesen Zeilen. Auch Ausgaben für andere Krankheitskosten, einen behindertengerechten Umbau eines Kfz oder einer Wohnung können zusätzlich zum Pauschbetrag absetzbar sein. Das gilt auch für bestimmte Kosten einer Begleitperson im Urlaub. Um behinderungsbedingte Steuervorteile auszuschöpfen, kann die Hilfe eines Steuerprofis zumindest beim erstmaligen Ausfüllen einer Steuererklärung zweckmäßig sein.

In der **Zeile 10** ist ein Pauschbetrag für Hinterbliebene zu beantragen. Er beläuft sich auf 370 Euro und steht Menschen zu, denen aufgrund ganz bestimmter gesetzlicher Regelungen Hinterbliebenenbezüge gewährt werden, zum Beispiel nach einem Dienstunfall eines Beamten.

Zeile 11 bis 16: Pflege zu Hause

Wer eine andere Person in seiner Wohnung oder in deren Wohnung unentgeltlich pflegt, kann den Pflegepauschbetrag von bis zu 1 800 Euro im Jahr erhalten. Dafür gilt aber eine Reihe von Voraussetzungen, denn vorgegeben ist unter anderem, dass die Pflege **persönlich** geleistet wird. Unterstützung durch einen ambulanten Pflegedienst ist allerdings möglich. Neuerdings reicht es für den Pflegepauschbetrag aus, wenn der Gepflegte **mindestens Pflegegrad 2** hat. Dann liegt der Freibetrag bei 600 Euro.

Bei Pflegegrad 4 oder 5 oder wenn er hilflos ist, gibt es den vollen Pauschbetrag von 1 800 Euro.

Den Pauschbetrag erhalten Menschen, die unterhaltsberechtigte Angehörige pflegen. Es gibt ihn aber auch, wenn andere Verwandte, Lebensgefährten, Freunde oder Nachbarn gepflegt werden. Dann muss der Pflegende darlegen können, dass er die Pflege aus tatsächlichen oder sittlichen Gründen übernehmen musste. Sind mehrere Menschen an der Pflege beteiligt, etwa Geschwister, die ihre Eltern pflegen, wird der Pauschbetrag nach Zahl der beteiligten Personen aufgeteilt.

Übrigens: Den Pflegepauschbetrag gibt es auch, wenn die gepflegte Person in einem Heim lebt und nur an den Wochenenden zu Hause gepflegt wird. Erhalten Sie für Ihre Unterstützung das Pflegegeld aus der gesetzlichen Pflegeversicherung, schließt das den Anspruch auf den Pflegepauschbetrag aus. Anders ist es, wenn Sie das Geld nur treuhänderisch verwalten und für die pflegebedürftige Person verwenden oder wenn das Pflegegeld für ein behindertes Kind gewährt wird.

In **Zeile 11** wird gefragt, wer der Pflegende ist, sie bietet mit den Ziffern „1", „2" oder „3" eine Auswahl an. In **Zeile 12** tragen Sie die Anzahl der weiteren pflegenden Personen ein, in den **Zeilen 13 bis 16** machen Sie Angaben zur gepflegten Person, zum Verwandtschaftsverhältnis und auch zum Pflegegrad.

Pflege-Pauschbetrag

– bei erstmaliger Beantragung / Änderung bitte Nachweis einreichen –

11	Die **unentgeltliche** persönliche Pflege einer pflegebedürftigen Person in ihrer oder in meiner Wohnung erfolgte durch	200	1	1 = stpfl. Person / Ehemann / Person A 2 = Ehefrau / Person B 3 = beide Ehegatten / Lebenspartner
12	Anzahl der weiteren an der Pflege beteiligten Personen	201	1
13	Name, Anschrift und Verwandtschaftsverhältnis der pflegebedürftigen Person ERIKA MUSTER, BUSCHWEG 15, 12345 BUSCHBACH,
14	MUTTER
15	Identifikationsnummer der pflegebedürftigen Person	202	1 2 1 2 3 4 5 6 7 8 9
16	Für die pflegebedürftige Person wurde folgender Pflegegrad / folgendes Merkzeichen festgestellt:	203	4	2 = Pflegegrad 2 3 = Pflegegrad 3 4 = Pflegegrad 4 oder 5 und / oder Merkzeichen „H"

Pflegekosten können auf unterschiedlichen Wegen geltend gemacht werden: als Pflegepauschbetrag (ab **Zeile 11**), als „allgemeine" außergewöhnliche Belastung (**Zeile 32**), als Steuerermäßigung über die Beschäftigung einer Hausangestellten als geringfügige (**Zeile 36**) oder voll sozialversicherungspflichtige Tätigkeit (**Zeile 37**) und über den Behindertenpauschbetrag. Wichtig ist, dass die entsprechenden Voraussetzungen gegeben sind.

Die unterscheiden sich aber erheblich. So kann etwa jemand, der einen Verwandten zu Hause oder in einem Heim pflegen lässt, seine Ausgaben in der Regel als allgemeine außergewöhnliche Belastung nur geltend machen, wenn er gegenüber der zu pflegenden Person unterhaltsverpflichtet ist und der Gepflegte die Kosten nicht allein tragen kann. Das wäre etwa dann der Fall, wenn ein Kind Pflegeheimkosten für die bedürftigen Eltern übernimmt. Demgegenüber ist die Nutzung des Pflegepauschbetrags oder einer Steuerermäßigung für Pflegeleistungen im Haushalt nicht an diese Voraussetzungen gebunden. Kombinationen sind ebenfalls möglich. So lässt sich für den Teil der Pflegekosten, der wegen der „zumutbaren Belastung" nicht als außergewöhnliche Belastung absetzbar ist, eine Steuerermäßigung als Pflegeleistung im Haushalt beantragen (**Zeile 37**). Auch kann jemand, der Pflegeleistungen im Haushalt als haushaltsnahe Dienstleistung absetzt, neben dem Höchstbetrag von 20 000 Euro weitere Pflegekosten als außergewöhnliche Belastungen geltend machen.

Was im Einzelfall möglich und was steuerlich günstiger ist, sollte mit einem Steuerprofi besprochen werden. Grundsätzlich ist ein Abzug als außergewöhnliche Belastung günstiger, wenn der Grenzsteuersatz mehr als 20 Prozent beträgt. Alleinstehende erreichen diesen Steuersatz bereits bei einem zu versteuernden Einkommen von rund 12 500 Euro (➜ Seite 261).

Zeile 31 bis 38: Krankheit, Todesfall und andere Katastrophen

Hier tragen Sie – auch ohne Vorliegen einer Behinderung – Posten ein, die das Steuerrecht unter „außergewöhnlichen Belastungen allgemeiner Art" versteht. Hier findet sich so ziemlich alles von Krankheitskosten im weitesten Sinn über Grundwasserschäden bis zum Verlust von Hausrat durch Naturkatastrophen oder Diebstahl. Damit das Ganze nicht ausufert, muss jeder, der eine solche „allgemeine" Belastung absetzen will, einen Teil davon selbst schultern. Der nennt sich „zumutbare Belastung" und beläuft sich je nach Familienstand, Anzahl der zu berücksichtigenden Kinder und Höhe der Einkünfte auf 1 bis 7 Prozent der Einkünfte (→ Seite 250).

Krankheitskosten sind die außergewöhnlichen Belastungen, die Arbeitnehmer und Beamte am häufigsten geltend machen. Dazu gehören die Kosten für alle vom Arzt oder Heilpraktiker verordneten Medikamente, Heilbehandlungen und Hilfsmittel, aber nur der Anteil, der selbst bezahlt wurde. Auch dabei gibt es immer wieder umstrittene Positionen. Grundsätzlich sollten Sie alle Belege sammeln, die etwas mit Kosten für Krankheit und Gesundheit zu tun haben, zum Beispiel Zuzahlungen bei Arzt, Zahnarzt, Masseur und Apotheke, Zahlungen für Heilbehandlungen und Medikamente, die zwar verordnet, aber von der Kasse nicht getragen wurden, zum Beispiel homöopathische Mittel. Ausgaben für Brillen, Einlagen oder Rollstühle gehören dazu ebenso wie die Fahrtkosten zum Arzt und bestimmte Kurkosten. Eine ausführliche Übersicht finden Sie im Infokasten Seite 128.

Andere Aufwendungen			Anspruch auf zu erwartende / Erhaltene Versicherungsleistungen, Beihilfen, Unterstützungen; Wert des Nachlasses usw.	
Krankheitskosten (z. B. Arznei-, Heil- und Hilfsmittel, Kurkosten)		Summe der Aufwendungen EUR		EUR
Art der Aufwendungen ZAHNARZTKOSTEN UND WEITERE	302	3 1 9 6 ,—	303	3 9 6 ,—

Ausgaben für einen krankheits- oder pflegebedingten Heimaufenthalt können wie Krankheitskosten als außergewöhnliche Belastung geltend gemacht werden, auch Zahlungen für dort untergebrachte Verwandte, die unterhaltsberechtigt sind.

Ausgaben für medizinische Versorgung
Krankheitskosten von A bis Z

Als außergewöhnliche Belastung gelten Krankheitskosten aller Art, wenn sie auf der Grundlage von Verordnungen des Arztes oder Heilpraktikers entstanden sind. Für das Finanzamt zählen nur Ausgaben, die Sie selbst getragen haben.

▸ Arzneimittel, inklusive Zuzahlungen und Rezeptgebühren.

▸ Behandlungskosten bei Ärzten, Zahnärzten, Heilpraktikern, Physiotherapeuten, medizinischen Fußpflegern oder Logopäden. Ausgaben für bestimmte alternative Therapien (wie eine Ayurveda-Behandlung) sind nur bei nachgewiesener medizinischer Notwendigkeit absetzbar.

▸ Fahrtkosten zum Arzt, ins Krankenhaus, zu Heilbehandlungen oder Selbsthilfegruppen sind wie Reisekosten absetzbar (→ Seite 91). Pkw-Fahrten akzeptiert das Amt in der Regel nur, wenn die Nutzung öffentlicher Verkehrsmittel nicht möglich oder nicht zumutbar war. Besuchsfahrten zum Ehegatten oder zu Kindern ins Krankenhaus (oder in die Reha-Klinik) können Sie geltend machen, wenn der Besuch laut ärztlicher Bescheinigung notwendig war, also „den Heilungsprozess gefördert" hat.

▸ Heil- und Hilfsmittel sind u. a. Brillen, Kontaktlinsen, Hörgeräte, Schuheinlagen, orthopädische Schuhe oder Rollstühle.

▸ Kurkosten sind absetzbar, wenn die Kur notwendig war. Der Nachweis erfolgt durch ein amtsärztliches Zeugnis oder durch den Bewilligungsbescheid der Krankenkasse, die vor Beginn der Maßnahme ausgestellt sein müssen. Abzugsfähig sind zum Beispiel selbst gezahlte Fahrt-, Übernachtungs- und Behandlungskosten sowie 80 Prozent der Verpflegungskosten.

▸ Zahnersatz, etwa Kronen, Brücken, Zahnimplantate.

▸ Zuzahlungen von zum Beispiel 10 Euro pro Tag bei stationärem Aufenthalt in Krankenhäusern und Reha-Kliniken.

Gelingt es, im Laufe des Jahres die Ausgaben für die medizinische Versorgung einigermaßen zu bündeln, kann das einen deutlichen Steuervorteil bringen:

→ Zum Beispiel Familie F.

Franziska und Frank F. sind beide Arbeitnehmer, ihre Kinder Fanny und Falk gehen noch zur Schule. Zusammen kommen sie auf Einkünfte von 50 000 Euro. Krankheitskosten fielen reichlich an. Frank musste beim Zahnarzt 1 700 Euro zuzahlen und Franziska bei ihrer Kur 500 Euro. Hinzu kamen einige Kleinigkeiten, die sich auf 800 Euro summierten: Zuzahlungen für Medikamente, eine Rechnung vom Heilpraktiker, eine neue Gleitsichtsonnenbrille für die blendempfindliche Franziska, ärztliche Atteste und Fahrtkosten zum Arzt. Insgesamt zahlte Familie F. somit 3 000 Euro Krankheitskosten aus eigener Tasche. Die zumutbare Belastung berechnet das Finanzamt mit 1346 Euro (→ Berechnung Seite 250). Damit kann Familie F. 1654 Euro Krankheitskosten als außergewöhnliche Belastung geltend machen (3 000 minus 1346). Hätte Frank seine teure Zahnreparatur auf nächstes Jahr verschoben, hätte Familie F. in diesem Jahr gar keine Krankheitskosten absetzen können, denn sie wäre innerhalb der zumutbaren Belastung von 1346 Euro geblieben. Ob und wie sich die Zahnarztkosten im Folgejahr auswirken, ist ungewiss. Deshalb: Ohne ein Vorverlegen der Zahnbehandlung wären 1654 Euro Abzugsbetrag unter den Tisch gefallen.

Wenn Hausrat oder Kleidung durch Feuer, Unwetter, Hochwasser oder Diebstahl verloren gegangen sind, können Ausgaben für die Wiederbeschaffung eine außergewöhnliche Belastung sein. Da prüft das Finanzamt aber sehr genau. Stellt sich beispielsweise heraus, dass keine Hausratversicherung abgeschlossen wurde, hält der Fiskus seine Taschen zu. Auch wenn ein Biber am Haus Schäden verursacht, zählen die Kosten nicht.

Schadstoffe in Haus oder Wohnung können dagegen zu einer außergewöhnlichen Belastung führen. Wenn etwa Asbest, Formaldehyd oder

giftige Holzschutzmittel zu beseitigen sind, berücksichtigt das Finanzamt die anfallenden Kosten. Die Anforderungen dafür sind jedoch hoch: Ein Arzt muss in der Regel den Zusammenhang zwischen der Schadstoffbelastung und den gesundheitlichen Folgen attestieren; außerdem will das Finanzamt die Gutachten über die konkrete Gesundheitsgefährdung sehen.

Unter bestimmten Voraussetzungen akzeptiert das Finanzamt auch Beerdigungskosten (**Zeile 34**) als außergewöhnliche Belastung, wenn sie ein Verwandter oder eine dem Toten nahestehende Person übernommen hat, 7 500 Euro nicht übersteigen und nicht aus dem Nachlass bezahlt werden können.

Zeile 36 bis 38 füllen Sie nur aus, wenn in Zeile 36 Aufwendungen enthalten sind, für die es grundsätzlich auch eine Steuerermäßigung als Pflege- oder Handwerkerleistung geben kann (→ Seite 131). Das betrifft zum Beispiel Pflegeleistungen, die im Rahmen eines Minijobs erbracht wurden, andere haushaltsnahe Pflegeleistungen und Arbeitskosten für Handwerkerleistungen, etwa für behinderungsbedingte Umbauten. Sie hatten beispielsweise Kosten für einen Pflegedienst von 4 000 Euro im Jahr. Diesen Betrag haben Sie in **Zeile 32** bereits eingetragen. Wegen der zumutbaren Belastung konnten Sie 1 500 Euro von diesen 4 000 Euro nicht absetzen. Wenn Sie die 4 000 Euro auch in **Zeile 37** eintragen, kann es für den nicht absetzbaren Betrag eine Steuerermäßigung für haushaltsnahe Dienstleistungen geben.

Anlage Haushaltsnahe Aufwendungen: 20 Prozent Steuerbonus

Viele Berufstätige lassen sich bei Arbeiten an Haus, Hof oder Wohnung helfen. Unter bestimmten Voraussetzungen können sie die Kosten in dieser Anlage eintragen und verringern ihre Steuerlast.

Zeile 4 bis 15: Rund um den Haushalt

Wer eine Haushaltshilfe einstellt, kann damit Steuern sparen. Die Hilfskraft muss aber typische Hausarbeiten erledigen, zum Beispiel einkaufen, putzen, waschen, kochen, Familienangehörige betreuen oder den Garten pflegen. Arbeitet die Haushaltshilfe in einem Minijob, gehören die Angaben in **Zeile 4**. Die Verdienstgrenze liegt bei 450 Euro im Monat, zudem gilt Rentenversicherungspflicht. Davon können sich Minijobber aber auf eigenen Antrag bei ihrem Arbeitgeber befreien lassen (→ ab Seite 226). Die Formulare und weitere Informationen gibt es bei der Minijobzentrale (telefonisch 03 55/2 90 27 07 99 oder im Internet: minijob-zentrale.de).

Die Angaben für **Zeile 4** können Sie der Bescheinigung der Minijobzentrale entnehmen, die die Sozialabgaben und Steuern pauschal eingezogen und abgeführt hat. Hierher gehört auch eine kurze Tätigkeitsbeschreibung, etwa „Reinigungsarbeiten". Von den Lohnkosten verringern 20 Prozent die Steuerschuld, maximal 510 Euro im Jahr.

→ Zum Beispiel das Ehepaar U.

Ulrike und Ulrich U. sind beide berufstätig. Sie haben Vera V. als Haushaltshilfe in einem Minijob eingestellt. Als Arbeitgeber rechnen sie mit der Minijobzentrale ab, 20 Prozent ihrer Ausgaben für Vera V., maximal 510 Euro, verringern direkt ihre Steuerschuld. Die Ausgaben bestehen aus dem Arbeitslohn und pauschalen Abgaben von insgesamt 14,99 Prozent (einschließlich 2 Prozent Steuern).

Lohn für Vera V. (12 × 450)	5 400
plus Pauschalabgabe (14,99 % von 5 400)	+ 810
Lohnkosten des Ehepaars U.	6 210
Steuererstattung (20 % von 6 210, maximal 510, alle Angaben in Euro)	**510**

Für andere haushaltsnahe Dienstleistungen akzeptiert das Finanzamt Ausgaben bis jährlich 20 000 Euro. Die Ausgaben gehören alle in **Zeile 5**. Förderfähig sind einfache Arbeiten, zum Beispiel Gartenarbeiten, Putzen, Kochen, Kinder- und Seniorenbetreuung.

Das Finanzamt zieht 20 Prozent der Arbeitskosten (von bis zu 20 000 Euro) unmittelbar von der Steuerschuld ab. Das ergibt bis zu 4 000 Euro Steuererstattung im Jahr. Ob sich der eigene Haushalt in einer gemieteten Wohnung oder in einem Eigenheim befindet, ist dabei egal. Auch die Pflege und Betreuung von Personen im Haushalt werden von dieser Zeile erfasst. Sie können die Ausgaben geltend machen unabhängig davon, ob die betreute Person einen Pflegegrad hat oder nicht. Lebt die Person im Heim, sind die einer Hilfe im Haushalt vergleichbaren Dienstleistungen absetzbar. Allerdings kann dann nur derjenige, der im Heim lebt, eine Steuerermäßigung auf diese Kosten erhalten.

Angaben zur versicherungspflichtigen Beschäftigung einer Haushaltshilfe mit mehr als 450 Euro Monatslohn gehören ebenfalls hierher. Auch dafür kann es eine Steuererstattung von maximal 4 000 Euro im Jahr geben. Das Arbeitsverhältnis muss aber wie jeder andere versicherungspflichtige Job angemeldet und abgerechnet werden. Wer das alles richtig machen will, sollte besser einen Steuerprofi zurate ziehen, wenigstens im ersten Jahr der Beschäftigung. Die Lohnunterlagen müssen dem Finanzamt auf Anforderung vorgelegt werden können. Arbeitsverhältnisse mit Bekannten und Verwandten sind ebenfalls förderfähig. Die Helfer dürfen aber nicht zum eigenen Haushalt gehören. Wird der Ehe-/Lebenspartner als Haushaltshilfe beschäftigt, spielt das Finanzamt nicht mit.

Haushalte, die niemanden einstellen, sondern eine Firma engagieren, können ebenfalls steuerlich geförderte Hilfe im Haushalt nutzen. Das können zum Beispiel Fensterputzer, Gärtner oder Betreuungs- und Pflegedienste sein. Übrigens können in diesem Rahmen auch Speditionskosten eines privaten Umzugs und Entrümpelungsaktionen gefördert werden. Außerdem akzeptiert das Finanzamt die häusliche Betreuung von Haustieren als haushaltsnahe Dienstleistungen. Das gilt selbst für das „Gassiführen" von Hunden, wenn es zusätzlich zur Betreuung im Haushalt erfolgt. Eine umfangreiche Übersicht der Tätigkeiten, die das Finanzamt anerkennt, zeigt der Info-Kasten auf Seite 134.

Kinderbetreuungskosten können an dieser Stelle ebenfalls eine Rolle spielen. Sie sind allerdings vorrangig als Sonderausgaben auf der **Anlage Kind** zu berücksichtigen (→ Seite 141). Ausgaben für ein Au-Pair sind aber in der Regel je zur Hälfte auf Haushaltshilfe und Kinderbetreuung aufzuteilen.

Neben den Dienstleistungen werden Handwerkerleistungen gefördert (**Zeilen 6 bis 9**). Eigentümer und Mieter können mit Reparaturen und Modernisierungen ihre Steuerschuld senken, wenn sie dafür etwa Maler oder Elektriker engagieren. Das Finanzamt akzeptiert bis zu 6 000 Euro Handwerkerkosten im Jahr. 20 Prozent davon, also bis zu 1 200 Euro, drücken die Steuerschuld. Weil Material nicht berücksichtigt wird, müssen sowohl der Gesamtrechnungsbetrag als auch die enthaltenen Lohn-, Maschinen- und Fahrtkosten (rechte Spalte) eingetragen werden.

Gefördert werden Ihre Ausgaben für Reparaturen sowie Modernisierungsarbeiten an und in vorhandenen Gebäuden. Aber auch Dachausbauten und Anbauten wie Wintergärten können förderfähig sein. Voraussetzung ist, dass keine komplett neue Wohnung entsteht. Es zählen sowohl Arbeiten auf dem Grundstück als auch Grundstücksanschlüsse unmittelbar hinter der Grundstücksgrenze.

Beachten Sie aber: Die Steuerermäßigung ist auf jeden Fall komplett ausgeschlossen, wenn Ihre Aufwendungen durch zinsverbilligte Darlehen oder steuerfreie Zuschüsse öffentlich gefördert werden, etwa durch ein vergünstigtes Darlehen der KfW-Bank.

Zu den begünstigten Arbeiten gehören auch die Wartung und Reparatur technischer Geräte, etwa Waschmaschinen oder Kochherde, wenn die Arbeiten im Haushalt erfolgen.

Abzug von der fälligen Steuer: Geförderte haushaltsnahe Leistungen

Mit dem Schreiben vom 9. November 2016 hat das Bundesfinanzministerium Dienstleistungen rund um den Haushalt geregelt (IV C 8 – S 2296-b/07/10003 :008). Dort findet sich eine Liste mit Beispielen. Es ist aber keine abschließende Aufzählung. Voraussetzung ist stets, dass eine Rechnung vorliegt und die Bezahlung nicht bar erfolgt.

Haushaltsnahe Dienst- und Pflegeleistungen

- Kochen, waschen, Wohnung reinigen, Fenster putzen, bügeln, nähen (auch im Heim oder Wohnstift)
- Wohnungs-, Fenster-, Treppen- und Hausreinigung
- Teppichreinigung vor Ort in der Wohnung
- Straßen- und Hofreinigung auf privatem Grundstück
- Laub entfernen
- Winterdienst
- Leistungen von Hausmeister, Hauswart
- Friseur, Kosmetik, Hand- und Fußpflege, wenn sie pflegebedingt erfolgen und zum Leistungsumfang der Pflegeversicherung gehören
- Betreuung von Kindern im Haushalt der Eltern, etwa durch Tagesmutter, Babysitter, Au-pair, wenn ein Abzug als Kinderbetreuungskosten (→ Seite 155) nicht möglich ist
- Einkaufen, kleine Botengänge
- Briefkasten leeren, Blumen gießen
- Seniorenbetreuung einschließlich Begleitung bei Ausflügen, beim Einkaufen oder Arztbesuch, wenn diese zusätzlich zur Betreuung und Hilfe im Haushalt erfolgt
- Leistungen von Notfalldiensten, Notbereitschaften
- Private Umzugsdienstleistungen, etwa Speditionskosten
- Versorgung von kranken und alten Menschen, zum Beispiel durch ambulante Pflegedienste
- Wachdienste
- Pflege- und Betreuungsleistungen, Reinigung, Gartenpflege
- Tierbetreuung (auch Gassiführen von Hunden, wenn das zusätzlich zur Betreuung im Haushalt erfolgt)
- Handwerkerleistungen

- Begünstigt sind grundsätzlich alle Arbeiten in der Wohnung sowie auf dem Grundstück, jedoch nur die Arbeitsleistung einschließlich Maschinen- und Fahrtkosten, jedoch ohne Material.
- Arbeiten am Dach, an Fassaden, Garagen, Carport, Terrassenüberdachung, Innen- und Außenwänden, Aufstellen eines Baugerüstes, Dachgeschoss- und Kellerausbau. Es darf allerdings keine vollständig neue Wohnung entstehen.
- Austausch oder Modernisierung von Einbauküchen, Fenstern, Türen oder Bodenbelägen, etwa Textilbelag, Parkett, Fliesen
- Modernisierung des Badezimmers, Montageleistungen für neue Möbel
- Schönheitsreparaturen wie Streichen, Lackieren und Tapezieren von Innenwänden, Fenstern, Türen, Heizkörpern und Heizungsrohren, Wandschränken
- Garten-, Wegebau- und Pflanzarbeiten auf dem Grundstück
- Schornsteinfegerarbeiten, einschließlich Feuerstättenschau, Kehr-, Reparatur-, Wartungs-, Prüf- und Messarbeiten
- Reparatur, Wartung oder Austausch von Heizungs-, Elektro-, Strom-, Wasser- und Gasanlagen
- Graffitibeseitigung
- Entsorgung, zum Beispiel von Bauschutt, Fliesenabfuhr nach Neuverfliesung, Grünschnittabfuhr bei Gartenpflege
- Beseitigung von Hausschwamm, Ungeziefer- und Schädlingsbekämpfung
- Einbau von Insektengittern
- Wartung und Reparatur von Haushaltsgeräten, zum Beispiel Waschmaschine, Trockner, Kühlschrank, Fernseher, Computer zu Hause
- Wartung und Reparatur des Müllschluckers, Müllschränke aufstellen
- Taubenabwehr, Kellerschachtabdeckungen
- Klavierstimmer
- Arbeiten an Hausanschlüssen für Strom, Wasser, Gas, Fernsehen, Internet sowie deren Wartung und Reparatur

Sparen mit Nebenkostenabrechnung

Angehörige von Eigentümergemeinschaften und Mieter dürfen ihre anteiligen Kosten etwa für Treppenreinigung oder Gartenarbeit als haushaltsnahe Dienstleistung absetzen. Sie stehen in der Nebenkostenabrechnung des Verwalters/Vermieters.

Förderfähig sind **nur** die Arbeitskosten. Dazu gehört ebenfalls alles, was nicht unter Material fällt, auch die **Anfahrtskosten** und die Umsatzsteuer auf die Arbeitskosten. Material- und Arbeitskosten müssen auf der Rechnung voneinander getrennt nachgewiesen werden können. Eine umfassende Tabelle zu den geförderten Tätigkeiten finden Sie auf der Homepage des BMF unter bundesfinanzministerium.de.

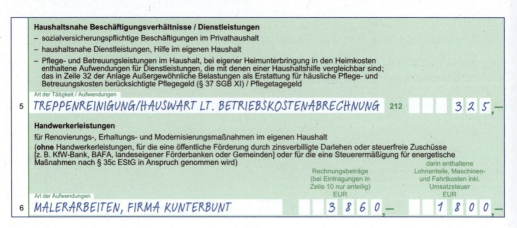

→ Zum Beispiel das Ehepaar I.

Ina und Ingo I. sind beide Beamte und wohnen in einer Mietwohnung. Ina hat in diesem Jahr für 550 Euro Personalkosten einen Fensterputzer engagiert. Der Vermieter stellte den beiden für Treppenreinigung, Gartenpflege und Hauswart in seiner Betriebskostenabrechnung 200 Euro Personalkosten in Rechnung. Der Maler bekam für seine durchgeführten Renovierungsarbeiten 3 000 Euro, und die Waschmaschinenreparatur kostete 400 Euro. Das brachte 610 Euro Steuererstattung vom Finanzamt.

Fensterputzer	**550**
Anteil an Personalkosten für Treppenreinigung, Gartenpflege und Hauswart (laut Betriebskostenabrechnung)	+ 200
haushaltsnahe Dienstleistungen insgesamt	750
Steuererstattung (20 Prozent von 750)	**150**
Maler (3 000 minus 1 000 Materialkosten)	2 000
Waschmaschinenreparatur (400 minus 100 Materialkosten)	+ 300
Handwerkerleistungen insgesamt	2 300
Steuererstattung (20 Prozent von 2 300)	460
Steuererstattung insgesamt (150 plus 460, alle Angaben in Euro)	**610**

Zum Nachweis haushaltsnaher Dienst- und Handwerkerleistungen brauchen Sie zwei Belege: die Rechnung des Dienstleisters und Ihren Überweisungsbeleg (Kontoauszug). Die Nachweise müssen der Steuererklärung nicht mehr beigefügt werden, aber auf Verlangen vorzeigbar sein.

Alleinstehende, die das gesamte Jahr mit einem oder mehreren anderen Alleinstehenden im gemeinsamen Haushalt lebten, tragen in **Zeile 10** die Anzahl dieser anderen Personen und in **Zeile 11** die persönlichen Daten der ersten Person ein. Die Angaben zu weiteren Personen machen Sie auf einem Extrablatt. Der Grund für diese Abfrage ist, dass die Höchstbeträge für die Steuerermäßigung pro Haushalt gelten und nicht für jede Person.

Zusammenlebende Alleinstehende sowie Ehe- und Lebenspartner, die keine gemeinsame Steuererklärung abgeben, können jedoch die Höchstbeträge für haushaltsnahe Dienst- und Handwerkerleistungen, die sie in den **Zeilen 4 bis 9** eingetragen haben, unter sich aufteilen. Die **Zeilen 12 bis 14** ermöglichen eine genaue Zuordnung. Der Höchstbetrag für Minijobs aus **Zeile 4** kann in **Zeile 12** aufgeteilt werden, der für andere haushaltsnahe Dienstleistungen laut **Zeile 5** in **Zeile 13**. Den Höchstbetrag für Handwerkerleistungen in **Zeile 9** können sich die Partner in **Zeile 14** zuordnen. Die Aufteilung geschieht per gemeinsamem Antrag, den Sie der Steuererklärung beifügen müssen. Wenn Sie nichts eintragen, teilt das Finanzamt hälftig auf zwei Personen auf. Die Aufteilung der Höchstbeträge in **Zeile 12 bis 14** gilt auch für Eintragungen auf Steuerermäßigung in den **Zeilen 31 bis 33** der **Anlage Energetische Maßnahmen** (→ Seite 139).

 Energie sparen

Für bestimmte Baukosten zur Energieeinsparung können Sie in der Anlage Energetische Maßnahmen (→ Seite 139) einen Steuerbonus geltend machen. In dem Fall werden auch die Ausgaben für Material steuerlich gefördert.

Zeile 15 betrifft nur Ehepaare und Lebenspartner, die 2021 einen gemeinsamen Haushalt gründeten oder diesen auflösten. In diesem Fall kann jeder Partner die vollen Höchstbeträge geltend machen.

Anlage Energetische Maßnahmen: Bis zu 40 000 Euro Steuerersparnis

Neue Rollläden, eine moderne Heizungsanlage oder eine bessere Dämmung von Dach oder Fassade: Für Baumaßnahmen, die zur Energieeinsparung beitragen, sind seit 2021 bis zu 40 000 Euro Steuerermäßigung möglich. Weil Sie dadurch weniger Steuern zahlen und so eventuell auch Solidaritätszuschlag und Kirchensteuer sparen, ist ein großer Vorteil drin.

Im Unterschied zum Steuerbonus auf Handwerkerleistungen werden bei diesen Maßnahmen zur Energieeinsparung nicht nur die Arbeitsleistung, sondern auch Baumaterial und Energieberatung gefördert. Wegen der Höhe wird die Steuerermäßigung auf drei Jahre verteilt. Die ersten beiden Jahre beträgt die Steuerermäßigung jeweils 7 Prozent der Baukosten und im dritten Jahr noch einmal 6 Prozent. Insgesamt sind das 20 Prozent Einkommensteuererstattung.

Jedoch ist die Steuerermäßigung an strenge Auflagen geknüpft. Das Gebäude muss älter als 10 Jahre sein und die Baumaßnahme von anerkannten Fachunternehmen unter Beachtung von energetischen Mindestanforderungen ausgeführt werden. Für diese gilt eine **Energetische Sanierungsmaßnahmen-Verordnung**. Der Nachweis erfolgt über eine Bescheinigung des Fachunternehmens nach amtlichem Muster, die mit der Einkommensteuererklärung einzureichen ist. Die geförderten Baumaßnahmen durften frühestens 2020 beginnen.

Haben Sie Ausgaben bereits im Jahr 2020 anteilig abgerechnet, müssen Sie auch in den Folgejahren die Anlage Energetische Maßnahmen einreichen. In der aktuellen Steuererklärung 2021 können nur die Baumaßnahmen eingetragen werden, die bereits abgeschlossen sind. Wenn die energetische Sanierung beispielsweise bis Frühjahr 2022 dauert, werden die gesamten Baukosten aus 2021 und 2022 über die Steuererklärungen der Jahre 2022, 2023 und 2024 abgeschrieben.

Steuervorteil und andere Förderung nicht parallel
Wer den Steuerbonus nutzen will, darf für die Baumaßnahme keine weitere Förderung aus öffentlichen Mitteln erhalten. Staatliche Zuschüsse oder begünstigte Darlehen der KfW-Bank schließen die Steuerförderung vollständig aus – unabhängig von ihrer Höhe. Klären Sie am besten vor Beginn der jeweiligen Maßnahme, welche Förderung sich am ehesten für Sie lohnt. Mehr Informationen zu Fördermaßnahmen erhalten Sie zum Beispiel im Internet auf kfw.de.

Zeile 4 bis 8: Angaben zum Bauobjekt

In **Zeile 4 und 5** sind die Adresse des Bauobjekts und das Jahr des ursprünglichen Baubeginns des Gebäudes einzutragen. Gefragt ist hier nicht nach dem Beginn der energetischen Sanierung! In **Zeile 6** kommt das Einheitswertaktenzeichen und in **Zeile 7** die Angaben zur Wohnfläche und zur Nutzung. Der Steuerbonus wird nur für die selbst genutzte Wohnfläche gewährt. Werden Wohnungen vermietet oder unentgeltlich beispielsweise an die Eltern überlassen, gilt die Steuerermäßigung für die darauf entfallenden Baukosten nicht. Bei Vermietung gehört der Kostenanteil in die **Anlage V**. Ohne Nachteil für den Steuerbonus bleibt jedoch, wenn nur einzelne Zimmer der selbst genutzten Wohnung etwa von der Tante kostenfrei genutzt werden. In **Zeile 8** geben Sie an, ob Sie für die Immobilie schon 2020 eine Steuerermäßigung für energieeinsparende Maßnahmen in Anspruch genommen haben.

Zeile 9 bis 36: Geförderte Baumaßnahmen & Weitere Angaben

Haben Sie für energieeinsparende Maßnahmen eine andere Förderung, etwa ein KfW-Darlehen, in Anspruch genommen, setzen Sie in **Zeile 9** eine „1". Wenn nicht, können Sie ab **Zeile 10** zum Beispiel die Ausgaben für die Wärmedämmung abrechnen. Anerkannt ist außerdem der Einbau neuer

Außentüren und Fenster oder von Lüftungsanlagen. Auch Ihre Ausgaben für den Ersatz oder erstmaligen Einbau eines sommerlichen Wärmeschutzes, etwa in Form von Rollläden und Markisen, geben Sie an.

Die Beratung und Baubetreuung durch einen Energieberater ist ebenfalls abzurechnen. Die Kosten für den Energieberater werden jedoch nicht auf drei Jahre verteilt, sondern zur Hälfte im Jahr der Zahlung, frühestens jedoch im Jahr des Abschlusses der Maßnahmen, berücksichtigt.

Die Kosten werden in **Zeile 10 bis 22** eingetragen. Für Brennwertheizungskessel ist ein weiterer Nachweis erforderlich und in **Zeile 23 und 24** einzutragen. Machen Sie bestimmte Baukosten in der **Anlage Außergewöhnliche Belastung** geltend, stehen diese Beträge in **Zeile 31 und 32** – etwa wenn die energetische Sanierung mit einem behindertengerechten Umbau verbunden wird. In **Zeile 33** geben Sie an, welche Aufwendungen für energetische Maßnahmen im Jahr 2020 anerkannt wurden. **Zeile 34 bis 36** füllen Sie aus, wenn das Gebäude mehrere Eigentümer hat.

Anlage Kind: Für Eltern

Viele Arbeitnehmer mit Kindern erhalten Kindergeld, und damit ist für sie die Kinderförderung fast erledigt. Ab einem Einkommen von mehr als 40 870/77 510 Euro (alleinstehend beziehungsweise verheiratet/verpartnert) wirkt sich beim ersten Kind allerdings der Kinderfreibetrag entlastender aus als das Kindergeld. Diese Einkommensgrenze ist 2021 wie auch schon 2020 höher als in früheren Jahren, weil zum Kindergeld erneut ein Corona-Familienzuschlag gezahlt wurde, der hier mit zu berücksichtigen ist. In diesem Jahr waren es anders als 2020 allerdings 150 Euro und nicht 300 Euro für jedes Kind.

Kinderbetreuungskosten und weitere kindbedingte Vorteile helfen auch Eltern mit wenig Einkommen, per **Anlage Kind** Steuern zu sparen.

So kann der Freibetrag für Berufsausbildung mit auswärtiger Unterbringung eines volljährigen Kindes geltend gemacht werden, ebenso der Abzug von Schulgeld als Sonderausgabe. Die Anlage Kind ist zudem für die Übertragung von Kinderfreibeträgen, Behinderten- und Hinterbliebenen-Pauschbeträgen wichtig.

Zeile 1 bis 15: Grunddaten

In die ersten drei Zeilen gehören die Angaben des Elternteils, der die Kinderförderung beantragt. Weil für jedes Kind eine eigene Anlage Kind erforderlich ist, kommt bei mehreren Kindern rechts in **Zeile 3** eine laufende Nummer der Anlage. Geht es nur um ein Kind, ist dort nichts einzutragen oder „01". In **Zeile 4** gehört die Steueridentifikationsnummer des Kindes, nicht die des Antragstellers.

Im rechten Feld der **Zeile 6** wird es etwas unübersichtlich. Hier will das Amt den „Kindergeldanspruch" sehen. Der richtet sich zunächst nach der Kinderzahl. 2021 gibt es für das erste und zweite Kind 219 Euro im Monat, für das dritte Kind 225 Euro und für jedes weitere Kind 250 Euro. Dazu kommt der Corona-Familienzuschlag von 150 Euro. Wohnt beispielsweise das einzige zwölfjährige Kind eines Ehepaars ganzjährig im gemeinsamen Haushalt der Eltern, kommt hierher „2 778" (12 Monate mal 219 Euro Kindergeld plus einmalig 150 Euro).

Geht es aber nicht um ein Einzelkind, sondern beispielsweise um das dritte Kind der Familie, trägt ein Ehepaar hier „2 850" ein (12 Monate mal 225 plus 150 Euro). Wurde das zweite Kind eines Ehepaars beispielsweise am 5. Juli geboren, steht hier „1 464" (6 Monate mal 219 plus 150 Euro), weil der Kindergeldanspruch nur für die sechs Monate von Juli bis Dezember bestand.

Noch etwas unübersichtlicher ist es für getrennt lebende oder geschiedene Eltern. Lebt beispielsweise das (einzige) Kind ganzjährig bei der Mutter, die auch das komplette Kindergeld von 219 Euro im Monat bekommt, und der Vater zahlt regulär Unterhalt, steht beiden Elternteilen jeweils das halbe Kindergeld zu. Jeder schreibt 1 389 Euro in seine jeweilige Anlage Kind, auch der Vater (6 mal 219 + einmalig 75 Euro Corona-Zuschlag).

Angaben zum Kind

| Identifikationsnummer | 01 | 0 8 1 5 4 7 1 1 8 5 1 | 3 |

Vorname: **FANNY**

ggf. abweichender Familienname

| Geburtsdatum | 16 | 0 1 0 6 1 9 9 9 |

Anspruch auf Kindergeld (einschließlich Kinderbonus) oder vergleichbare Leistungen für 2021 | 15 | EUR 2 7 7 8 ,—

In die **Zeile 7** gehört die zuständige Familienkasse. **Zeile 8 bis 9** fragt auch nach der Abgrenzung von „Inlands- und Auslandskindern". Das kann komplizierter sein, als es auf den ersten Blick aussieht. Wohnt das Kind das ganze Jahr über in Deutschland, ist in der Regel alles klar. Stehen in der **Zeile 9** ein Auslandszeitraum und eine Auslandsadresse, sollten sich Eltern, die das betrifft, rechtzeitig über die möglichen Folgen bei einem Steuerprofi, der Familienkasse oder dem Finanzamt erkundigen. Die **Zeile 8** ist auch auszufüllen, wenn das Kind in Deutschland lebt, aber nicht unter der im Hauptvordruck angegebenen Adresse.

In **Zeile 10 bis 15** will das Amt genaue Angaben zum Kindschaftsverhältnis wissen. In **Zeile 10** ist anzugeben, ob das Kind ein leibliches, ein Adoptiv- oder ein Pflegekind ist. Tragen Sie die entsprechende Ziffer zwischen 1 und 3 in das linke Kästchen in Bezug auf Ihre Person ein und gegebenenfalls in das rechte für Ihren Partner, wenn Sie eine gemeinsame Steuererklärung einreichen. **Zeile 11** fragt nach dem anderen Elternteil des

Antrag nicht zu spät stellen

Kindergeld wird rückwirkend nur für bis zu sechs Monate ausgezahlt. Prüfen Sie deshalb rechtzeitig, ob ein Kindergeldanspruch besteht oder sich erneut ergeben hat. Das kann beispielsweise der Fall sein, wenn ein volljähriges Kind nach einer Anstellung, nach Arbeitslosigkeit oder einer Auszeit eine Ausbildung begonnen hat und noch nicht 25 Jahre alt ist (➔ ab Seite 144). Wenn tatsächlich die Frist überschritten und Kindergeld nicht voll ausgezahlt wurde, tragen Sie in Zeile 6 nur den tatsächlich ausgezahlten Betrag ein.

Kindes, wenn es sich nicht um den Ehe- oder eingetragenen Lebenspartner handelt. Die Adresse dieses anderen Elternteils gehört in **Zeile 12**, ebenso rechts das „Kindschaftsverhältnis", für das die entsprechende Ziffer „1" (leibliches Kind) oder „2" (Pflegekind) abgefragt wird. Wenn der andere Elternteil im Ausland lebt, steht Ihnen unter bestimmten Voraussetzungen die volle Kinderförderung zu (**Zeile 13**). Gleiches gilt, wenn der andere Elternteil bereits verstorben ist (**Zeile 14**). Ist der Wohnsitz nicht ermittelbar oder die Vaterschaft nicht feststellbar, wird das mit der Ziffer „1" in **Zeile 15** vermerkt.

Zeile 16 bis 24: Erwachsene Kinder

Hier füllen nur Eltern von Kindern über 18 etwas aus. Für erwachsene Kinder gibt es weiterhin Kindergeld nur dann, wenn das Kind zusätzliche Voraussetzungen erfüllt. Es muss zum Beispiel eine Ausbildung durchlaufen oder arbeitslos sein. Die Voraussetzungen werden hier einzeln abgeklopft, und viele Ausnahmen bestätigen die Regel. Für arbeitslose Kinder kann es bis zum 21. Geburtstag die Kinderförderung geben und für Kinder in Ausbildung bis zum 25. Geburtstag, für behinderte Kinder unbefristet. Voraussetzung ist, dass die Behinderung bereits vor dem 25. Geburtstag entstanden ist.

Zeile 16 bis 19: Ausbildung und Übergangszeiten

Im Vordruck sind verschiedene Voraussetzungen, für die eine Kinderförderung gewährt wird, zusammengefasst. Vor **Zeile 16** stehen diese Voraussetzungen, bei denen Sie weiterhin Kindergeld und andere Kinderförderungen erhalten können, im Kleindruck. Dabei geht es um Kinder, die 2021 eine Lehre, ein Studium oder eine andere Ausbildung durchlaufen haben.

Auch wenn ein Kind trotz nachweislicher Bemühungen keinen Ausbildungsplatz findet, können die Eltern weiterhin die Kinderförderung erhalten. Tragen Sie deshalb den Zeitraum dieser Bemühungen ein. Als Nachweise dienen zum Beispiel schriftliche Bewerbungen, Zwischenbescheide, Zusagen und Ablehnungen oder auch eigene Suchanzeigen, außerdem die

Registrierung des Kindes als Bewerber für einen Ausbildungsplatz oder für eine berufsvorbereitende Ausbildungsmaßnahme bei der Arbeitsagentur oder bei entsprechenden kommunalen Stellen. Heben Sie die Nachweise bis zum Ende eines möglichen Kindergeldbezugs auf.

Auch während der Zeitdauer der aufgeführten freiwilligen Dienste im In- und Ausland, etwa einem freiwilligen sozialen Jahr oder dem Bundesfreiwilligendienst, kann es weiter Kinderförderung geben, aber nur, wenn die Dienste für anerkannte Träger geleistet werden. Familienkasse und Finanzamt haben eine genaue Übersicht, was förderfähig ist. Der Wehrdienst gehört grundsätzlich nicht dazu. Steht dabei aber der Ausbildungscharakter im Vordergrund, kann es auch während dieser Zeit Kinderförderung geben, etwa während der dreimonatigen Grundausbildung, einer Dienstpostenausbildung oder während des Besuchs einer militärischen oder zivilen Bildungseinrichtung. Das gilt für freiwillig Wehrdienstleistende, Soldaten auf Zeit und Offiziersanwärter. Kinderförderung kann es auch für Übergangszeiten vor und nach dem Wehrdienst geben.

Übergangszeiten zwischen zwei Ausbildungsabschnitten sind grundsätzlich förderfähig. Das Formular definiert maximal vier Monate als Übergangszeit. Hat zum Beispiel ein 19-Jähriger im Mai das Abitur gemacht und beginnt im Oktober sein Studium, steht den Eltern weiter Kindergeld zu. In diesem Fall sind es mit Juni, Juli, August, September genau vier Monate Übergangszeit. Dabei ist unerheblich, an welchem Tag im Mai die Schule zu Ende ging und an welchem Tag im Oktober das Studium begann. Neben der Pause zwischen Abitur und Studium sind weitere Zwischenzeiten förderfähig, zum Beispiel zwischen einem Ausbildungsabbruch und dem Beginn einer neuen Ausbildung, zwischen dem Ende einer

Erst- und dem Beginn einer Zweitausbildung. Was wäre passiert, wenn der Abiturient aus dem Beispiel länger als vier Monate pausiert hätte? Die Eltern hätten trotzdem weiter Kindergeld bekommen – wenn sich das Kind ernsthaft um einen Ausbildungsplatz bemüht oder sogar bereits die Zusage für den Studienplatz in der Tasche hat, gilt es als „ausbildungswillig". Der Viermonatszeitraum spielt dann keine Rolle.

Gab es nur einen der genannten Tatbestände im Jahr, gehört der unter „1. Zeitraum" in **Zeile 16**. Folgen vor **Zeile 16** genannte Abschnitte unmittelbar aufeinander, können sie zusammengefasst als ein Zeitraum eingetragen werden. Ansonsten ist ein „2. Ausbildungsabschnitt" hier einzutragen. **Zeile 17** fragt nach dem Grund für den Kindergeldanspruch, beispielsweise „Fachhochschulstudium".

In **Zeile 18** geht es um arbeitslose Kinder zwischen 18 und 21. Für sie gibt es die Förderung weiter, wenn sie bei der Agentur für Arbeit als Arbeitsuchende gemeldet sind. Hat ein arbeitsuchendes Kind nur in einem Minijob bis 450 Euro im Monat gearbeitet, wird es hier trotzdem eingetragen, denn der Minijob gefährdet den Kindergeldanspruch der Eltern nicht. Wenn ein Kind seinen Arbeitsplatz verloren und unmittelbar danach eine Ausbildung begonnen hat oder als „ausbildungswillig" gilt, kann es auch über das 21. Lebensjahr hinaus Kinderförderung geben. Die Angaben sind in **Zeile 16 und 17** vorzunehmen.

Für behinderte Kinder (**Zeile 19**) gilt grundsätzlich keine Altersgrenze. Voraussetzung ist jedoch, dass die Behinderung vor dem 25. Geburtstag eingetreten sein muss. Übrigens können auch Suchtkrankheiten wie die Abhängigkeit von Rauschgift als Ursache von Behinderung anerkannt werden.

Die Höhe ihres eigenen Einkommens spielt für die Gewährung des Kindergeldes und der anderen steuerlichen Kindervorteile keine Rolle. Eine Einschränkung gibt es allerdings doch: Wenn das Kind eine Erstausbildung oder ein Erststudium beendet hat und einer weiteren Ausbildung nachgeht, gibt es die Kinderförderung nur, wenn das Kind nicht erwerbstätig ist. Als Erwerbstätigkeit gilt eine regelmäßige wöchentliche Arbeitszeit von mehr als 20 Stunden. Alles, was darunter liegt, gefährdet das Kindergeld nicht. Unschädlich sind eine reguläre Lehrstelle, ein Minijob oder Einnahmen des Kindes, die nicht aus Erwerbstätigkeit kommen, etwa Zinsen oder Mieten.

Zeile 20 bis 24: Erwerbstätigkeit eines Kindes ab 18

Ab **Zeile 20** geht es um Erwerbstätigkeiten volljähriger Kinder nach erfolgter Erstausbildung. In **Zeile 20** beantworten Sie die Frage, ob Ihr Kind bereits eine Erstausbildung oder ein Erststudium abgeschlossen hat. Wenn ja, gehört die Ziffer „1" in das Kästchen, und die Befragung geht weiter. Eltern, die mit „Nein" antworten können (Ziffer „2"), sind fein raus und tragen bis einschließlich **Zeile 24** nichts mehr ein.

Eine Zweitausbildung setzt voraus, dass das Kind vor der 2021 durchgeführten Ausbildung bereits eine Erstausbildung oder ein Erststudium abgeschlossen hatte. Wenn etwa der 20-jährige Sohn nach dem Abitur und einer kleinen Auszeit 2021 ein BWL-Studium begonnen hat, gilt das als Erststudium. Die Folge: Der Umfang einer Erwerbstätigkeit neben dem Studium spielt keine Rolle. Auch wenn der Sohn zunächst ein Jahr Theologie studiert hat und 2021 zu BWL wechselte, gilt das BWL-Studium als Erst- und nicht als Zweitstudium, denn das Theologie-Studium blieb ohne Abschluss. Hat der Sohn erst seinen Bachelor in Wirtschaftswissenschaften gemacht und schließt er darauf aufbauend ein Masterstudium an, ist dieser neue Ausbildungsabschnitt Teil einer begünstigten mehrstufigen

Höchstens 20 Stunden

Um den Anspruch auf Kindergeld zu behalten, achten Sie darauf, dass Ihre erwachsenen Kinder, die sich in einer Zweitausbildung oder in einem Zweitstudium befinden, pro Woche laut Arbeitsvertrag möglichst nicht länger als 20 Stunden arbeiten. Wer maximal zwei Monate mehr als 20 Stunden arbeitet, sollte im Jahr durchschnittlich nicht über 20 Stunden pro Woche kommen. Während einer Erstausbildung spielt die Wochenarbeitszeit für die steuerliche Förderung keine Rolle.

Erstausbildung, sodass es ebenfalls keine Probleme geben sollte. Hat aber die 23-jährige Tochter nach einer 2019 abgeschlossenen Ausbildung zur Hotelfachfrau zunächst in dem Beruf gearbeitet und 2021 ein Psychologie-Studium begonnen, sind diese Zeilen auszufüllen, denn das Studium gilt als Zweitausbildung.

Im Fall der studierenden Hotelfachfrau gehört die Ziffer „1" in **Zeile 20**, denn es liegt eine abgeschlossene Erstausbildung vor. Auch in **Zeile 21** muss eine „1", wenn sie erwerbstätig war, etwa als Kellnerin. Läuft die Erwerbstätigkeit im Rahmen eines Minijobs, gehört eine „1" in **Zeile 22**. Die Kinderförderung wird in der Regel nicht gefährdet. Geht es um versicherungspflichtige Arbeitsverhältnisse oder um selbstständige Nebentätigkeiten, muss die „1" in **Zeile 23**. Wer in **Zeile 20** mit „Ja" geantwortet hat und auch in den **Zeilen 21 und 23** jeweils die Ziffer „1" eintragen musste, hat nur noch eine Chance, die Kinderförderung zu retten: In **Zeile 24**, die nach der „(vereinbarten) regelmäßigen wöchentlichen Arbeitszeit" fragt, dürfen maximal 20 Stunden stehen, sonst ist die Kinderförderung futsch.

Zeile 31 bis 42: Beiträge zur Kranken- und Pflegeversicherung

Eltern können Beiträge zur Kranken- und Pflegeversicherung des Kindes als eigene Vorsorgeaufwendungen geltend machen. Sie gehören hierher und werden im Prinzip so abgefragt und behandelt wie Vorsorgeaufwendungen der Eltern selbst, zum Beispiel aufgeteilt nach Basisabsicherung und Wahlleistungen. Sind die Eltern selbst Versicherungsnehmer, werden die Beiträge in der Regel an das Finanzamt als E-Daten gemeldet und müssen dann in die Papier-Steuererklärung 2021 nicht mehr eingetragen werden (**Zeile 31 bis 33**).

Ist das Kind Versicherungsnehmer, müssen die Eltern die Beiträge in die **Zeilen 35 bis 40** eintragen, wenn sie die Beiträge geltend machen wollen. Eltern können den Betrag eintragen, den sie selbst bezahlt oder mit ihrer Unterhaltspflicht wirtschaftlich getragen haben. Das ist auch der Fall, wenn sie anstelle von Barunterhalt durch Sachleistungen ihrer Unterhaltspflicht nachgekommen sind, weil das Kind in ihrem Haushalt lebt.

Eltern oder Kind – wer rechnet die Beiträge ab?

Eltern können von ihnen gezahlte Beiträge zur Kranken- und Pflegeversicherung des Kindes als eigene Sonderausgaben absetzen. Dabei spielt keine Rolle, ob es sich um Beitragszahlungen in die gesetzliche oder in eine private Versicherung handelt. Rechnen Eltern die Versicherungsbeiträge ab, entfällt allerdings der Abzug als Vorsorgeaufwendungen beim Kind. Das kann dazu führen, dass das Kind je nach Höhe der Ausbildungsvergütung eine eigene Steuererklärung einreichen muss. In der Regel ist es dennoch günstiger, wenn die Eltern die Versicherungsbeiträge berücksichtigen.

In die **Zeilen 41 und 42** gehören Beiträge zu ausländischen Kranken- und Pflegeversicherungen, die mit den inländischen gesetzlichen Versicherungen vergleichbar sind (nur Basisabsicherung). Die **Zeile 36** fragt nach Beiträgen, aus denen sich ein Krankengeldanspruch ergibt.

Zeile 43 bis 48: Freibeträge übertragen

Seit 2021 steht jedem Elternteil ein Kinderfreibetrag von 2 730 Euro zu, zusammen 5 460 Euro. Der Freibetrag ist übertragbar, zum Beispiel auf den anderen Elternteil oder auf Großeltern und Stiefeltern. Der wohl häufigste Fall: Ein Elternteil beantragt die Übertragung des Freibetrags des anderen Elternteils auf sich selbst mit dem Eintrag der Ziffer „1" in **Zeile 43**, weil der andere Elternteil seine Unterhaltsverpflichtungen nicht erfüllt hat. Das funktioniert, wenn weniger als 75 Prozent des Unterhalts ankommen und entsprechende Nachweise vorliegen (etwa Kontoauszüge, Urteile). Auch wenn der andere Elternteil nicht zum Unterhalt verpflichtet ist, weil er das finanziell nicht schafft, ist die Übertragung seiner Hälfte des Kinderfreibetrags möglich. **Zeile 44** fragt für diesen Fall, wie lange Unterhaltsvorschuss gezahlt wurde. Der kann unter bestimmten Voraussetzungen bis zum 18. Lebensjahr des Kindes vom Alleinerziehenden bezogen werden.

Wenn Sie sich den Freibetrag des anderen Elternteils übertragen lassen, führt das allerdings dazu, dass Sie in **Zeile 6** das gesamte Kindergeld eintragen müssen. Das kann letztlich zu einem ungünstigeren Ergebnis für Sie führen. Überlegen Sie gut, ob sich das tatsächlich für Sie lohnt. Fragen Sie wenn nötig – zumindest beim ersten Mal – bei einem Steuerprofi nach.

Der Betreuungsfreibetrag (**Zeile 45**) heißt offiziell „Freibetrag für Betreuungs- und Erziehungs- oder Ausbildungsbedarf". Das ist eine Aufstockung des Kinderfreibetrags um 1 464 Euro für jeden Elternteil oder um 2 928 Euro pro Kind für beide Eltern zusammen. Seine Übertragung wird hier mit der Ziffer „1" beantragt. Die Möglichkeit besteht in der Regel für minderjährige Kinder, die nur bei einem Elternteil gemeldet sind. Beteiligt sich der andere Elternteil an den Betreuungskosten oder betreut das Kind ebenfalls, kann er der Übertragung widersprechen. Das „Betreuungsgeld" taucht hier nicht auf. Es gilt nicht als steuerliche Leistung.

Den Antrag auf Übertragung des Kinderfreibetrags stellen Großeltern in **Zeile 46 oder 47** der Anlage Kind. Das Finanzamt berücksichtigt ihn, wenn der abgebende Elternteil zugestimmt hat (**Zeile 47**). Der gibt seine Zustimmung in einer gesonderten **Anlage K** und trägt in seiner Steuererklärung eine „1" in **Zeile 48** ein. **Zeile 46** nutzen Großeltern, wenn eine **Anlage K** nicht vorliegt und sie ihr Enkelkind in ihren Haushalt aufgenommen haben oder für das Enkelkind unterhaltspflichtig sind.

Zeile 49 bis 54: Für Alleinerziehende

Den „Entlastungsbetrag für Alleinerziehende" können alleinstehende Eltern nutzen, wenn zu ihrem Haushalt mindestens ein Kind gehört, für das ihnen Kindergeld oder ein Kinderfreibetrag zusteht. Der Entlastungsbetrag wurde in Corona-Zeiten deutlich erhöht und beträgt auch 2021 noch 4 008 Euro für das erste Kind. Für jedes weitere Kind gibt es 240 Euro mehr, für zwei Kinder sind es also 4 248 Euro (4 008 plus 240). Anspruch hat grundsätzlich derjenige Elternteil, bei dem das Kind gemeldet ist und der das Kindergeld erhält. Arbeitnehmer mit Lohnsteuerklasse II machen den Freibetrag bereits über den laufenden Lohnsteuerabzug geltend.

Knackpunkt ist der Begriff „alleinstehend". Das sind Menschen, die neben anderen Bedingungen „keine Haushaltsgemeinschaft mit einer anderen volljährigen Person bilden" dürfen. Es sind also vor allem ledige, geschiedene, getrennt lebende oder verwitwete Eltern, die mit den Kindern tatsächlich alleine leben. Sie erhalten den Entlastungsbetrag für jeden vollen Monat, auch wenn die Voraussetzungen lediglich für einen Tag vorgelegen haben. Geschiedene oder getrennt lebende Eltern mit zwei oder mehr Kindern können beide jeweils einen Entlastungsbetrag erhalten, wenn mindestens eins der Kinder ausschließlich bei ihnen im Haushalt gemeldet ist.

In **Zeile 49** gehört, wie lange das Kind in der Wohnung des Alleinerziehenden gemeldet war, und **Zeile 50** fragt, wie lange dem beantragenden Elternteil für das betreffende Kind in diesem Jahr Kindergeld ausgezahlt wurde.

Entlastungsbetrag für Alleinerziehende		vom	bis
Das Kind war mit mir in der gemeinsamen Wohnung gemeldet	42	0 1 0 1	3 1 1 2
Für das Kind wurde mir Kindergeld ausgezahlt	44	0 1 0 1	3 1 1 2

Hält sich ein Kind in etwa gleichem Umfang in den Haushalten beider getrennt lebender Elternteile auf, können Eltern einvernehmlich bestimmen, dass derjenige den Entlastungsbetrag beantragt, der damit die größere Steuerersparnis erzielt (Az. des BFH III R 79/08). Das funktioniert aber nur, wenn nicht einer der beiden bereits nach Lohnsteuerklasse II besteuert wurde. In **Zeile 51 und 52** fragt das Formular in nicht ganz einfach verständlichen Worten, ob und wie lange eine Haushaltsgemeinschaft mit anderen Erwachsenen bestand. Bei der Antwort „Ja" (Ziffer „1") wird der Entlastungsbetrag sofort gestrichen.

Ausdrücklich ausgenommen vom Verbot der „Haushaltsgemeinschaft" sind erwachsene Kinder, die zum Haushalt gehören und für die dem alleinerziehenden Elternteil Kindergeld zusteht, weil sie beispielsweise noch in einer Berufsausbildung stehen oder studieren. Alle anderen Mitglieder der Haushaltsgemeinschaft gefährden allerdings den Entlastungsbetrag. Das kann der neue Freund sein, die eigene erkrankte Mutter oder auch das erwachsene Kind, das seine Ausbildung abgeschlossen hat, aber zumindest erst einmal noch bei der Mutter lebt. Prüfen Sie deshalb Ihre Meldeverhältnisse, wenn Sie den Entlastungsbetrag in Anspruch nehmen wollen.

Wenn aber das erwachsene Kind nicht mehr zu Hause wohnt, sondern beispielsweise bei der Freundin, in einer WG oder bei der Oma um die Ecke, kann der Entlastungsbetrag für minderjährige Geschwister gerettet werden. **Zeile 53 und 54** fragt nach näheren Angaben zu den Menschen, mit denen eine Haushaltsgemeinschaft gebildet worden ist.

Zeile 61 bis 64: Freibetrag für auswärtige Ausbildung

Amtlich nennt er sich „Freibetrag zur Abgeltung des Sonderbedarfs". Abgekürzt wird er auch Ausbildungsfreibetrag genannt und beläuft sich auf 924 Euro im Jahr. Dieser Freibetrag steht nur Eltern mit Kindergeldanspruch zu, deren Kinder mindestens 18 und „auswärtig untergebracht" sind und die einer Berufsausbildung nachgehen. Häufiger Streitpunkt ist die „auswärtige Unterbringung". Die bedeutet, dass das Kind außerhalb der elterlichen Wohnung lebt und wohnt. Das kann im gleichen Ort sein, bei der Freundin oder bei der Oma. „Auswärtig untergebracht" ist ein Kind übrigens auch, wenn es in der Woche am Ausbildungsort wohnt, etwa in einem Internat, und am Wochenende bei den Eltern.

In **Zeile 61** erfragt das Formular, wie lange das Kind außerhalb der elterlichen Wohnung lebte, denn es gibt den Freibetrag nur für die Monate, in denen diese Voraussetzung zutraf. Beendete zum Beispiel ein Azubi seine auswärtige Lehre im Juli, steht der Ausbildungsfreibetrag den Eltern nur

Freibetrag je nach Land

Eine sogenannte Ländergruppeneinteilung gibt Auskunft über die Höhe des Ausbildungsfreibetrags im jeweiligen Aufenthaltsland, zu finden unter test.de/Steuerratgeber-Extra. Dort erfahren Sie, in welchen Ländern es den Freibetrag in voller Höhe, zu drei Vierteln, zur Hälfte oder zu einem Viertel gibt.

für die sieben Monate von Januar bis einschließlich Juli zu. Das sind sieben Zwölftel des Jahresbetrags, also 539 Euro (7/12 von 924 Euro).

Zeile 62 fragt nach einer Unterbringung im Ausland. Besucht das Kind beispielsweise eine Schule in den USA, steht der Freibetrag den Eltern auch während dieser Zeit in voller Höhe zu. Lebt das Kind bei der Mutter in der Türkei, wird er auf die Hälfte gekürzt (→ Kasten oben). Die Anschrift der in- oder ausländischen Unterkunft gehört in **Zeile 63**. Eltern, die keine gemeinsame Steuererklärung abgeben, können den Ausbildungsfreibetrag in **Zeile 64** nach Wunsch untereinander aufteilen. Dazu ist ein von beiden unterschriebener Antrag auf einem beigefügten Blatt erforderlich.

Eltern erhalten den Freibetrag für auswärtige Ausbildung unabhängig von der Höhe des Einkommens des Kindes. Betroffene Eltern sollten deshalb **Zeile 61 bis 64** unbedingt ausfüllen.

Freibetrag zur Abgeltung eines Sonderbedarfs bei Berufsausbildung eines volljährigen Kindes									
				1. Zeitraum				2. Zeitraum	
			vom		bis			vom	bis
61	Das Kind war auswärtig untergebracht	85	0 1 0 1		3 1 0 7	86	T T M M		T T M
62	Es handelte sich zumindest zeitweise um eine auswärtige Unterbringung im Ausland	87		1 = Ja					
63	Anschrift(en), Staat(en) – falls im Ausland 08150 LERNWALDE, INTERNATSWEG 13								

Zeile 65 bis 67: Schulgeld

Eltern dürfen Schulgeld für Privatschulen und Schulen in freier Trägerschaft geltend machen. Das Finanzamt akzeptiert davon maximal 30 Prozent. Um auf den Höchstbetrag von 5 000 Euro pro Jahr zu kommen, müssen Eltern mindestens etwa 16 667 Euro Schulgeld ausgegeben haben (16 667 mal 30 Prozent ergibt 5 000). Kosten für Unterkunft (zum Beispiel in einem Internat), Betreuung und Verpflegung, Schulbücher oder Schulkleidung berücksichtigt das Finanzamt nicht.

Begünstigt sind nicht nur Schulen in Deutschland, sondern auch Schulen im EU-Ausland und deutsche Schulen weltweit. Studiengebühren einer privaten, staatlich anerkannten Fachhochschule gelten allerdings nicht als Schulgeld, hat der Bundesfinanzhof vor einigen Jahren entschieden (Az. X R 32/15).

In **Zeile 65** gehören die Bezeichnung der Schule oder deren Träger sowie alle abzugsfähigen Aufwendungen. Tragen Sie das gesamte Schulgeld ein; das Finanzamt kürzt von sich aus auf 30 Prozent. Elternteile, die keine gemeinsame Steuererklärung abgeben, tragen in **Zeile 66** den von ihnen tatsächlich gezahlten Betrag ein. Sie können den Höchstbetrag in **Zeile 67** unter sich beliebig aufteilen. Das Finanzamt will dazu aber einen von beiden unterschriebenen Antrag auf einem beigefügten Blatt sehen. Stellen sie keinen Antrag, ordnet das Finanzamt die Ausgaben jedem Elternteil zur Hälfte zu.

Zeile 68 bis 75: Behinderten- und Hinterbliebenen-Pauschbeträge sowie Fahrtkostenpauschale übertragen

Die Einzelheiten zum Behinderten- und Hinterbliebenen-Pauschbetrag lesen Sie ab Seite 122. Wenn Kinder keine nennenswerten eigenen Einkünfte haben, bringen ihnen diese Pauschbeträge steuerlich nichts. Deshalb können Eltern solche Freibeträge des Kindes auf sich selbst übertragen lassen. In **Zeile 68** gehören Status und Behinderungsgrad entsprechend den Dokumenten (zum Beispiel Ausweis des Versorgungsamts), sowie deren Gültigkeitsdaten. Das Ausstellungsdatum spielt keine Rolle mehr. Fügen Sie Kopien der Dokumente bei, wenn dem Finanzamt dazu bisher nichts vorliegt.

Die Pauschbeträge von Kindern sind auf Eltern, Groß- oder Stiefeltern übertragbar, wenn ihnen für das Kind ein Kinderfreibetrag oder Kindergeld zusteht. Väter und Mütter, die keine gemeinsame Steuererklärung abgeben, können die Pauschbeträge einvernehmlich per formlosem Antrag untereinander aufteilen. Der Prozentsatz, der dabei berücksichtigt werden soll, gehört in **Zeile 72**.

In **Zeile 73 und 75** können Eltern die 2021 eingeführte Fahrtkostenpauschale beantragen und einvernehmlich untereinander aufteilen, wenn ihr Kind einen entsprechenden Grad der Behinderung vorweist (→ Seite 124).

Zeile 76 bis 82: Kinderbetreuungskosten

Elternpaare und Alleinerziehende dürfen bis zu 6 000 Euro pro Kind und Jahr als Kinderbetreuungskosten steuerlich geltend machen. Von den Betreuungskosten erkennt das Finanzamt zwei Drittel, also maximal 4 000 Euro als Freibetrag an. Voraussetzung: Das Kind hat seinen 14. Geburtstag noch nicht gefeiert. Für behinderte Kinder gelten keine Altersgrenzen. Die Behinderung muss allerdings vor dem 25. Lebensjahr entstanden sein (→ Info-Kasten Seite 156). Eltern dürfen Kinderbetreuungskosten von der Geburt bis zum 14. Geburtstag des Kindes als Sonderausgaben geltend machen. Den Begriff „Kinderbetreuungskosten" engt das Finanzamt aber weiterhin auf den Aufwand für unmittelbar betreuende Tätigkeiten ein, etwa auf Ausgaben für Kinderkrippe, Kindergarten, Hort, Tagesmutter, Internat oder Babysitter. Aufwendungen für die Verpflegung, (Nachhilfe-)Unterricht, die Vermittlung besonderer Fähigkeiten sowie Sport- und Freizeitaktivitäten bleiben außen vor.

In **Zeile 76** gehören Name und Anschrift der Kita, Tagesmutter oder anderer betreuender Personen oder Einrichtungen, der Zeitraum der Betreuung und die abzugsfähigen Gesamtkosten. Sollte eine Zeile nicht ausreichen, weil es sich um unterschiedliche Betreuer oder Zeiträume handelt, hilft eine formlose Anlage mit allen Angaben weiter. Haben Eltern zum Beispiel 3 000 Euro Elternbeitrag an die Kita gezahlt, schreiben sie 3 000 Euro in **Zeile 76**. Das Finanzamt berücksichtigt zwei Drittel davon, also 2 000 Euro. **Zeile 77** fragt nach dem steuerfreien Ersatz von Betreuungskosten, beispielsweise durch den Arbeitgeber. Der kann Kosten für die Betreuung des Nachwuchses seiner Mitarbeiter in unbegrenzter

INFO

Kinderbetreuungskosten: Diese Vorteile sind möglich

Höchstbetrag. Das Finanzamt berücksichtigt Betreuungskosten bis 6 000 Euro im Jahr und erkennt zwei Drittel davon, maximal 4 000 Euro, als Sonderausgaben an, wenn ein Kind bis zum 14. Lebensjahr betreut wird. Diese Werte gelten auch, wenn die Betreuung weniger als zwölf Monate im Jahr stattfand.

Alleinerziehende. Sie dürfen Betreuungskosten in gleicher Höhe wie zusammen lebende Eltern geltend machen. Sie sollten besonders darauf achten, dass ein Kind auch offiziell zu ihrem Haushalt gehört. Dazu muss es im Haushalt leben und in der Regel dort auch gemeldet sein. Ist das Kind bei beiden Eltern gemeldet, wird es üblicherweise zum Haushalt desjenigen zugeordnet, der das Kindergeld erhält. Der Elternteil, der die Betreuungskosten als Sonderausgaben geltend machen will, sollte im jeweiligen Vertrag stehen und die Beiträge auch zahlen.

Betreuungspersonal. Wer ein Kind betreut, ist dem Finanzamt egal, solange es sich um eine Person handelt, die die Betreuung leisten kann. Das gilt auch für nahe Verwandte (zum Beispiel Oma und Opa). Damit das Finanzamt bei innerfamiliären Abmachungen mitspielt, sollte es klare (am besten schriftliche) Vereinbarungen über Leistung und Gegenleistung geben – so wie sie auch unter Fremden üblich sind.

Behinderte Kinder. Für behinderte Kinder gilt die Altersbegrenzung bis zum 14. Lebensjahr nicht. Voraussetzung ist in der Regel ein Behinderungsgrad von mindestens 50. Die Behinderung muss bis zum Alter von 25 Jahren eingetreten sein. Als Nachweis dient in der Regel der Schwerbehindertenausweis.

Nachweise. Sie dürfen die Betreuungskosten nicht bar bezahlen, sondern müssen sie überweisen. Als Nachweise gegenüber dem Finanzamt brauchen Sie eine Rechnung der betreuenden Stelle, zum Beispiel der Tagesmutter, und den Überweisungsbeleg der Bank. Sie müssen diese Nachweise der Steuererklärung nicht mehr automatisch beifügen. Sie sollten sie aber zur Seite legen für den Fall, dass das Finanzamt sie sehen will.

Höhe übernehmen, solange die Kinder noch nicht schulpflichtig sind. Wenn alle Voraussetzungen stimmen, bleibt diese Unterstützung lohnsteuer- und sozialversicherungsfrei. Die genauen Regeln dazu stellen wir im Abschnitt „Gehalts-Extras vom Chef" vor (→ Seite 218).

Mit **Zeile 78 bis 80** prüft das Finanzamt, ob und wie lange ein gemeinsamer Haushalt bestand und ob und wie lange das Kind dazugehörte. Bei nicht zusammen lebenden Eltern darf derjenige Kinderbetreuungskosten absetzen, bei dem das Kind lebt. Dabei ist der Steuervorteil bei demjenigen am größten, der die höhere Einkommensteuer zahlt. Eltern, die keine gemeinsame Steuererklärung abgeben, tragen in **Zeile 81** die Höhe der vom ausfüllenden Elternteil getragenen Kosten ein. In **Zeile 82** können sie den Höchstbetrag der Betreuungskosten für ein gemeinsames Kind einvernehmlich aufteilen.

Das empfiehlt sich zum Beispiel dann, wenn ein Elternteil einen pauschal versteuerten Minijob hat und der andere sozialversicherungspflichtig beschäftigt ist. Nur Letzterer kann den Steuervorteil überhaupt nutzen. Dazu muss ein von beiden unterschriebener formloser Antrag beigelegt werden. Hier ist aber Vorsicht geboten. Der Bundesfinanzhof hat entschieden, dass bei nicht verheirateten Eltern nur der Elternteil, der den Vertrag mit der Betreuungseinrichtung abgeschlossen hat und die Gebühren zahlt, die Kosten auch absetzen darf (Az. III R 79/09). Die Finanzverwaltung hat sich dem im Prinzip angeschlossen.

Elternpaare ohne Trauschein aufgepasst: Regeln Sie zeitig untereinander, dass möglichst der Elternteil mit dem höheren Einkommen den Betreuungsvertrag abschließt und die Kosten von seinem Konto überweist.

Anlage AV: Für Riester-Verträge

Die Riester-Rente steht in der Kritik, die Zukunft ist ungewiss. Für alle, die bereits einen Riester-Vertrag haben, besteht über die Anlage AV aber weiter die Möglichkeit, Steuern zu sparen. Arbeitnehmer und Beamte füllen die Anlage aus, wenn sie mindestens einen Riester-Vertrag abgeschlossen haben. Sie haben in der Regel bereits ihre Altersvorsorgezulage über den Anbieter beantragt, die Zulage wird auf ihr Sparkonto überwiesen.

Mit der Anlage AV beantragen Sie beim Finanzamt zusätzlich den Sonderausgabenabzug für die Riester-Beiträge und die Zulagen. Die Riester-Förderung läuft nämlich doppelgleisig. Für 2021 gibt es bis zu 175 Euro Grundzulage pro Sparer und Jahr. Für jedes Kind kommen jährlich bis zu 185 Euro Kinderzulage hinzu, für ab 2008 geborene Kinder sogar bis zu 300 Euro. Für die Zulage ist die Anlage AV nicht erforderlich. Eventuell profitieren Sie aber neben den Zulagen auch noch davon, dass das Finanzamt Ihre Beiträge und die staatlichen Zulagen als Sonderausgaben berücksichtigt. Dieser Sonderausgabenabzug bis 2 100 Euro ist aber nur möglich, wenn Sie die Anlage AV ausfüllen. Damit prüft das Finanzamt, ob Ihnen die Zulage(n) oder der Sonderausgabenabzug mehr Entlastung bringen und gewährt die günstigere Förderung.

Jeder rentenversicherungspflichtige Arbeitnehmer und jeder Beamte ist „unmittelbar begünstigt". Darüber hinaus kommt die Förderung etwa für Mitglieder in berufsständischen Versorgungswerken, für pflichtversicherte Selbstständige, Arbeitslose oder Erwerbsminderungsrentner infrage. Im Gegensatz dazu gibt es Vorsorgesparer, die nur „mittelbar begünstigt" sind. Das heißt, sie können nur die Riester-Förderung nutzen, wenn sie einen Ehe- oder eingetragenen Lebenspartner haben und dieser zu den unmittelbar begünstigten Personen zählt. Mittelbar Begünstigte sind zum Beispiel Gewerbetreibende, Freiberufler, Hausfrauen und -männer, freiwillig Versicherte, Altersrentner, pauschal versicherte Minijobber.

Zeile 1 bis 15: Grunddaten und Einnahmen

Die **Zeilen 1 bis 4** lassen sich relativ einfach ausfüllen. In **Zeile 4** tragen nur noch Versicherte in der landwirtschaftlichen Alterssicherung die Mitgliedsnummer ein. Frühere Angaben zur Sozialversicherungsnummer sind ebenso entfallen wie Angaben etwa zur Höhe der eingezahlten Beiträge. Diese Daten übernimmt das Finanzamt automatisch aus der Datenübermittlung des Anbieters.

In **Zeile 5** tragen ausschließlich unmittelbar Begünstigte die Ziffer „1" ein. Nur sie müssen bis **Zeile 14** Angaben zu ihren Einnahmen machen. Diese will das Amt kontrollieren, weil es die volle Förderung nur gewährt, wenn die unmittelbar Begünstigten mindestens 4 Prozent ihres rentenversicherungspflichtigen Bruttolohns des Vorjahrs in einen Riester-Vertrag eingezahlt haben. Hatte ein alleinstehender, kinderloser Arbeitnehmer 2020 einen Bruttolohn von 35 000 Euro, trägt er diesen in **Zeile 6** ein.

Berechnungsgrundlagen					
– Bei Zusammenveranlagung: Bitte die Art der Begünstigung (unmittelbar / mittelbar) beider Ehegatten / Lebenspartner angeben. –					
			stpfl. Person / Ehemann / Person A		Ehefrau / Person B
5	**Ich bin für das Jahr 2021 unmittelbar begünstigt.** (Bitte die Zeilen 6 bis 14 ausfüllen.)	106	1 1 = Ja	306	1 = Ja
			EUR		EUR
6	Beitragspflichtige Einnahmen i. S. d. inländischen gesetzlichen Rentenversicherung **2020**	100	35 000,—	300	,
7	Inländische Besoldung, Amtsbezüge und Einnahmen beurlaubter Beamter **2020** (Ein Eintrag ist nur erforderlich, wenn Sie eine Einwilligung gegenüber der zuständigen Stelle abgegeben haben.)	101	,—	301	,

Für die volle Förderung müsste der Arbeitnehmer mindestens 4 Prozent von 35 000 Euro in einen Riester-Vertrag einzahlen. Das sind 1 400 Euro. Tatsächlich zahlen muss er aber nur 1 225 Euro, weil die Zulage in Höhe von 175 Euro von den 1 400 Euro abgezogen wird (1 400 minus 175). Zahlt der Arbeitnehmer weniger ein, gibt es weniger Zulage. Würde er etwa anstelle des für ihn erforderlichen Mindestbeitrags von 1 225 Euro nur die Hälfte einzahlen (612,50 Euro), würde die Zulage ebenfalls auf die Hälfte gekürzt (87,50 statt 175 Euro). Der Arbeitnehmer kann aber auch mehr einzahlen. Beiträge bis 2 100 Euro im Jahr sind steuerlich gefördert und werden als Sonderausgaben berücksichtigt.

Was Arbeitnehmer in **Zeile 6** eintragen müssen, ergibt sich aus der Meldung des Arbeitgebers an die Sozialversicherung. Lohnersatzleistungen (→ Seite 231) gehören nicht hierher, sondern separat in **Zeile 8**. Für Beamte sind vor allem **Zeile 7 und 11** wichtig. **Zeile 7** füllen aktive und beurlaubte Beamte, Richter und Berufssoldaten mit den entsprechenden Bezügen des Jahres 2020 aus.

Mittelbar begünstigte Ehe- oder Lebenspartner tragen hier nichts ein, denn ihr Einkommen hat auf die Förderung keinen Einfluss. Sie stimmen erst in **Zeile 15** mit „Ja" ab (Ziffer „2"). Für die Förderung müssen alle mittelbar begünstigten Partner einen Mindestbetrag von 60 Euro im Kalenderjahr einzahlen.

Zeile 16 bis 20: Zulagen für Kinder

Verheiratete Elternehepaare füllen bei Zusammenveranlagung für ihre gemeinsamen Kinder die **Zeile 16 oder 17** aus, und zwar unterschieden danach, ob die Kinder (wie üblich, **Zeile 16**) der Mutter zugeordnet werden oder auf Antrag der Eltern dem Vater (**Zeile 17**). Die Zuordnung für die Kinderzulagen erfolgt unabhängig davon, an wen das Kindergeld ausgezahlt wird. Wählen die Eltern die Einzelveranlagung, trägt nur der Elternteil das Kind in seine Anlage AV ein, der die Kinderzulage erhalten soll. Ist das die Mutter, füllt sie **Zeile 17** aus. Soll die Kinderzulage bei Einzelveranlagung dem Vater zugeordnet werden, ist die Zahl der Kinder in **Zeile 18** einzutragen.

Bei gleichgeschlechtlichen Paaren mit gemeinsamen Kindern gelten die Einträge entsprechend der Reihenfolge der Namen im **Hauptvordruck** für Person A oder B. Soll die Kinderzulage Person B erhalten, erfolgt der Eintrag in **Zeile 16**, für Person A in **Zeile 17**. Wenn die Partner die Einzelveranlagung wählen, trägt nur derjenige die Kinder in seine Anlage AV ein, der auch die Kinderzulagen erhalten soll.

Beachten Sie als Elternpaar, dass Sie die Zuordnung der Kinder in der Steuererklärung und im Zulagenantrag einheitlich vornehmen.

Alle anderen Eltern, die nicht miteinander verheiratet sind oder eine eingetragene Lebenspartnerschaft haben, nutzen **Zeile 19 bis 20**. Der im

Formular abgefragte „erste Anspruchszeitraum 2021" ist in der Regel der Januar. Mit dieser Vorgabe in **Zeile 19** versucht die Verwaltung, bei Wechseln des Kindergeldberechtigten die Übersicht zu behalten.

Zeile 31 bis 48: Angaben zum Umgang mit zusätzlichem Sonderausgabenabzug

Seite 2 der Anlage AV hat sich im Vergleich zum Vorjahr etwas verändert. Über allem, was auf dieser Seite abgefragt wird, steht die Frage, für welche Ihrer Altersvorsorgeverträge Sie **keinen** Sonderausgabenabzug geltend machen wollen. In den **Zeilen 31 bis 40** machen Sie Angaben zu den Verträgen, für die Sie **keinen** zusätzlichen Sonderausgabenabzug wünschen. Hintergrund: Seit 2019 sind die Riester-Anbieter verpflichtet, die Beiträge von allen Verträgen elektronisch zu melden. Arbeitnehmer und Beamte können der Datenübermittlung nicht mehr widersprechen. Die steuerliche Förderung führt später bei der Auszahlung zur „nachgelagerten" Besteuerung. Das bedeutet, dass die späteren Rentenzahlungen aus dem Riester-Vertrag zu 100 Prozent besteuert werden. Wollen Sie das verhindern, geben Sie auf der zweiten Seite der Anlage an, für welche Verträge Sie die Förderung nicht wünschen – vorausgesetzt, Sie haben Ihren Verzicht Ihrem Riester-Anbieter noch nicht mitgeteilt. Von den späteren Auszahlungen ist dann nur ein geringer Ertragsanteil steuerpflichtig. Erfolgen die Auszahlungen beispielsweise ab dem 65. Lebensjahr, beträgt der steuerpflichtige Ertragsanteil beispielsweise 18 Prozent.

Für den Verzicht müssen Sie die Anbieter-, Zertifizierungs- und Vertragsnummer des betroffenen Vertrags angeben. Beachten Sie aber: Verzichten Sie auf den Sonderausgabenabzug, dürfen Sie für diese Verträge auch keine Zulagen beantragen.

Die **Zeilen 41 bis 50** befassen sich mit dem umgekehrten Weg: Haben Sie gegenüber Ihrem Riester-Anbieter erklärt, dass Sie auf den Sonderausgabenabzug verzichten, können Sie diesen Verzicht widerrufen. Notwendig sind wieder die genauen Daten des jeweiligen Vertrags.

Anlage KAP & Co. – Für Sparer und Anleger

Mit den Anlagen KAP, KAP-BET und KAP-INV gibt es für die Einkünfte aus Kapitalvermögen gleich drei Formulare. Die wichtigste ist jedoch nach wie vor die Anlage KAP. Und auch diese können sich viele Arbeitnehmer und Beamte sparen. Die Bank behält von steuerpflichtigen Kapitalerträgen 25 Prozent Steuer ein (plus 5,5 Solidaritätszuschlag und gegebenenfalls Kirchensteuer). Das alles überweist sie direkt an das Finanzamt.

Sparer und Anleger erreichen per Freistellungsauftrag an Banken und andere Finanzinstitute, dass diese ihnen die Zinsen und anderen Kapitalerträge bis 801 Euro steuerfrei auszahlen. Dieser Sparerpauschbetrag verdoppelt sich für Ehe-/Lebenspartner auf 1 602 Euro (→ Seite 168).

Aber von diesen einfach klingenden Regeln gibt es Ausnahmen. Die schreiben einerseits eine Abgabe der Anlage KAP vor, zum Beispiel, wenn von bestimmten Zinsen keine Abgeltungsteuer oder keine Kirchensteuer einbehalten wurde. Andererseits kann sich eine freiwillige Abgabe lohnen, wenn auf Zins & Co. im Jahresverlauf zu viel Steuern bezahlt wurden. Das könnte beispielsweise passieren, weil Freistellungsaufträge bei der Bank nicht oder nicht in der richtigen Höhe gestellt wurden oder wenn Ihr persönliche Grenzsteuersatz unter 25 Prozent lag.

Welche Anlage für was?
Erträge von Investmentfonds, die nicht dem inländischen Steuerabzug unterlagen, gehören nicht in die Anlage KAP, sondern in die Anlage KAP-INV. Erträge aus Beteiligungen sind in Anlage KAP-BET einzutragen.

Die **Anlage KAP-BET** steht für Beteiligungen an bestimmten Gemeinschaften. Die Erträge werden aus einer gesonderten und einheitlichen Feststellung des für die Gemeinschaft zuständigen Finanzamtes in die persönliche Steuererklärung übernommen. Die Bescheinigung liegt oft erst sehr spät vor. Wenn der eigene Steuerbescheid dann bereits vorliegt, wird er nachträglich geändert. Die **Anlage INV** gilt für Investmenterträge, die nicht dem inländischen Steuerabzug unterlegen haben. Vor allem handelt es sich um Erträge im Ausland verwahrter Investmentfonds.

Einen Vorteil haben die Anlagen: Durch sie sind komplizierte Beteiligungs- und Auslandssachverhalte aus der normalen **Anlage KAP** verschwunden. Sie ist so für „Normalsparer" etwas übersichtlicher geworden.

Diese beiden relativ neuen Anlagen betreffen vor allem Spezialfälle. Wer sie ausfüllen muss, sollte professionellen steuerlichen Rat nutzen, zumindest beim ersten Mal. Wir werden auf die neuen Anlagen dort hinweisen, wo es für das Ausfüllen der Anlage KAP erforderlich ist.

Wichtige Ausfüllhilfen sind die Steuerbescheinigungen, die Banken und andere Finanzdienstleister ihren Kunden ausstellen. Auf den Bescheinigungen sind Kapitalerträge, einbehaltene Steuern und andere Informationen vermerkt. Dazu bekommen Sie den wichtigen Hinweis, in welche Zeile der Anlage KAP welche Beträge gehören. Bei Unklarheiten helfen oft Nachfragen bei der Bank oder bei einem Steuerprofi.

Zeile 1 bis 6: Abgabepflicht und Abgabekür

Füllen Sie **Zeile 1 bis 3** mit den persönlichen Angaben aus und kreuzen Sie rechts den Zweck an (Einkommensteuererklärung und/oder Kirchensteuer) und die Person, um die es geht. Bei Ehepaaren/Lebenspartnerschaften will das Finanzamt in der Regel zwei Anlagen KAP sehen, auch wenn ein Partner alle und der andere gar keine Kapitaleinkünfte hat. In **Zeile 4 bis 6** geht es um die Abgabegründe. Die Eintragung der Ziffer „1" in **Zeile 4** beantragt die „Günstigerprüfung". Das Finanzamt prüft dann, ob die Abgeltungsteuer günstiger war als die Versteuerung der Kapitaleinkünfte mit dem persönlichen Steuersatz des Sparers. Hier ist der Grenzsteuersatz entscheidend. Das ist der Steuersatz, mit dem der letzte steuerpflichtige Euro versteuert wird. Hat etwa ein Ehepaar ein zu versteuerndes Einkommen von 44 000 Euro, so wird der 44 000ste Euro derzeit mit rund 27 Prozent Grenzsteuersatz versteuert: Der Fiskus holt sich davon also 27 Cent Einkommensteuer (→ Seite 261). Liegt der persönliche Grenzsteuersatz unter 25 Prozent, zahlt das Finanzamt via Steuererklärung bereits abgeführte Abgeltungsteuer zurück. Das klappt aber nur, wenn das hier mit der Ziffer „1" beantragt wird. Sonst findet keine Günstigerprüfung statt.

Wenn das zu versteuernde Einkommen mit den Kapitaleinkünften nicht mehr als 17 220/34 440 Euro (alleinstehend/verheiratet) beträgt, liegt der persönliche Grenzsteuersatz bei genau 25 Prozent. Ist das Einkommen niedriger, lohnt sich die Günstigerprüfung. Wer wissen will, wie hoch sein persönlicher Grenzsteuersatz ist, kann das mithilfe der Tabelle auf Seite 261 überschlagen und im Internet unter bmf-steuerrechner.de („Berechnungen und Informationen zur Einkommensteuer") genau feststellen.

Kommt heraus, dass Sie im Bereich des Steuersatzes von 25 Prozent liegen, sollten Sie stets die Günstigerprüfung beantragen. Verlieren kann man dabei nie, manchmal aber gewinnen.

→ Zum Beispiel Ulli und Undine U.

Undine ist Hotelangestellte, Ulli schlägt sich als Jazz-Musiker durch. Das Ehepaar kommt auf ein zu versteuerndes Einkommen von 22 000 Euro. Darauf zahlen sie 382 Euro Einkommensteuer und keinen Solidaritätszuschlag. Mithilfe einer Erbschaft hatten sie ordentlich angespart. Ihr gemeinsames Depot warf 5 000 Euro an Kapitalerträgen ab. Nach Abzug des Sparerpauschbetrags von 1 602 Euro führt die Bank von den verbleibenden 3 398 Euro Kapitaleinkünften rund 896 Euro an das Finanzamt ab. So werden sie zunächst mit insgesamt 1 278 Euro zur Kasse gebeten (382 plus 896). Per Anlage KAP holt sich Ehepaar U. 278 Euro der bereits abgeführten Steuern zurück. Grund: Der Grenzsteuersatz von Familie U. liegt mit knapp 20 Prozent deutlich unter dem Abgeltungsteuersatz von 25 Prozent.

zu versteuerndes Einkommen ohne Zinsen	22 000
Einkommensteuer auf 22 000 Euro	382
Zinsen	5 000
Abgeltungsteuer auf 3 398 Euro plus Soli (5 000 minus 1 602)	896
gezahlte Einkommensteuer insgesamt (382 plus 896)	1 278
zu versteuerndes Einkommen mit Zinsen (22 000 plus 5 000 minus 1 602)	25 398
Einkommensteuer auf 25 398 Euro	1 000
Vorteil nach Günstigerprüfung (1 278 minus 1 000, alle Angaben in Euro)	**278**

Höhere Kapitaleinkünfte bleiben steuerfrei, wenn Sparer zu Beginn des Steuerjahres mindestens 64 Jahre alt waren und den Altersentlastungsbetrag für Nebeneinkünfte verwenden können (→ Seite 194 und 256). Dazu müssen Sie aber die Günstigerprüfung in der Anlage KAP beantragen, sonst bleibt der Freibetrag unberücksichtigt. Der Freibetrag schmilzt für jeden neuen Jahrgang. Für alle, die Anfang 2021 gerade 64 Jahre alt waren, liegt er noch bei 15,2 Prozent der Einkünfte, maximal 722 Euro, das aber zusätzlich zum Sparerpauschbetrag.

Wer in **Zeile 5** die Ziffer „1" in das Kästchen schreibt, erreicht die Überprüfung seiner im Jahresverlauf bereits an das Finanzamt abgeführten Steuern auf Kapitaleinkünfte. Das kann beispielsweise sinnvoll sein, wenn Abgeltungsteuer abgeführt wurde, obwohl der Sparerpauschbetrag von 801 Euro (Ehepaare 1 602 Euro) nicht ausgeschöpft wurde, weil etwa die Freistellungsaufträge nicht richtig verteilt waren oder weil beim Bank- oder Depotwechsel etwas schiefgelaufen ist. Auch ausländische Quellensteuer lässt sich so zurückholen.

Achten Sie am besten schon im Laufe des Jahres darauf, dass Sie – wenn Sie Kunde mehrerer Banken sind – Ihre Freistellungsaufträge einigermaßen passend verteilen, und passen Sie sie zum Beispiel an, wenn Sie bei einer Bank ein Festgeldkonto aufgelöst und bei einer anderen Bank ein neues eröffnet haben.

In **Zeile 6** markieren kirchensteuerpflichtige Menschen mit der Ziffer „1", dass für ihre laufenden Kapitalerträge von der Bank keine Kirchensteuer abgeführt wurde und dass sie das im Rahmen der Steuererklärung nachholen (auch Hauptvordruck **Zeile 2** ankreuzen, → Seite 54).

Das betrifft nur wenige Menschen, weil Banken und andere Finanzinstitute die Kirchensteuer, die sie im Rahmen der Abgeltungsteuer einbehalten haben, in der Regel automatisch an den Fiskus abführen. Finanzinstitute und alle anderen, die zum Steuerabzug verpflichtet sind, müssen den Religionsstatus ihrer Kunden oder Zahlungsempfänger zum Stichtag 31. August beim Bundeszentralamt für Steuern (BZSt) abfragen. Die Abfrage erfolgt in der Regel jährlich neu in den Monaten September bis Oktober. Das Ergebnis bildet die Grundlage für den Abzug der Kirchensteuer im Folgejahr. Für das Jahr 2021 gilt also das Abfrageergebnis aus dem Jahr 2020.

Wer keiner Religionsgemeinschaft angehört, bleibt ohne Abzug. Ob das tatsächlich funktioniert hat, können Betroffene mithilfe der Mitteilungen der Kreditinstitute überprüfen. Kirchensteuerpflichtige, die bis 30. Juni 2020 eine „Sperrvermerkserklärung" beim BZSt eingereicht hatten, konnten die Datenübermittlung für 2021 verhindern. Der Sperrvermerk löst aber in jedem Fall eine Information des BZSt an das zuständige Finanzamt aus und ist in der Regel ein Grund für die Pflichtabgabe einer Steuererklärung. Die Sperrvermerkserklärung ist bis auf Widerruf gültig, muss also nicht jährlich erneuert werden. Das Formular dafür finden Sie im Internet unter formulare-bfinv.de. Dort klicken Sie nacheinander die Begriffe Formularcenter, Formulare A–Z, Kirchensteuer an.

Es gibt weitere, in **Zeile 4 bis 6** nicht genannte Gründe, die Sparer und Anleger verpflichten, eine Anlage KAP abzugeben: etwa wenn sie im Ausland Kapitaleinkünfte erzielen oder Zinsen aus bestimmten privaten Darlehen erhalten haben (→ Seite 169).

Zeile 7 bis 15: Abgeltungsteuer abgeführt

In **Zeile 7** tragen Sie zusammengefasst sämtliche Kapitalerträge ein, für die im Jahresverlauf Abgeltungsteuer abgeführt wurde. Dazu gehören auch die per Freistellungsauftrag im Rahmen des Sparerpauschbetrags freigestellten Beträge bis 801/1 602 Euro (alleinstehend/verheiratet oder verpartnert). Hier geht es unter anderem um laufende Kapitalerträge wie etwa Zinsen und Dividenden. Die genauen Beträge ergeben sich aus den Steuerbescheinigungen von Banken, Fondsgesellschaften und anderen Finanzdienstleistern.

Hierher gehören auch Erträge aus Lebensversicherungen, die nicht steuerbegünstigt sind. Außerdem tragen Sie hier Gewinne aus dem Verkauf von Wertpapieren aller Art, etwa Aktien, Anleihen oder Zertifikate, oder aus Termingeschäften ein.

In **Zeile 8** müssen Gewinne aus Aktienverkäufen (aus **Zeile 7**) nochmals separat erscheinen, weil sie steuerlich etwas anders als andere Kapitalerträge behandelt werden.

Kapitalerträge, die dem inländischen Steuerabzug unterlegen haben		Beträge lt. Steuerbescheinigung(en) EUR		korrigierte Beträge (lt. gesonderter Aufstellung) EUR
7	Kapitalerträge	210/410	*1 9 2 5*,__ 220/420	
8	In Zeile 7 enthaltene Gewinne aus Aktienveräußerungen	212/412	__ 222/422	

In **Zeile 9** tragen Sie die in Zeile 7 enthaltenen Gewinne aus Termingeschäften und Einkünfte aus Stillhalteprämien ein. Die **Zeile 10** fragt nach „bestandsgeschützten Alt-Anteilen". Dabei geht es um Investmentfondsanteile, die vor dem 1. Januar 2009 gekauft wurden. Gewinne, die vor dem 31. Dezember 2017 entstanden, bleiben auch nach dem „Investmentsteuerreformgesetz 2018" steuerfrei. Spätere Gewinne sind steuerpflichtig. Für solche Gewinne gibt es aber einen Freibetrag von 100 000 Euro pro Anleger. Der kann so lange genutzt werden, bis er aufgebraucht ist. Veräußerungsgewinne solcher Alt-Anteile können Anleger dem nachrichtlichen Teil der Steuerbescheinigungen der Fonds entnehmen. Ist ein Teil des Freibetrages verbraucht, stellt das Finanzamt den restlichen Freibetrag gesondert fest. War das im Vorjahr, also 2020, der Fall, ist das zusätzlich in der **Anlage Sonstiges** anzugeben (**→** Seite 178).

In **Zeile 11** geht es um die sogenannte Ersatzbemessungsgrundlage. Das sind 30 Prozent der Einnahmen aus einem Wertpapiergeschäft. Die Bank erhebt die Steuer auf dieser pauschal angenommenen Grundlage, wenn sie die genauen Anschaffungskosten des Wertpapiers nicht kennt. Ist der Wert zu hoch, können Sie ihn in der rechten Spalte der **Zeile 11** korrigieren, wenn Sie entsprechende Nachweise haben.

In dieser rechten Spalte der **Zeilen 7 bis 13** lassen sich außerdem Verluste von Konten bei unterschiedlichen Banken berücksichtigen oder Kosten von Veräußerungsgeschäften, die die Bank in ihre Abrechnung nicht einbezogen hat. In **Zeile 10 und 11** fragt das Formular nach Verlusten aus Wertpapiergeschäften (unterteilt nach Aktien- und anderen Verlusten). In die **Zeile 14** tragen Sie Verluste aus Termingeschäften ein, in **Zeile 15** gehören Verluste aus wertlos gewordenen Kapitalanlagen, beispielsweise Aktien. Diese können im laufenden Jahr nur bis 20 000 Euro mit anderen, positiven Kapitaleinkünften verrechnet werden. Wer sich damit herumschlagen muss, sollte einen Steuerprofi konsultieren.

Zeile 16 und 17: Sparerpauschbetrag

Ob und in welcher Höhe der Sparerpauschbetrag genutzt wurde, ergibt sich im Regelfall aus den vorliegenden Steuerbescheinigungen. **Zeile 16** fragt nach dem Teil des Sparerpauschbetrags, der für die in **Zeile 7 bis 15, 30 und 33** aufgeführten Kapitalerträge verwendet worden ist. Normalerweise erscheint hier der gesamte genutzte Sparerpauschbetrag von 801 Euro. In **Zeile 17** kommt eine Ausnahme. Hierher gehört der Teil des Sparerpauschbetrags, der für Kapitalerträge genutzt wurde, die **nicht** in den hier genannten Zeilen auftauchen. Ein solcher Fall kann beispielsweise dann eintreten, wenn die Bank bereits ordnungsgemäß und unter Berücksichtigung des Freistellungsauftrags Abgeltungsteuer abgeführt hat und der Sparer daran auch nachträglich nichts ändern möchte.

Wer in **Zeile 4** die Günstigerprüfung beantragt hat und deshalb alle Kapitalerträge vollständig in die Anlage KAP sowie bei Investmenterträgen im Ausland und bei Beteiligungen in die Anlagen KAP-INV und KAP-BET eingetragen hat, trägt in **Zeile 17** eine „0" ein.

Zeile 18 bis 34: Ohne Abgeltungsteuer

In **Zeile 18 bis 26** werden Kapitalerträge abgefragt, bei denen erst mit der Steuererklärung 25 Prozent Abgeltungsteuer erhoben werden, falls nicht die individuelle Besteuerung günstiger ist (→ **Zeile 4**). Dabei kann es sich zum Beispiel um ausländische Zinsen handeln oder auch um Kreditzinsen aus bestimmten Privatdarlehen. Alle diese Kapitalerträge gehören zusammengefasst in **Zeile 18** (Inland) oder **Zeile 19** (Ausland). In **Zeile 20 bis 23** will das Finanzamt eine gesonderte Aufstellung der bereits in **Zeile 18 und 19** enthaltenen Gewinne beziehungsweise Verluste sehen. Ausgenommen von der Zusammenfassung in **Zeile 18 und 19** sind Zinsen für Steuererstattungen, die das Finanzamt (obwohl es sie genau kennt) in **Zeile 26** ebenfalls separat sehen will und die im letzten Steuerbescheid zu finden sind. Verluste aus wertlos gewordenen Kapitalanlagen, beispielsweise für im Ausland verwahrte Aktien oder Investmentanteile, gehören in **Zeile 25**.

Noch ein Tipp: Das Bundesverfassungsgericht muss in mehreren Verfahren darüber entscheiden, inwieweit Erstattungszinsen steuerpflichtig sind (zum Beispiel Az. 2 BvR 482/14). Betroffene können mit Bezug auf das Verfahren Einspruch gegen den Steuerbescheid einlegen (→ Seite 202).

Bei Kapitalerträgen, die nicht mit der Abgeltungsteuer, sondern mit dem persönlichen Steuersatz versteuert werden müssen (**Zeile 27 bis 34**), geht es meist um Erträge, die im betrieblichen Bereich anfallen, und um weitere Spezialfälle, die „Normalsteuerzahler" eher selten betreffen. Kapitalerträge aus inländischen und ausländischen Beteiligungen gehören nicht mehr hierher, sondern in die Anlage **KAP-BET**. **Zeile 28** fragt übrigens auch nach Zinsen aus privaten Darlehen an Verwandte und andere Menschen. Die unterliegen dem persönlichen Steuersatz, wenn sie beim Schuldner als Werbungskosten oder als Betriebsausgaben absetzbar sind. Der Bundesfinanzhof sieht das großzügiger. Er hat in mehreren Urteilen entschieden, dass die Nutzung der Abgeltungsteuer auch in diesen Fällen möglich ist, wenn kein Beherrschungsverhältnis zwischen den beteiligten Seiten vorliegt und das Darlehen einem Fremdvergleich standhält (zum Beispiel Az. VIII R 44/13).

In **Zeile 30** gehören Erträge aus steuerlich begünstigten Lebensversicherungen, die nach dem 31. Dezember 2004 abgeschlossen wurden. Wer sich eine solche Versicherung frühestens einen Tag nach dem 60. Geburtstag auszahlen lässt, erhält, wenn die Versicherung mindestens 12 Jahre bestand, die Hälfte der Erträge steuerfrei. Sind die Vorgaben nicht erfüllt, sind die Erträge komplett mit dem persönlichen Steuersatz steuerpflichtig. Die Versicherung berechnet aber zunächst auf alle Erträge Abgeltungsteuer, über die Steuererklärung wird dann mit dem persönlichen Steuersatz gerechnet. Für die Wertsteigerung fondsgebundener Lebensversicherungen erfolgt seit 2018 teilweise eine Steuerfreistellung. Die genauen Werte ergeben sich aus der Steuerbescheinigung des Versicherers.

In der **Zeile 33** geht es unter anderem um die steuerliche Behandlung sogenannter verdeckter Gewinnausschüttungen in speziellen Fällen. Ohne Steuerberater sollte sich hier niemand bewegen. Das gilt auch für die **Zeile 34**, die „Spezial-Investmentanteile" behandelt.

Zeile 35 und 36: Steuerermäßigung

In **Zeile 35** gehören Kapitalerträge, die als Entschädigung gezahlt und ermäßigt besteuert werden, ähnlich wie Abfindungen bei Arbeitnehmern.

Das kann beispielsweise Zahlungen von Bausparkassen nach einem Rechtsstreit betreffen. In **Zeile 36** wiederholt sich die Abfrage für andere Kapitaleinkünfte und Einkünfte aus Beteiligungen. In diesen Fällen ist professionelle Steuerberatung hilfreich.

Zeile 37 bis 50: Steuerabzug & Co.

In **Zeile 37 bis 45** will das Amt sehen, wie viel Steuern auf Kapitalerträge bereits abgeführt wurden. Welche Kapitalerträge gemeint sind, findet sich in den Zeilenangaben der Überschrift. So gehört beispielsweise die insgesamt abgeführte Abgeltungsteuer in **Zeile 37**, und zwar auch die Steuer, die auf Investmenterträge abgeführt wurde, die ansonsten in der Anlage **KAP-INV** abgehandelt werden. Abzugsbeträge aus Beteiligungen gehören dagegen nicht hierher, sondern in die Anlage **KAP-BET**. In **Zeile 38 bis 41** wiederholt sich die Prozedur für andere Steuerarten. Die fiktive Quellensteuer (**Zeile 42**) gilt für manche Anleihen ausländischer Staaten. Der deutsche Fiskus rechnet sie dem Anleger trotzdem an, als wäre sie einbehalten worden. Das erhöht die Rendite der Anleihen. **Zeile 43 bis 45** fragt nach den einbehaltenen und anzurechnenden Steuern auf die in der Überschrift erwähnten Erträge.

Anzurechnende Steuern zu Erträgen in den Zeilen 28 bis 34 sowie aus anderen Einkunftsarten		EUR	Ct
43	Kapitalertragsteuer	286/486	8 , 5 0
44	Solidaritätszuschlag	287/487	4 , 8 1

Manchmal Belege notwendig

Steuerbescheinigungen über inländische Kapitalerträge müssen der Steuererklärung grundsätzlich nicht mehr beigefügt werden. Von dieser Regel gibt es aber Ausnahmen. So müssen bei Eintragungen in den Zeilen 12 und/oder 13 (Verluste) sowie in den Zeilen 43 bis 45 Steuerbescheinigungen weiterhin unaufgefordert eingereicht werden.

Mit **Zeile 46** will die Finanzverwaltung die Erstattung von Kapitalertragsteuer bei bestimmten Wertpapiergeschäften einschränken, etwa bei „cum/cum-Geschäften" zwischen Banken und Großanlegern. Wer hier etwas einzutragen hat, sollte vorher einen Steuerprofi konsultieren. Das gilt auch für ausländische Familienstiftungen (**Zeile 47 bis 49**) und für den Umgang mit Steuerstundungsmodellen nach § 15b Einkommensteuergesetz (**Zeile 50**).

Anlage Unterhalt:
Für Helfer

Sie unterstützen Ihren studierenden Sohn, der sich mit Anfang 30 für eine neue Ausbildung entschieden hat? Oder Ihre Eltern, die finanzielle Hilfe benötigen? Die Hilfe für unterhaltsberechtigte Verwandte, etwa an Kinder, Enkel oder Eltern, können Sie als außergewöhnliche Belastung geltend machen. Für 2021 gilt ein Höchstbetrag von 9 744 Euro. Es geht dabei um Hilfe zum Lebensunterhalt, etwa für Nahrung, Kleidung, Unterkunft oder Ausbildung.

Diese Abzugsmöglichkeit ist neben der Unterhaltsverpflichtung an weitere Voraussetzungen gebunden, vor allem muss der Empfänger „bedürftig" sein. Er darf kein eigenes Vermögen über 15 500 Euro haben. Selbst genutztes Wohneigentum spielt aber bei dieser Höchstgrenze keine Rolle, wenn es der Situation angemessen und kein „Palast" ist. Auch das eigene Einkommen des Unterstützten muss angegeben werden. Jeder Euro über dem Betrag von 624 Euro mindert den als Unterhalt abzugsfähigen Betrag. Erreicht das eigene Einkommen des Unterstützten 10 368 Euro (9 744 plus 624), ist kein Unterhalt mehr absetzbar – mit einer Ausnahme: Beiträge zur Kranken- und Pflegeversicherung zählen zusätzlich. Denn neben dem Höchstbetrag von 9 744 Euro dürfen Sie die für den Unterstützten gezahlte Beiträge zur Kranken- und Pflegeversicherung als Unterhalt geltend machen. Ferner darf niemandem Kindergeld oder ein Kinder-freibetrag für den Unterstützten zustehen. Eltern können Unterhaltszah-lungen an ihre Kinder in der Regel erst dann geltend machen, wenn diese 18 bzw. 25 Jahre alt sind (→ Seite 141).

Zum Einkommen des Unterstützten gehört fast alles, was ihm an Geld-oder Sachleistungen zufließt, auch Sozial- oder Lohnersatzleistungen wie Elterngeld, Arbeitslosengeld oder der Lohn aus einem Minijob. Für jeden unterstützten Haushalt ist eine gesonderte Anlage Unterhalt erforderlich.

→ Zum Beispiel Elvira E.

Die alleinstehende Beamtin unterstützt ihren 28-jährigen, auswärts studierenden Sohn Erik mit 400 Euro im Monat. Kindergeld bekommt sie nicht mehr. Erik arbeitet ab und zu am Wochenende als Kellner, sein Verdienst wird nach Steuerklasse abgerechnet. Er kommt insge-samt auf 3 000 Euro Einkünfte aus nichtselbstständiger Arbeit. Elvira kann die 4 800 Euro (400 mal 12), die sie Erik im Jahr zukommen lässt, voll als außergewöhnliche Belastung geltend machen.

Eriks Einkünfte	3 000
minus pauschaler anrechnungsfreier Betrag	− 624
Eriks anzurechnende Einkünfte	2 376
Unterhaltshöchstbetrag	9 744
minus Eriks anzurechnende Einkünfte	− 2 376
Elviras höchstmöglicher Abzugsbetrag	7 368
tatsächlich von Elvira gezahlter Unterhalt (400 mal 12)	4 800
von Elvira absetzbarer Unterhalt (alle Angaben in Euro)	**4 800**

Als Unterhalt gelten nicht nur Geldzahlungen, sondern auch Sachleistun-gen. Würde Erik kostenlos bei Elvira leben und wohnen, ginge das Finanz-amt in der Regel ohne weiteren Nachweis vom Unterhaltshöchstbetrag von 9 744 Euro aus, und Elvira würde so ihren höchstmöglichen Abzugs-betrag erhalten.

Auch Menschen, die nicht unterhaltsberechtigt sind, können ausnahmsweise steuersparend unterstützt werden, etwa Lebenspartner ohne Trauschein, denen wegen der Partnerschaft staatliche Zuwendungen wie Sozialhilfe gekürzt oder gestrichen wurden. Es kann sich übrigens lohnen, in Sachen Unterhalt beim ersten Antrag einen Steuerprofi zu befragen, denn einige Regeln sind ziemlich verzwickt und unübersichtlich, besonders die Bestimmungen zur Anrechnung der eigenen Einkünfte und Bezüge des Unterstützten, zur Bewertung seines Vermögens und zu Unterhaltszahlungen ins Ausland. Arbeitnehmer füllen die Anlage Unterhalt aus, wenn sie ihre Unterstützung für Bedürftige als außergewöhnliche Belastung absetzen wollen.

Zeile 1 bis 6: Allgemeine Angaben

Name und Steuernummer des Unterstützers gehören in **Zeile 1 bis 3**. Für jeden unterstützten Haushalt ist eine gesonderte Anlage Unterhalt erforderlich. Wer mehrere Anlagen Unterhalt abgibt, schreibt in das rechte Feld in **Zeile 3** die laufende Nummer der entsprechenden Anlage. In **Zeile 4** gehört die Anschrift des unterstützten Haushalts. Nur wenn der im Ausland liegt, ist eine Eintragung in **Zeile 5** erforderlich. In **Zeile 6** kommt die Anzahl der Menschen, die im unterstützten Haushalt leben, egal ob sie unterhaltsberechtigt sind oder nicht.

Zeile 7 bis 16: Unterhaltsleistungen

In **Zeile 7** schreiben Sie, von wann bis wann Sie 2021 Unterhalt gezahlt haben. Die Summe kommt in das rechte Feld. **Zeile 8** will den genauen Zeitpunkt der ersten Zahlung wissen. War der zum Beispiel Weihnachten

2019, wird die Zahlung für 2020 nicht anerkannt. Kam die erste Zahlung im März 2021, verringert sich der Höchstbetrag auf maximal zehn Zwölftel von 9 744 Euro, das wären in diesem Fall 8 120 Euro (9 744 durch 12 mal 10). Je eher die Zahlung beginnt, umso mehr ist absetzbar. Eine Kürzung gibt es nicht, wenn der im Ausland lebende Ehegatte unterstützt wird.

Zeile 9 bis 10 ist nur auszufüllen, wenn die Unterhaltszahlung einmal im Jahr unterbrochen und wieder aufgenommen wurde. Häufigere Unterbrechungen gehören auf ein separates Blatt. Für die Zahlungen will das Amt in der Regel Nachweise sehen.

Beiträge zur Kranken- und Pflegeversicherung des Unterstützten können zusätzlich zum Höchstbetrag als Unterhalt geltend gemacht werden. Das passiert in **Zeile 11 bis 16**, und zwar in der Weise und mit den Beschränkungen, die generell gelten und bei den Erläuterungen zur **Anlage Vorsorgeaufwand →** ab Seite 103 beschrieben sind.

Zeile 17 bis 26: Zahlungen ins Ausland

Hier geht es um Unterhaltszahlungen an Personen im Ausland. Es wird etwas komplizierter, denn es gelten teilweise andere Bestimmungen und Nachweispflichten. Nachweise müssen der Steuererklärung aber erstmals nicht mehr beigelegt, sondern lediglich vorgehalten werden (**→** zum Beispiel die **Zeilen 17, 18, 21**).

Das Amt hat die Welt in vier Ländergruppen aufgeteilt. Wie viel Unterhalt abzugsfähig ist, hängt davon ab, in welchem Land der Unterstützte wohnt. In **Zeile 17 bis 20** müssen Unterstützer angeben, wie, wann und wie viel sie gezahlt haben. In **Zeile 21 bis 25** geht es ausschließlich um Zahlungen an den Ehe-/Lebenspartner, die im Rahmen von Besuchsreisen erfolgt sind. In **Zeile 26** trägt der Unterstützer seinen Nettolohn ein. Das Amt will prüfen, ob die Unterhaltszahlung so hoch ausfällt, dass der eigene Lebensunterhalt des Unterstützers gefährdet wird.

Zeile 31 bis 44: Angaben zum Unterstützten

Die Fragen in **Zeile 31 bis 35** beziehen sich auf die unterstützte Person. Wer Menschen im Ausland unterstützt, muss die „Bedürftigkeitserklärung"

Unterschiede beim Abzug je nach Land

Unterstützen Sie eine im Ausland lebende Person, hängt es vom jeweiligen Aufenthaltsland ab, wie viel Ausgaben Sie geltend machen können. Die Höhe lässt sich mit der sogenannten Ländergruppeneinteilung des Bundesfinanzministeriums (BMF) ermitteln, siehe test.de/Steuerratgeber-Extra. Das ist entweder so viel wie in Deutschland oder drei Viertel, die Hälfte oder ein Viertel davon.

vorliegen haben und auf Anfrage vorlegen können. Wenn ja, tragen Sie eine „1" in **Zeile 34** ein. Muster gibt es im Internet unter formulare-bfinv.de. Betroffene sollten sich rechtzeitig beim Finanzamt oder einem Steuerprofi erkundigen, welche Unterlagen erforderlich sind und wie man die beschaffen kann. **Zeile 35** meint den Partner des Unterstützten.

Lebt die unterstützte Person im Haushalt des Unterstützers, geht das Amt ohne Nachweis davon aus, dass Unterhaltsaufwand bis zum absetzbaren Höchstbetrag entstanden ist (**Zeile 36**). Wer **Zeile 37** bejaht, darf keinen Unterhalt absetzen, wenn und solange ihm oder irgendjemandem für das Kind ein Kinderfreibetrag oder Kindergeld zusteht.

In **Zeile 38 bis 42** wird abgefragt, ob eine der hier aufgeführten Unterhaltsverpflichtungen vorliegt. Das betrifft geschiedene oder getrennt lebende Ehepaare oder Partner einer aufgehobenen Lebenspartnerschaft (**Zeile 38**), den Partner, der im Ausland lebt (**Zeile 39**), die Mutter oder den Vater des gemeinsamen Kindes (bis zu dessen drittem Lebensjahr), die gesetzlich unterhaltsberechtigt sind (**Zeile 40**).

In **Zeile 41** geht es um Menschen, die zwar nicht unterhaltsberechtigt sind, denen aber wegen der Partnerschaft Zuwendungen wie Sozialhilfe gekürzt oder gestrichen wurden. In **Zeile 42** gehört das Vermögen, das ein Unterstützter nur in begrenztem Umfang haben darf. **Zeile 43 bis 44** betrifft den Fall, dass sich mehrere Menschen am Unterhalt beteiligt haben. Wenn beispielsweise mehrere Geschwister Unterhalt an ihre Eltern geleistet haben, wird der Höchstbetrag unter Ihnen aufgeteilt. Das geschieht aber nicht pro Kopf, sondern anteilig entsprechend der Höhe der Unterhaltsleistungen.

Zeile 45 bis 54: Einkünfte und Bezüge des Unterstützten

Hierher gehört ziemlich alles, was dem Unterstützten an Einkünften und Bezügen zufließt. Jeder Euro oberhalb von 624 Euro verringert das Abzugsvolumen von Unterhaltsaufwendungen. Zahlt etwa ein Sohn seiner bedürftigen Mutter 9 744 Euro Unterhalt im Jahr, wirken sich davon 6 868 Euro steuerlich aus, wenn die Mutter selbst 3 500 Euro Einkünfte hat (9 744 minus 3 500 plus 624, Beispiel → auf Seite 173). Wenn Unterstützte im Ausland leben, verringert sich auch der Betrag von 624 Euro entsprechend der Ländergruppeneinteilung. Die Fragen hier sind relativ gut nachvollziehbar. Unter „Versorgungsbezügen" versteht das Amt Pensionen (**Zeile 45 bis 46**, 5. bis 7. Spalte von links).

Bei Zinsen und anderen Kapitaleinkünften wird danach gefragt, ob sie mit der „normalen" Einkommensteuer besteuert wurden (**Zeile 49 und 50**) oder mit der Abgeltungsteuer (**Zeile 51 und 52**). Zu den in diesen Zeilen abgefragten Sozialleistungen gehört auch das Elterngeld, wenn der Unterstützte in Elternzeit ist. Mit „öffentlichen Ausbildungshilfen" ist unter anderem der Teil des BAföG gemeint, der als Zuschuss gezahlt wurde (**Zeile 53 und 54**).

Auf Seite 3 und 4 der Anlage Unterhalt lassen sich die Daten von zwei weiteren Unterhaltsempfängern desselben Haushalts in der gleichen Weise eintragen. Für mehr als drei Unterhaltsempfänger in einem Haushalt ist eine weitere Anlage Unterhalt erforderlich.

Anlage Sonstiges

Vor einigen Jahren hat die Finanzverwaltung die Steuerformulare erheblich umgebaut. Seither gibt es die Anlage Sonstiges, in der einige „spezielle" Sachverhalte erfragt werden wie erbschaftssteuerlicher Erwerb, der Besitz von schutzwürdigen Kulturgütern oder Verlustabzug.

Zeile 4: Erbschaftsteuer

Hier geht es um Einkünfte, die in der Steuererklärung auftauchen und die bestimmte Erbfälle betreffen. Haben Sie die Erbschaftsteuer bereits entrichtet, kann hierfür die Einkommensteuer ermäßigt werden. Denkbar sind in diesem Zusammenhang etwa Mietforderungen oder andere Forderungen des Erblassers, die zum Zeitpunkt bereits bestanden und mit Erbschaftsteuer belegt worden sind. Gehen diese steuerpflichtigen Zahlungen später beim Erben ein, sollte ein Steuerprofi um Rat gefragt werden.

Zeile 5: Investitionen in Kulturgüter

Wer sich eine alte Mühle, Parkanlage oder Bibliothek gekauft hat, ist eventuell im Besitz eines geförderten Baudenkmals oder Kulturguts. Bis zu 9 Prozent der Herstellungs- und Erhaltungskosten sind als Sonderausgaben absetzbar, so die (umfangreichen) Voraussetzungen eingehalten werden.

Zeile 6: Spendenvortrag

Großzügige Spender nutzen **Zeile 6**. Wurde mit der Steuererklärung 2020 ein Spendenvortrag festgestellt, tragen Sie hier eine 1 ein. Nachdem Sie den Höchstbetrag für den Abzug von Spenden im Vorjahr voll ausgeschöpft haben, beachtet das Finanzamt den verbleibenden Teilbetrag im Steuerjahr 2021.

Zeile 7 und 8: Verluste

Verluste können entstehen, wenn Arbeitnehmer sich aufwendig fortbilden und dabei wenig oder gar nichts verdienen. Das führt zu „vorweggenommenen Werbungskosten". Auch weitere Einkünfte, etwa aus Vermietung, können Verluste bringen. Über bereits festgestellte Verluste aus Vorjahren informieren Sie das Finanzamt in **Zeile 7**. Ergibt sich mit der Steuererklärung 2021 ein Verlust, wird der Betrag vom Finanzamt automatisch im Vorjahr berücksichtigt. Wer das nicht will, weil sich der Verlust in folgenden Jahren günstiger auswirkt, nutzt **Zeile 8**. Sie können einen Teil eintragen oder mit einer „0" alles in das nächste Jahr vortragen lassen.

Zeile 9: Verluste in Drittstaaten

In **Zeile 9** ist anzugeben, wenn im Vorjahr Verluste aus Einkünften außerhalb der EU erzielt und gesondert festgestellt wurden. Wer sich dort engagiert, hat üblicherweise einen Steuerberater.

Zeile 10: Freibetrag für Investmentverkäufe

Wer im Jahr 2020 Altanteile von Investmentfonds verkaufte, für die das Finanzamt einen Freibetrag gewährt hat (**Anlage KAP →** Seite 162), gibt das in **Zeile 10** an. Das Finanzamt schreibt den verbleibenden Freibetrag fort.

Zeile 11: Ehepaare mit einzelnen Steuererklärungen

Diese Zeile betrifft nur Ehegatten und eingetragene Lebenspartner, die jeweils **eine eigene Steuererklärung** abgeben. Sie können hier beantragen, dass Steuerermäßigungen rund um den Haushalt, Sonderausgaben und außergewöhnliche Belastungen hälftig zwischen ihnen aufgeteilt werden.

Zeile 12: Forschungszulage

In dieser neuen Zeile geht es um die Festsetzung der Einkommensteuer in Zusammenhang mit einem Antrag auf eine Forschungszulage, den Unternehmen stellen können. Für Arbeitnehmer und Beamte spielt sie somit im Regelfall keine Rolle.

Weitere Anlagen: Zusatzeinkünfte

Die meisten Arbeitnehmer und Beamten kommen mit den bisher dargestellten Anlagen zu ihrer Steuererklärung aus. Wer aber neben Lohn und Zinsen noch andere steuerpflichtige Einnahmen hat, beispielsweise als Vermieter, Rentner oder im Zusammenhang mit einer selbstständigen Nebentätigkeit, braucht weitere Anlagen. Einige davon zeigen wir hier im Überblick.

Anlage SO: Sonstige Einkünfte

In Anlage SO (Sonstige Einkünfte) fragt das Finanzamt einige Einkünfte ab, die anderswo nicht unterzubringen waren. In **Zeile 4** geht es um sehr spezielle Zahlungen, zum Beispiel Altenteilsleistungen in der Land- und Forstwirtschaft oder bestimmte Schadensersatzrenten. Hier geht ohne Steuerprofi gar nichts.

Zeile 5 bis 25: Unterhalt, Bezüge & Co.

In die **Zeile 5** schreiben geschiedene Ehegatten oder getrennt lebende Lebenspartner Leistungen, die sie von ihren Ex-Partnern zur Vermeidung eines Versorgungsausgleichs erhalten haben. In **Zeile 6** trägt der Empfänger die von seinem Ex-Partner erhaltenen Unterhaltsleistungen ein, wenn der andere sie als Sonderausgaben absetzt (→ Seite 120). Der Zahler hat den Vorteil, dass die Unterhaltszahlung bei ihm steuerlich gefördert wird. Wenn Ex-Partner sich auf eine faire Verteilung des Steuervorteils einigen können, bringt dieses „Realsplitting" beiden Vorteile. Beide müssen gemeinsam die **Anlage U** ausfüllen.

Der Zahler darf zusätzlich zu den maximal geförderten 13 805 Euro Unterhalt im Jahr die von ihm übernommenen Beiträge zur Kranken- und Pflegeversicherung des Unterstützten als Sonderausgaben absetzen. Diese sind beim Empfänger ebenso steuerpflichtig wie der Unterhalt selbst, und sie gehören deshalb mit in die **Zeile 6**. Der Empfänger darf sie allerdings als eigene Sonderausgaben in seine **Anlage Vorsorgeaufwand** eintragen (→ Seite 103).

Zeile 31 bis 51: Private Veräußerungsgeschäfte

Unter den Begriff „Private Veräußerungsgeschäfte" kann der Verkauf aller möglicher Dinge fallen, von Grundstücken über Kunstgegenstände, Schmuck, Edelmetallen, Briefmarken bis hin zu Büchern und Kryptowährungen. Früher hieß so etwas „Spekulationsgeschäft". Der Gewinn ist steuerpflichtig, wenn Kauf und Verkauf innerhalb einer bestimmten Frist liegen: Bei Immobilien beträgt diese Frist zehn Jahre, bei den meisten anderen Gegenständen ist es ein Jahr.

Ob das Finanzamt tatsächlich etwas abbekommt, ist eine andere Frage, denn Spekulationsgewinne bis 599 Euro im Jahr bleiben steuerfrei. Ein Euro mehr ändert aber die Lage. Erreicht der Gewinn 600 Euro, wird alles steuerpflichtig, auch die bis dahin steuerfreien 599 Euro. Für Ehepaare/Lebenspartnerschaften verdoppelt sich die Freigrenze nicht generell. Nutzen kann sie nur der Partner, der die entsprechenden Einkünfte hat. Gehört aber ein veräußerter Gegenstand beiden, profitieren beide jeweils von der Freigrenze.

Zeile 31 bis 41: Grundstücksverkauf

Wer ein Grundstück verkauft, sollte das immer mit Beratung eines Steuerexperten tun. Das kann auch für den Verkauf eines Eigenheims wichtig sein. Der ist zwar grundsätzlich steuerfrei, wenn eine Wohnung im Jahr des Verkaufs und in den beiden Jahren zuvor selbst bewohnt wurde. Aber auch hier bestätigen Ausnahmen die Regel. Auch der Eigenheimbesitzer, der mit seiner Familie seinen bisherigen Wohnort aufgibt und zu seinem neuen Arbeitsort umsiedelt, erhält Post vom Finanzamt. Nachdem er als Verkäufer beim Notar unterschrieben hat, muss der Notar den Immobilienverkauf beim Finanzamt anzeigen. Das Finanzamt schickt einen umfangreichen Fragebogen an den Eigenheimbesitzer, um zu erfahren, ob der Verkauf steuerpflichtig ist.

Private Veräußerungsgeschäfte

Grundstücke und grundstücksgleiche Rechte (z. B. Erbbaurecht) In den Zeilen 35 bis 41 bitte nur den steuerpflichtigen Anteil erklären.

Bezeichnung des Grundstücks (Lage) / des Rechts

31 | MEISENWEG 7, 12435 STEUERHAUSEN, WOHNUNG EG

32 | Zeitpunkt der Anschaffung (z. B. Datum des Kaufvertrags, Zeitpunkt der Entnahme aus dem Betriebsvermögen) `0 1 0 7 2 0 1 4` | Zeitpunkt der Veräußerung (z. B. Datum des Kaufvertrags, auch nach vorheriger Einlage ins Betriebsvermögen) `3 1 0 7 2 0 2 1`

Nutzung des Grundstücks bis zur Veräußerung

		vom	bis	
33	X zu eigenen Wohnzwecken	`T T M M J J J J`	`T T M M J J J J`	m²
34	X zu anderen Zwecken (z. B. als Arbeitszimmer, Vermietung)	`0 1 0 7 2 0 1 4`	`3 1 0 7 2 0 2 1`	`8 0` m²

EUR

Wer zum Beispiel Räume an die Enkelin vermietet hatte oder andere Teile seines Hauses nicht zu „eigenen Wohnzwecken" benutzte, muss einen Verkaufsgewinn, der auf diese Teile entfällt, versteuern, wenn er das Haus nicht mindestens zehn Jahre besaß. Ob das auch für das häusliche Arbeitszimmer gilt, ist strittig (→ „Anhängige Verfahren", Seite 206).

Denken Sie also daran, dass auch beim Verkauf eines Eigenheims innerhalb der Zehnjahresfrist ein steuerpflichtiger Spekulationsgewinn entstehen kann.

Zeile 42 bis 51: Andere Verkäufe und Verluste

Neben dem Verkauf von Grundstücken kann auch der Verkauf anderer Gegenstände aus dem Privatvermögen steuerliche Folgen haben. Das betrifft etwa Schmuck, Edelmetalle, Kunstgegenstände oder wertvolle Bücher, wenn sie innerhalb eines Jahres nach ihrem Erwerb wieder verkauft werden.

Haben Sie beispielsweise im Sommer für 5 000 Euro Goldmünzen gekauft und haben Sie diese im Frühjahr des Folgejahres für 6 000 Euro wieder verkauft, erzielen Sie einen steuerpflichtigen privaten Veräußerungsgewinn von 1 000 Euro. Dieser gehört in die **Zeilen 42 bis 47**. Hier lassen sich aber nicht nur steuerpflichtige Gewinne, sondern auch Verluste unterbringen. Der Verkauf alltäglicher Gebrauchsgegenstände, etwa Pkw, ist grundsätzlich nicht steuerpflichtig, Oldtimer gelten allerdings nicht als „Gebrauchsgegenstände".

Gewinne aus Verkäufen bei Ebay und anderen Portalen sind auch steuerpflichtig und hier anzugeben, wenn der Gegenstand nicht länger als ein Jahr im Besitz war und es sich nicht um einen Gegenstand des täglichen Gebrauchs handeln sollte. Vorsicht ist geboten, wenn regelmäßig solche Verkäufe erfolgen. Die Finanzämter prüfen, ob gewerbliche und umsatzsteuerpflichtige Einnahmen vorliegen. Wer innerhalb der Jahresfrist privat mit Bitcoins und anderen Kryptowährungen handelt, trägt Gewinne und Verluste ebenfalls hier ein.

Verluste aus privaten Veräußerungsgeschäften können nicht steuermindernd mit anderen Einkünften verrechnet werden, sondern nur mit Gewinnen aus anderen privaten Veräußerungsgeschäften. Sind im Jahr 2021 in der Anlage SO keine Gewinne zum Verrechnen vorhanden, wird der Verlust vom Finanzamt festgestellt. Er kann dann in den Folgejahren verrechnet werden, wenn Veräußerungsgewinne anfallen sollten.

Das Ergebnis von **Zeile 47** wird in **Zeile 48** gegebenenfalls auf beide Ehepartner/eingetragenen Partner aufgeteilt.

In den **Zeilen 41 bis 47** kann nur ein einziges privates Veräußerungsgeschäft erfasst werden. Wenn mehrere vorliegen, kommt das Ergebnis zusammengefasst in **Zeile 49**. Die Einzelheiten aller dieser Geschäfte will

Meist Privatangelegenheit

Sie haben Keller oder Dachboden entrümpelt und wollen gebrauchte Möbel, Geschirr oder andere Kleinigkeiten wie Spielzeug verkaufen? Keine Sorge: Anders als etwa beim Verkauf von Antiquitäten ist der Verkauf von alltäglichen Gebrauchsgegenständen kein Fall fürs Finanzamt: Solche Geschäfte gehören zu Ihrer privaten Vermögenssphäre, auch wenn Sie übers Jahr verteilt einige Dinge verkaufen. Häufen sich Ihre Verkäufe aber, sollten Sie zur Sicherheit mit einem Steuerprofi sprechen, um zu klären, ab wann Ihre Geschäfte doch steuerlich relevant werden, weil das Finanzamt Sie als gewerblichen Händler einstuft. Die Grenzen dafür sind meist fließend.

das Finanzamt möglichst nach dem Muster der **Zeilen 42 bis 47** auf einem Extrablatt sehen.

In **Zeile 50 bis 51** geht es zum Beispiel um Grundstücksgemeinschaften und Beteiligungen, die meist professionelle Steuerberatung erfordern, ebenso wie für die Begrenzung der Verlustverrechnung in **Zeile 51**.

Anlagen G und S: Für Nebenerwerbsunternehmer

Wenn sich Arbeitnehmer und Beamte nebenbei als Gewerbetreibende oder Freiberufler etwas hinzuverdienen, tun sie das in der Regel als Kleinunternehmer. Gewerbetreibende füllen die Anlage G aus, Freiberufler die Anlage S (Gewerbebetrieb, Selbstständige Tätigkeit). Wer Gewerbetreibender und wer Freiberufler ist, steht indirekt im Einkommensteuergesetz (§ 18). Dort sind die Berufsgruppen definiert, die das Finanzamt als Freiberufler akzeptiert, zum Beispiel Ärzte, Übersetzer, Rechtsanwälte, Journalisten und eine Reihe anderer Berufe. Wer dort nicht steht, gilt in der Regel als Gewerbetreibender, wobei die Grenze zum Teil fließend ist.

Der steuerlich wichtigste Unterschied: Freiberufler müssen keine Gewerbesteuer zahlen. Für Angestellte, die sich als Nebenberufsunternehmer etwas hinzuverdienen, dürfte das aber ohnehin ein Randthema sein, denn Gewerbesteuer wird erst oberhalb eines Freibetrags von 24 500 Euro Jahresgewinn fällig.

Als Kleinunternehmer darf Ihr Umsatz im vergangenen Kalenderjahr nicht über 22 000 Euro gelegen haben und im laufenden Jahr voraussichtlich 50 000 Euro nicht übersteigen. Sie bleiben von Umsatz-, Gewerbesteuer und Bilanzierungspflicht verschont. Erzielen Arbeitnehmer Einkünfte aus gewerblicher und freiberuflicher Tätigkeit bis 410 Euro im Jahr, ist dafür weder eine Steuererklärung noch Steuer fällig (→ Seite 223).

Kleinunternehmer haben bei der Umsatzsteuer ein Wahlrecht. Wenn sie sich gegen die Umsatzsteuer entscheiden, müssen sie keine Umsatzsteuer an das Finanzamt abführen. Allerdings bekommen sie die von ihnen selbst gezahlte Umsatzsteuer auch nicht vom Finanzamt zurück. Das ist nicht immer günstig, denn wer beispielsweise gerade seine Unternehmerkarriere startet, hat in der Regel höhere Ausgaben (Investitionen) und

Meist elektronisch abrechnen

Auch Kleinunternehmer müssen die amtliche „Anlage EÜR"
(Einnahmenüberschussrechnung) elektronisch ausfüllen und
übermitteln. Ausnahmen davon gibt es in wenigen „Härte-
fällen", etwa wenn Computer oder Internetzugang fehlen
oder wenn ausschließlich steuerfreie Einnahmen vorliegen,
zum Beispiel bei Übungsleitern.

bescheidene Einnahmen. Fällt in dieser Phase die Entscheidung pro Umsatzsteuer, bleibt unter dem Strich oftmals mehr in der Kasse. Wenn Sie
sowieso überlegen, zumindest für den Start einen Steuerexperten oder eine Expertin um Hilfe zu bitten, können Sie dort gleich klären, ob sich der
Verzicht auf den Kleinunternehmerstatus lohnt oder nicht.

Spätestens wenn der Umsatz die Grenze für Kleinunternehmer über-
steigt, sollten auch „Nebenberufsunternehmer" regelmäßig einen Steuerberater aufsuchen. Besonders wichtig kann die Hilfe eines Steuerberaters
vor oder zu Beginn der unternehmerischen Tätigkeit sein, um die wichtigsten Steuerprobleme zu erkennen und um künftig eine professionelle
Steuererklärung fortschreiben zu können.

Arbeitnehmer, die sich in kleinerem Rahmen freiberuflich betätigen,
können ihre Betriebskosten manchmal pauschal abrechnen. Das ist nicht
nur einfacher als die Aufstellung der einzelnen Ausgaben, sondern kann
auch vorteilhaft sein, wenn die tatsächlichen Kosten unterhalb der Pauschale bleiben. Bei wissenschaftlicher, künstlerischer, schriftstellerischer
oder lehrender Nebentätigkeit sind es 25 Prozent der Einnahmen, maximal 614 Euro, die ohne Nachweis als Betriebskostenpauschale geltend gemacht werden können. Wenn Pauschalen höher sind als die tatsächlichen
Betriebsausgaben, lohnt sich die Pauschalmethode in jedem Fall, zumal sie
auch weniger bürokratischen Aufwand erfordert. Macht zum Beispiel ein
Student mit Nachhilfeunterricht 2 000 Euro Jahresumsatz, kann er 25 Prozent davon, das sind 500 Euro, ohne Nachweis als Betriebsausgaben gel-

tend machen. Lagen seine tatsächlichen Kosten, etwa für Fahrten oder Lehrmaterial, nur bei 200 Euro, kann er seinen steuerpflichtigen Gewinn so erheblich drücken. Für Hebammen und Tagesmütter gibt es spezielle „Sonderregelungen" für den pauschalen Ansatz der Betriebsausgaben.

Bei der Gewinnermittlung spielt die Abschreibung eine zentrale Rolle. Oft ist sie für Nebenerwerbsunternehmer ein Buch mit sieben Siegeln. Arbeitnehmer kennen aus ihrer angestellten Tätigkeit die Möglichkeit, Arbeitsmittel abzuschreiben (→ Seite 73). Im unternehmerischen Bereich funktioniert das ähnlich, es gibt aber mehr Freiräume. Unternehmer können ebenfalls den Kaufpreis sogenannter geringwertiger Wirtschaftsgüter (GWG) im Jahr des Kaufs voll als Werbungskosten geltend machen. Als geringwertig gelten Wirtschaftsgüter, wenn sie 2021 ohne Umsatzsteuer nicht mehr als 800 Euro gekostet haben.

Alles, was teurer ist, ist über die vorgegebene Nutzungsdauer abzuschreiben, Büromöbel beispielsweise über 13 Jahre. Diese sogenannte betriebsübliche Nutzungsdauer hat die Finanzverwaltung in Tabellen festgelegt. Sie finden sie unter bundesfinanzministerium.de, wenn Sie dort im Suchfeld den Begriff „AfA-Tabellen" eingeben. Die Tabellen sind aber ziemlich umfangreich und entsprechend unhandlich. Es gibt allerdings auch etwas Spielraum: Bei nachweislich intensiver Nutzung eines Wirtschaftsgutes ist auch eine schnellere Abschreibung möglich als dort genannt.

Ein weiterer neuer Vorteil gilt 2021: Computer können Sie selbst dann im Jahr des Kaufs direkt abschreiben, wenn sie mehr als 800 Euro gekostet haben. Über weitere Abschreibungsmöglichkeiten informieren Sie sich am besten, bevor Sie die Geräte oder das Büromaterial kaufen.

Engagieren Sie sich selbstständig in Vereinen oder in anderen Einrichtungen, die gemeinnützigen, mildtätigen oder kirchlichen Zwecken dienen, können Sie bis zu 3 000 Euro steuerfreie Aufwandsentschädigung erhalten. Die Einnahmen gehören in die **Anlage S, Zeilen 46 und 47**. Dort benennen Sie die Tätigkeit, die Gesamteinnahmen daraus und die steuerfreie Aufwandsentschädigung. Diesen sogenannten Übungsleiter-Freibetrag gibt es für nebenberuflich ausbildende, erzieherische, betreuende,

> **Bis zu 700 Euro steuerfrei**
> Erfolgt Ihre begünstigte Tätigkeit als Übungsleiter im Rahmen eines pauschal besteuerten Minijobs, können Sie sogar bis zu 700 Euro im Monat steuer- und sozialabgabenfrei kassieren: 450 Euro aus dem Minijob plus 250 Euro Aufwandsentschädigung (3 000 durch 12). Die Einnahmen gehören dann in die **Anlage N**.

künstlerische oder pflegerische Arbeiten. Auch ehrenamtliche Vormünder und rechtliche Betreuer gehören zum begünstigten Personenkreis.

Für andere gemeinnützige Tätigkeiten, etwa für den Kassenwart oder für Bürokräfte im Verein, bleiben Zahlungen bis 840 Euro pauschal steuerfrei. Für dieselbe Tätigkeit gibt es aber immer nur die eine oder die andere Förderung, ein Zusammenfassen auf 3 840 Euro funktioniert nicht. Ist aber die Vereinsvorsitzende beispielsweise auch noch Trainerin der Jugendmannschaft, stehen ihr sowohl der 3 000-Euro-Übungsleiter-Freibetrag, als auch die 840-Euro-Pauschale zu, weil es sich um zwei unterschiedliche Tätigkeiten handelt.

Eigene Ausgaben, die Sie im Zusammenhang mit Ihrer Tätigkeit hatten, können Sie beim Finanzamt geltend machen.

Anlage R und Anlage R-AV / bAV: Für Rentner

Für Renten- und andere Ruhestandsbezüge gab es bis 2019 nur eine Anlage R. Seit 2020 werden sie auf drei Anlagen abgefragt: Die Anlage R für inländische Renten, die Anlage R-AV / bAV für private Altersvorsorgeverträge und betriebliche Altersversorgung und die Anlage R-AUS für Renten aus dem Ausland.

Arbeitnehmer, die im Laufe des Jahres 2021 Rentner geworden sind, müssen meist eine Steuererklärung abgeben, auch wenn sie bisher davon verschont waren und später eventuell wieder darauf verzichten können. Der Grund: Wer neben Lohn und Gehalt weitere Einkünfte über 410 Euro im Jahr hatte, ist zur Abgabe einer Steuererklärung verpflichtet (→ Seite 18). Zu den weiteren Einkünften gehören eben auch Renteneinkünfte, die im Jahr des Ruhestandsbeginns oft mit Lohn zusammentreffen.

→ Zum Beispiel Viktor V.

Der ledige, kinderlose Arbeitnehmer ist am 1. Juli 2021 in Rente gegangen, hat also jeweils ein halbes Jahr Lohn sowie Rente bezogen. Er kommt um eine Steuererklärung nicht herum, weil er neben seinem Lohn mehr als 410 Euro weitere Einkünfte hatte, nämlich aus seiner Rente. Bezieht er als Ex-Arbeitnehmer und Neu-Rentner nur eine durchschnittliche Rente und hat er keine anderen Einkünfte, kann er ab 2022 auf eine Steuererklärung verzichten. Seine Rente ist nur zu 81 Prozent steuerpflichtig (→ Tabelle Seite 254). Wenn Viktor eine Jahresbruttorente von 13 200 Euro bekommt, bleibt er 2022 von Steuererklärung und Steuer verschont. Er kann von seinem steuerpflichtigen Rentenanteil von 10 692 Euro (13 200 mal 81 Prozent) in jedem Fall 102 Euro Werbungskostenpauschale, 36 Euro Sonderausgabenpauschale und seine Beiträge zur gesetzlichen Kranken- und Pflegeversicherung abziehen. In seinem Fall sind dies beispielsweise 1 439 Euro (10,9 Prozent von 13 200). Allein damit bleibt er deutlich unter dem Grundfreibetrag und kann sich die Abrechnung beim Finanzamt schenken.

Viele Ehepaare und Lebenspartner haben über einen längeren Zeitraum das gleiche Problem, wenn einer der beiden Rentner ist und der andere Arbeitnehmer. Geben sie eine gemeinsame Steuererklärung ab, ist das für das Amt ein einheitlicher Steuerfall, bei dem Arbeitslohn und andere Einkünfte zusammentreffen. Damit wird allein deshalb eine Steuererklärung Pflicht, weil neben Lohn und Gehalt in der Regel Renteneinkünfte über 410 Euro eine Rolle spielen.

Stellen Sie sich darauf ein: Die Chancen, als Rentner beim Finanzamt durchzurutschen, sind gering. Inzwischen kennen die Finanzämter in den meisten Fällen sämtliche alljährlich ausgezahlten Renten. Meldepflichtig

sind alle Versicherer, also die gesetzliche Rentenversicherung, berufsständische Versorgungswerke und private Versicherungsunternehmen. Die Daten werden regelmäßig geprüft. Gut möglich, dass auch Sie per Post vom Finanzamt aufgefordert werden, für mehrere zurückliegende Jahre eine Steuererklärung abzugeben. Ob am Ende tatsächlich Steuern fällig werden, steht damit aber noch nicht fest. Verschaffen Sie sich zunächst einen Überblick über die eigene steuerliche Situation. Wer danach unsicher bleibt, ob eine Steuererklärung fällig wird oder nicht, sollte professionelle Hilfe von Lohnsteuerhilfevereinen oder Steuerberatern nutzen (→ ab Seite 262). Um sicherzugehen, können Sie auch auf Verdacht eine Steuererklärung abgeben, sodass Sie anschließend Bescheid wissen.

Wenn klar ist, dass auf jeden Fall Steuern fällig gewesen wären, sollten Sie zügig handeln und möglichst vor Eingang der amtlichen Aufforderung Steuererklärungen für die betreffenden Jahre abgeben. Im Jahr 2021 kann das Finanzamt zur Abgabe der Steuererklärung ab dem Jahr 2014, in begründeten Fällen sogar ab dem Kalenderjahr 2008, auffordern.

Pensionäre müssen sich mit den verschiedenen Anlagen R für Rente und betriebliche Alterseinkünfte zunächst nicht befassen, denn Beamtenpensionen und vom Arbeitgeber finanzierte Werkspensionen gelten als Arbeitslohn und gehören nicht hierher, sondern auf die Anlage N. Aber auch bei Pensionären können andere Einkünfte hinzukommen, etwa aus einer Rente des Ehepartners oder aus einer eigenen Rente. Dann kommen sie in der Regel nicht um die Anlage R herum. Eine Steuererklärung müssen die meisten Pensionäre ohnehin machen, weil ihre Versorgungsbezüge im Unterschied zu Renten bereits jetzt voll steuerpflichtig sind und auch ihre Steuervorteile weiter abschmelzen (→ Seite 257).

Anlage R Zeile 4 bis 12: Gesetzliche Renten & Co.

An das Finanzamt werden schon länger jährlich die steuerpflichtigen Renten von der Deutschen Rentenversicherung oder anderen Leistungsträgern gemeldet. Seit 2019 müssen diese Rentenbeträge nicht mehr in das Papierformular eingetragen werden. Wenn im Vordruck keine weiteren Angaben erforderlich sind, können Rentner die Anlage R bei ihrer Steuererklärung sogar ganz weglassen.

Der Papier-Vordruck ist auszufüllen, wenn steuerpflichtige Renten nicht gemeldet wurden, etwa weil sie als Rentenzahlung aus einem Hausverkauf von einer Privatperson gezahlt werden. Eintragungen sind außerdem notwendig, wenn die gemeldeten Daten von den tatsächlich erhaltenen Renten abweichen, also fehlerhaft sind, oder wenn in den hellgrünen Formularzeilen weitere Angaben oder Werbungskosten einzutragen sind.

Die Zeilen 4 bis 9 sind für die Papiererklärung Kür, für die elektronische Steuererklärung sind sie weiterhin Pflicht. Renten aus der gesetzlichen Rentenversicherung und steuerlich gleich behandelte Renten oder Altersbezüge der berufsständischen Versorgungseinrichtungen für Ärzte, Anwälte oder andere Freiberufler werden als E-Daten an die Finanzverwaltung übermittelt. In der Papiererklärung können diese Zeilen deshalb meist leer bleiben.

Leibrenten / Leistungen aus gesetzlichen Rentenversicherungen, landwirtschaftlicher Alterskasse, berufsständischen Versorgungseinrichtungen, eigenen zertifizierten Basisrentenverträgen						
			1. Rente		2. Rente	
			EUR		EUR	
4	Rentenbetrag (einschließlich Einmalzahlung und Leistungen)	101	16 800	–	151	
5	Rentenanpassungsbetrag (in Zeile 4 enthalten)	102	2 929	,	152	
6	Beginn der Rente	103	10022011		153	T T M M J J J

Zeile 10 bis 12 betrifft nur Rentner, die vor 2005 mindestens zehn Jahre lang Beiträge oberhalb des Höchstbetrags zur gesetzlichen Rentenversicherung (West) eingezahlt haben. Das sind in der Regel Freiberufler, zum Beispiel Ärzte oder Anwälte. Sie müssen sich bei ihrem Versorgungswerk eine Bescheinigung besorgen und den Prozentsatz in **Zeile 10** eintragen. Handelt es sich um eine befristete Rente, muss **Zeile 11** ausgefüllt werden, bei einer Einmalzahlung **Zeile 12**. Diese Daten werden vom Versicherungsträger nicht elektronisch übertragen.

Zeile 13 bis 18: Private Rentenverträge

Hier geht es um Renten, die überwiegend aus bereits versteuerten Mitteln finanziert wurden. Sie sind mit dem Ertragsanteil steuerpflichtig (→ Seite 255). Beispielsweise kann es sich um eine Rente aus einer privaten Rentenversicherung handeln oder um eine private Erwerbsminderungsrente. Weil in Deutschland ansässige Versicherungsträger die Daten an die Finanzverwaltung übermitteln, müssen Rentenbezieher diese Zeilen in die Papiererklärung meist nicht mehr ausfüllen.

In **Zeile 13** gehört der Jahresbetrag der Rente und in **Zeile 14** das Datum des Rentenbeginns. In der **Zeile 15** geht es um das Geburtsdatum eines Erblassers von „Garantiezeitrenten". Das sind Renten aus einem Versicherungsvertrag, die auch nach dem Tod des Rentenempfängers (manchmal als einmaliger Betrag) gezahlt werden. Hängt die Rente vom Leben einer anderen Person ab, gehört deren Name in **Zeile 16**. Diese Daten werden dem Finanzamt nicht elektronisch gemeldet und müssen deshalb weiterhin eingetragen werden. Wer sich damit erstmals befasst, sollte Profirat einholen. Wird die Rente dagegen bis zu einem bestimmten Datum gezahlt, gehört dieses in **Zeile 17**. In **Zeile 18** gehören Rentennachzahlungen für mehrere Jahre. Sie werden zwar bereits in **Zeile 13** erfasst, können aber ermäßigt besteuert werden und werden deshalb hier nochmals abgefragt.

Zeile 31 bis 39: Renten von Privatpersonen

Für Rentenzahlungen von Privatpersonen liegen dem Finanzamt keine E-Daten vor. Die Angaben müssen deshalb immer eigenständig in die Steuererklärung eingetragen werden. Das betrifft beispielsweise Renten, die aus privaten Vermögensübertragungen entstanden sind. Ein Grundstück oder Betriebsvermögen wurde gegen die Zahlung einer lebenslangen Rente verkauft. Der Vermögenswert entspricht dabei etwa dem

Nicht alle Renten abrechnen
Gesetzliche Unfallrenten, Kriegs- und Wehrdienstbeschä-
digtenrenten sind steuerfrei. Sie müssen sie gar nicht in
der Steuererklärung abrechnen.

kapitalisierten Wert der Rente. Bei solchen Gestaltungen sollte im Vorfeld unbedingt ein professioneller steuerlicher Rat eingeholt werden. Die Angaben sind in die **Zeilen 31 bis 36** einzutragen. Die Abfrage erfolgt analog den im Abschnitt zuvor beschriebenen **Zeilen 13 bis 18**.

Zeile 37 bis 39: Werbungskosten & Co.

Das Finanzamt berücksichtigt von sich aus pauschal 102 Euro für Werbungskosten im Zusammenhang mit Renten und Pensionen, ganz gleich, ob welche angefallen sind oder nicht. Rentner und Pensionäre, die mehr ausgeben mussten, können auch mehr geltend machen. In den **Zeilen 37 und 38** werden die Werbungskosten den jeweiligen Leistungen zugeordnet. Zu den Kosten für Erwerb und Sicherung der Rente gehören zum Beispiel Aufwendungen für Telefon, Fahrten oder Porto, die bei Beantragung der Rente anfielen.

Auch Ausgaben für eine Rentenberatung oder juristische Auseinandersetzungen um die Rente lassen sich absetzen. Finanzierungskosten im Zusammenhang mit einer sofort beginnenden Rente sind unter bestimmten Voraussetzungen abzugsfähig. Bei einer solchen Konstruktion empfiehlt sich aber dringend, die Hilfe eines Steuerprofis einzuholen.

In **Zeile 39** geht es um Rentenzahlungen, die mit Steuerstundungsmodellen zusammenhängen. Wer solche Renten bezieht, sollte zumindest beim ersten Mal einen Steuerberater aufsuchen.

Anlage R-AV / bAV Zeile 4 bis 26: Riester & Co.

Diese Anlage heißt ausführlich „Leistungen aus zertifizierten Altersvorsorgeverträgen und aus der inländischen betrieblichen Altersversorgung" und erfasst die Beträge, die bis 2019 auf der Rückseite der normalen **Anlage R** enthalten waren. In die Anlage R-AV/bAV gehören Riester-Renten und Leistungen aus Pensionsfonds und anderen Formen der geförderten betrieblichen Altersversorgung. Empfänger solcher Leistungen, zum Beispiel aus Lebensversicherungen, Banksparplänen oder anderen Geldanlagen, erhalten einen amtlichen Vordruck, auf dem in 15 Zeilen unterschiedliche Arten der Besteuerung solcher Leistungen aufgeführt sein können.

In Abhängigkeit davon, aus welchen Quellen die eingezahlten Beiträge stammten, sind die Altersbezüge voll, teilweise oder gar nicht steuerpflichtig. Bei Fragen zur Leistungsmitteilung hilft in der Regel nur eine Nachfrage beim Versorgungsträger oder einem Steuerprofi. Wer die Daten in die Anlage R-AV/bAV übernehmen muss, orientiert sich an der Zeilennummerierung in der Leistungsmitteilung und der entsprechenden Abfrage auf der Anlage R-AV/bAV. Die meisten Zeilen sind dunkelgrün hervorgehoben. Das bedeutet, dass die Daten der Leistungsmitteilung dem Finanzamt bereits vorliegen und nicht abgeschrieben werden müssen, wenn die Angaben korrekt sind. Lediglich die hellgrünen Zeilen sind in den entsprechenden Fällen auszufüllen.

Zeile 31 bis 37: Werbungskosten

Ausgaben, die mit Einnahmen aus den in der Anlage R-AV/bAV erklärten Einnahmen zusammenhängen, sind in **Zeile 31 bis 37** einzutragen. Das können solche Aufwendungen sein, wie zuvor bereits zu **Zeile 37 und 38** der **Anlage R** beschrieben ist. Wenn Sie hier nichts eintragen, berücksichtigt das Finanzamt insgesamt für Ihre Altersbezüge eine Werbungskostenpauschale von 102 Euro.

Anlage R-AUS Zeile 4 bis 20: Altersbezüge Ausland

Zahlungen aus dem Ausland werden nicht ans deutsche Finanzamt gemeldet und müssen deshalb stets eingetragen werden, wenn sie in Deutschland zu versteuern sind. Dazu gibt es mit der Anlage R-AUS eine extra Anlage. Der Vordruck entspricht im Aufbau weitgehend der normalen **Anlage R** für Inlandsbezüge.

INFO

Altersentlastungsbetrag: Freibetrag für Nebeneinkünfte

Wer zu Beginn des Steuerjahres 64 Jahre oder älter ist oder wer einen Ehe- oder gesetzlichen Lebenspartner in diesem Alter hat, kann von diesem Freibetrag für Nebeneinkünfte profitieren. Um ihn für das Jahr 2021 nutzen zu können, müssen Sie vor dem 2. Januar 1957 geboren sein.

Einkünfte. Der Freibetrag ist auf alle Einkünfte anwendbar, außer auf Renten und Pensionen. Wer aber beispielsweise Arbeitslohn, Zinsen, Mieten oder Gewinne zu versteuern hat, kann ihn nutzen. Den Altersentlastungsbetrag müssen Sie nicht extra beantragen, sondern das Finanzamt berücksichtigt ihn von sich aus, wenn die Voraussetzungen stimmen. Sie sollten allerdings den Steuerbescheid immer auch daraufhin kontrollieren, ob er richtig berücksichtigt wurde.

Höhe. Der Freibetrag beläuft sich auf maximal 40 Prozent der begünstigten Einkünfte oder des Arbeitslohns, höchstens auf 1 900 Euro im Jahr. Seit 2005 schmilzt er für jeden neuen Nutzerjahrgang. Hat beispielsweise ein Arbeitnehmer 2020 seinen 64. Geburtstag gefeiert, bekommt er 15,2 Prozent der begünstigten Einkünfte steuerfrei, maximal 722 Euro. Er behält den Freibetrag in dieser Höhe lebenslang (→ Seite 256). Berechnungsgrundlage für den Altersentlastungsbetrag sind in der Regel die Einkünfte, beim Arbeitslohn ist es der Bruttolohn.

Paare. Ehe- und eingetragene Lebenspartner erhalten den Altersentlastungsbetrag nur, wenn sie selbst die entsprechenden Einkünfte haben. Wenn beispielsweise beide Eheleute Eigentümer der vermieteten Wohnung sind und ein Ehegatte das Einstiegsalter für den Entlastungsbetrag erreicht hat, kann dieser den Freibetrag auf die Hälfte der Mieteinkünfte erhalten.

Ausländische Renten aus gesetzlichen und staatlichen Versorgungssystemen werden ebenso wie Renten der Deutschen Rentenversicherung besteuert und sind in die **Zeilen 4 bis 13** einzutragen. Bezüge aus privaten Rentenversicherungsverträgen aus dem Ausland gehören in die **Zeilen 14 bis 20**. Werbungskosten kommen in die **Zeilen 42 bis 45**. Für die Eintragung und für die Besteuerung der Leistungen aus dem Ausland gelten dieselben Regelungen, wie sie zur **Anlage R** für inländische Bezüge beschrieben sind.

Mehr Tipps zu Steuern im Ruhestand
Alles zur Besteuerung von Renten und Pensionen finden
Sie im Ratgeber der Stiftung Warentest „Steuererklärung
2021/2022 Rentner, Pensionäre", erhältlich im Buchhandel
oder unter test.de/shop.

Anlage V: Für Vermieter

Arbeitnehmer mit Vermietungseinkünften sollten wenigstens ab und zu professionelle steuerliche Hilfe nutzen. Wer die Anlage V allein schaffen will, muss sich richtig gut auskennen und stets am Ball bleiben, denn auf diesem Gebiet sind Gesetzgebung, Verwaltung und Rechtsprechung besonders aktiv. Haben Arbeitnehmer und Beamte Vermietungseinkünfte bis 410 Euro pro Jahr, bleiben die steuerfrei. Wer nur gelegentlich vermietet oder untervermietet, kann mit Zustimmung des Finanzamts bis 520 Euro Miete im Jahr steuerfrei einnehmen.

Auf längerfristige Vermietungsverluste reagiert das Finanzamt jedoch kritisch. Wenn eine Vorausschau ergibt, dass über die gesamte Dauer der Vermietung keine Einnahmeüberschüsse erreicht werden können, vermutet es steuerlich unbeachtliche „Liebhaberei" und streicht die Verluste. Vermieter sollten möglichst alles vermeiden, was den Fiskus misstrauisch machen könnte: zum Beispiel befristete Mietverträge, extrem verbilligte Mieten oder vertraglich vereinbarte kurzfristige Selbstnutzungs- oder Verkaufsabsichten. Bei einer langfristigen Vermietungsabsicht muss das Finanzamt aber in der Regel nachvollziehbare Verluste anerkennen.

Für die verbilligte Vermietung von Wohnraum, beispielsweise an nahe Angehörige, gelten klare Regeln. Diese haben sich aber zuletzt etwas verändert. Denn seit 2021 ist es erlaubt, dass die Miete bis zu 50 Prozent unter der ortsüblichen liegt und Sie trotzdem alle Werbungskosten in voller Höhe abrechnen können. Liegt die Miete zwischen 50 und 66 Prozent der ortsüblichen, müssen Sie allerdings nachweisen, dass Sie in den künftigen Jahren mit der Vermietung Gewinn erzielen wollen. Fällt diese Prüfung positiv aus, ist für die verbilligte Wohnraumüberlassung der volle Werbungskostenabzug möglich. Kommt das Finanzamt jedoch zu einem anderen Ergebnis und sieht keine Gewinnerzielungsabsicht, können Vermieter ihre Kosten nur anteilig geltend machen.

Um hier keine unnötigen Probleme zu bekommen, behalten Sie am besten die Entwicklung der ortsüblichen Marktmiete gut im Auge und passen die verbillige Miete rechtzeitig an.

Auch Vermieter von Ferienwohnungen müssen stärker auf der Hut sein. Bei hohem Leerstand darf das Finanzamt Vermietungsverluste streichen. Liegt die Vermietungszeit 25 Prozent oder mehr unterhalb der „ortsüblichen Vermietungszeit", wird eine Prognose fällig, und wenn diese langfristig keinen Überschuss der Mieteinnahmen bringt, fallen die Verluste dem Rotstift zum Opfer.

Vor allem in der Anfangszeit als Vermieter sind die Ausgaben häufig höher als die Einnahmen aus der Vermietung. Aufwendungen für Baumaßnahmen können Vermieter als Werbungskosten absetzen. Wie hoch der Steuervorteil ausfällt, hängt aber davon ab, ob die Maßnahmen als Modernisierung, Renovierung, Instandsetzung oder als Herstellung zu bewerten sind. Herstellungsaufwand darf nur über die gesamte Nutzungsdauer des Gebäudes abgeschrieben werden. Kosten für Modernisierung, Renovierung und Instandsetzung sind auf einen Schlag oder wahlweise gleichmäßig über einen Zeitraum von zwei bis fünf Jahren absetzbar. In der Praxis liegen Modernisierung und Herstellung manchmal dicht

Frühzeitig Experten einschalten

Um sich im Gewirr von Fördermitteln, Abschreibungsregeln und anderen Werbungskosten gut zurechtzufinden, empfiehlt es sich meist, dass Sie schon frühzeitig einen Steuerexperten einschalten, ehe Sie als Bauherr oder Käufer Ihr Projekt „Immobilie vermieten" in Angriff nehmen.

beieinander, und die richtige Einordnung kann Abschreibungsvorteile bringen. Solche Fälle sollten besser mit einem steuerlichen Berater besprochen werden. Das gilt auch für die Frage, ob ein Sofortabzug von Erhaltungsaufwand günstiger ist oder ein über bis zu fünf Jahre verteilter Abzug.

Leerstand ist fast immer schlecht für Vermieter. Bei allem Ärger kann er aber wenigstens zu einem Nachlass bei der Grundsteuer führen. Tritt eine „wesentliche Ertragsminderung" einer vermieteten Immobilie ein, weil zum Beispiel hohe Arbeitslosigkeit in der Region zu einem Überangebot an Wohnungen führte, kann der Vermieter Grundsteuererlass beantragen. Es gibt 25 Prozent Erlass bei einer Ertragsminderung von mehr als 50 Prozent und 50 Prozent Grundsteuererlass bei einer Ertragsminderung von 100 Prozent. Die Ertragsminderung darf aber nicht vom Vermieter verschuldet sein.

Anlage WA-ESt: Auslandsprobleme

Diese Anlage heißt so, weil sie „Weitere Angaben und Anträge" im Rahmen der Einkommensteuer abfragt. Die meisten der abgehandelten Fragen haben Auslandsbezug. Sie betreffen beispielsweise Menschen, die 2021 ganz oder teilweise im Ausland gewohnt haben. Es geht um die Besteuerung in- und ausländischer Einkünfte und um weitere Spezialprobleme mit Auslandsbezug. Wer hier etwas auszufüllen hat, braucht meist professionelle steuerliche Hilfe.

Mehr Tipps zum Sparen

Ein gutes Gefühl: Die Steuererklärung ist abgeschickt, die Unterlagen wieder in Ordnern und im Schrank verstaut. Also Ruhe für die nächsten zwölf Monate? Nicht ganz. Kurz darauf kommt der Steuerbescheid zum Kontrollieren, und dann bieten sich in nächster Zeit einige zusätzliche Gelegenheiten, die steuerliche Situation zu verbessern.

Wie wäre es, wenn Sie gleich jeden Monat mehr netto ausgezahlt bekommen und nicht bis zur Steuererklärung im kommenden Jahr auf zu viel gezahlte Lohnsteuer warten müssen? Was hielten Sie davon, wenn von einer finanziellen Belohnung des Chefs mehr als nur die Hälfte am Monatsende auf dem Konto landet? Wie gefiele es Ihnen, wenn ein Zusatzverdienst tatsächlich ein attraktives Plus auf Ihr Konto bringt?

In diesem Kapitel zeigen wir, dass es sich häufig lohnt, nicht erst bei der Steuererklärung, sondern schon im Laufe des Jahres mit dem Finanzamt zu rechnen. Sie erfahren zum Beispiel, wie sich zusätzliche Freibeträge in den Lohnsteuerdaten auswirken und wie geldwerte Extras zum Gehalt letztlich mehr bringen als eine Erhöhung des Monatsbruttos. Auch die Themen Nebenjob, Hochzeit und Lohnersatz greifen wir auf, ebenso die Frage, wie Sie mit dem Steuerbescheid umgehen sollten.

Der Steuerbescheid: Erst prüfen, dann abheften

Die amtliche Antwort auf die Steuererklärung ist der Steuerbescheid. Wenn er im Briefkasten gelandet ist, mag der erste Impuls lauten: Kurz aufs Ergebnis gucken, dann direkt weg damit. Der kleingedruckte Text mit Steuerfachbegriffen ist nicht die attraktivste Lektüre.

Doch es empfiehlt sich, dass Sie etwas Zeit in die Kontrolle des Bescheids investieren, denn es kann – auch in Zeiten der elektronischen Datenübermittlung – Fehler geben. Deshalb die erste Frage: Stimmen die Daten, die zum Beispiel Ihr Arbeitgeber, die Krankenkasse oder Banken an das Finanzamt übermittelt haben, die für Ihre Steuerberechnung zugrunde gelegt wurden? Im besten Fall haben Sie die übermittelten E-Daten schon beim Ausfüllen der Steuererklärung überprüft und dann in die Steuererklärung übernommen. Ist das Finanzamt von diesen Werten abgewichen? Vergleichen Sie die Angaben aus Ihrer Steuererklärung mit den Daten im Steuerbescheid und den Werten, die Ihnen zum Beispiel die Krankenkasse bescheinigt hat. Gibt es da Abweichungen, etwa weil die Kasse etwas falsch übermittelt hat, haken Sie dort nach.

Ob etwas falsch gelaufen sein könnte, können Sie, wenn Sie Ihre Erklärung online abgegeben haben, schnell überprüfen. Kamen für Sie nur die Papierformulare infrage, haben Sie hoffentlich eine Kopie davon gemacht, um den Bescheid mit Ihren eigenen Angaben abzugleichen.

Entspricht der Bescheid nicht den eigenen Vorausberechnungen, ist das Amt in der Regel von den Angaben in der Steuererklärung abgewichen. Den Kontrollblick sollten Sie dann zunächst auf den Abschnitt „Erläuterungen" im Steuerbescheid richten. Hier muss das Finanzamt Abweichungen von der Steuererklärung darlegen. Findet sich dort nichts Nachvollziehbares, ist das allein schon ein Grund, gegen den Steuerbescheid vorzugehen. Häufig empfiehlt es sich, zunächst beim Finanzbeamten telefonisch den Grund zu erfragen. Sie sollten dabei jedoch die

Einspruchsfrist im Auge behalten. Sie haben einen Monat Zeit, um sich gegen falsche oder ungerechte Bescheide zu wehren. Jährlich bearbeitet die Finanzverwaltung mehrere Millionen Einsprüche.

Nachhaken kann sich lohnen

Ein Einspruch kann infrage kommen, wenn das Finanzamt nicht all Ihre Ausgaben so berücksichtigt, wie Sie es gedacht hatten. Hat es zum Beispiel nicht die Abschreibe-Raten für Arbeitsmittel in der Höhe berücksichtigt, die Sie abgerechnet hatten? Hat es bei Ihrem täglichen Arbeitsweg eine kürzere Wegstrecke zugrunde gelegt als Sie? Dann wird es Zeit, dass Sie aktiv werden und zum Beispiel erklären, warum Sie einen anderen, längeren Weg zur Arbeit gefahren sind, etwa um regelmäßige Staus zu umfahren. Einen solchen Umweg muss das Finanzamt grundsätzlich anerkennen.

Auch bei anderen Posten kann es zu Abweichungen kommen, zum Beispiel im Umgang mit Pflegekosten. Hintergrund: Hat die Pflegeversicherung nur einen Teil Ihrer Pflegekosten – etwa für einen ambulanten Pflegedienst oder für Leistungen im Heim – übernommen? Dann können Sie den Rest als außergewöhnliche Belastung geltend machen. Das Finanzamt erkennt allerdings nur den Teil an, der oberhalb Ihrer „zumutbaren Belastung" liegt. Für die Ausgaben, die noch als zumutbar gelten, können Sie jedoch die Steuerermäßigung als „haushaltsnahe Dienstleistungen" in Anspruch nehmen. 20 Prozent Ihrer Ausgaben zieht das Finanzamt dann direkt von der Steuerschuld ab. Finden Sie diesen Ablauf in Ihrem Steuerbescheid wieder? Wurde der Wert der „zumutbaren Belastung" beim Punkt „haushaltsnahe Dienstleistungen" berücksichtigt? Wenn nicht, legen Sie Einspruch gegen den Steuerbescheid ein und lassen Sie diesen Punkt überprüfen.

Schauen Sie außerdem nach, ob das Finanzamt Steuerfreibeträge korrekt zu Ihren Gunsten berücksichtigt hat. Wenn Sie zum Beispiel zu Beginn des Steuerjahres schon 64 Jahre alt waren, steht Ihnen für Nebeneinkünfte der Altersentlastungsbetrag zu. Wurde dieser in der richtigen Höhe anerkannt? Wie groß der Freibetrag je nach Geburtsjahr ist, zeigt die Tabelle auf Seite 256.

Einspruch einlegen

Mit einem Einspruch kann sich jeder gegen einen fehlerhaften Steuerbescheid wehren. Er kostet nichts und muss schriftlich beim Finanzamt eingereicht werden, auch Fax und E-Mail sind erlaubt. Sie dürfen ihn auch mündlich im Finanzamt vortragen und zu Protokoll nehmen lassen. Wenn die Zeit fehlt, den Einspruch zu begründen, können Sie zunächst auf eine Begründung verzichten, doch Sie sollten sie zügig nachreichen.

Im Einspruchsverfahren rollt das Finanzamt den gesamten Fall neu auf. Jetzt können Sie selbst noch neue Einwände vorbringen. Das Finanzamt kann aber auch Änderungen zu Ihrem Nachteil vornehmen. Eine solche „Verböserung" ist nur zulässig, wenn Ihnen das Finanzamt vorher diese Absicht mitgeteilt hat. Nehmen Sie dann den Einspruch zurück, bleibt es beim Erstbescheid.

Ein Einspruch ändert nichts an einer Zahlungsverpflichtung. Wollen Sie diese vermeiden, müssen Sie mit dem Einspruch einen „Antrag auf Aussetzung der Vollziehung" stellen. Dieser kann aber auch zum Einspruch nachgereicht werden.

Einspruch keine schwierige Hürde

Viele Einsprüche funktionieren mit besonders geringem Aufwand. Läuft ein vergleichbares Verfahren beim Europäischen Gerichtshof (EuGH), beim Bundesverfassungsgericht (BVerfG), beim Bundesfinanzhof (BFH) oder bei einem anderen Bundesgericht, muss das Finanzamt die Entscheidung über den Einspruch bis zu einer Gerichtsentscheidung ruhen lassen (→ Seite 206). Geht es dagegen um Verfahren bei Landesfinanzgerichten (FG), ist die Verwaltung nicht verpflichtet, den Steuerbescheid nach einem Einspruch offenzuhalten.

Die Finanzämter reagieren aber unterschiedlich, manchmal reicht ein Hinweis auf ein bekanntes FG-Verfahren, und der Einspruch ruht bis zu einer Gerichtsentscheidung.

Manchmal kein Einspruch nötig

Das Finanzamt hält den Steuerbescheid in einigen Punkten von sich aus offen und setzt ihn vorläufig fest. Sie sollten im Steuerbescheid unter „Erläuterungen" genau prüfen, welche Punkte das Finanzamt aufgeführt hat. Das Bundesfinanzministerium aktualisiert in unregelmäßigen Abständen die aktuelle Vorläufigkeitsliste (→ Seite 205).

Vorbehalt beachten

Im Gegensatz zur Vorläufigkeit bleibt beim „Vorbehalt der Nachprüfung" nach Paragraf 164 Abgabenordnung (AO) der Steuerbescheid nicht nur zu bestimmten Rechtsfragen, sondern im vollen Umfang offen. So können Sie vergessene Ausgaben ohne Begründung nachträglich geltend machen. Das ändert sich, wenn der Vorbehalt aufgehoben wird oder die Festsetzungsfrist abgelaufen ist. Bis dahin kann aber auch das Finanzamt den Bescheid jederzeit ändern. Dagegen können Sie sich innerhalb eines Monats ab Erhalt des Änderungsbescheids mit einem Einspruch wehren.

Änderungsanträge und Fehlerkorrektur

Neben dem Einspruch gibt es weitere Instrumente, um sich gegen einen Steuerbescheid zu wehren. Ein „Antrag auf schlichte Änderung" richtet sich ausschließlich gegen einen oder gegen mehrere Punkte des Bescheids. Er muss auch innerhalb eines Monats gestellt werden. Das Finanzamt darf nur in den genannten Punkten Änderungen vornehmen. Eine „Verböserung" ist weitgehend ausgeschlossen. Nach einem Monat können Sie selbst aber auch keine weiteren Änderungsanträge „nachschieben".

Bestimmte Fehler können im Nachhinein noch berichtigt werden. Das geht, solange die Verjährungsfrist nicht abgelaufen ist. Die Verjährungsfrist beträgt mindestens vier Jahre und beginnt in der Regel zum Ende des Jahres, in dem die Steuererklärung abgegeben wurde. Wenn zum Beispiel im Laufe des Jahres 2022 die Steuererklärung für das Jahr 2021 eingereicht wurde, endet die Verjährungsfrist im Normalfall erst am 31. Dezember 2026 um Mitternacht. Änderungen sind möglich, wenn dem Finanzamt „neue Tatsachen" bekannt werden (Paragraf 173 AO). Während das Finanzamt in diesem Fall immer ändern darf (und muss), wenn sich dadurch eine höhere Steuer ergibt, gilt dies bei einer nachträglichen Änderung zugunsten des Arbeitnehmers nur eingeschränkt. Dieser darf das spätere Bekanntwerden nicht „grob schuldhaft" verursacht haben. Unkenntnis über eine steuermindernde Ausgabe, die im Formular und der Anleitung nicht ausdrücklich erwähnt wird, ist jedoch kein „grobes Verschulden".

Ein „Änderungsantrag wegen offenbarer Unrichtigkeiten" dient dazu, Schreib-, Rechen- und Übertragungsfehler, Zahlendreher und ähnliche Fehler zu berichtigen, die dem Amt unterlaufen sind (Paragraf 129 AO). Schreib- und Rechenfehler des Bürgers können nach einer anderen Vorschrift ebenfalls korrigiert werden (Paragraf 173a AO). Wenn Daten, die elektronisch an das Finanzamt gesendet werden, im Steuerbescheid nicht richtig erfasst wurden oder selbst falsch sind, ist ebenfalls eine Änderung möglich (Paragraf 175b AO).

Daneben gibt es weitere Änderungsgründe, etwa wenn dem Finanzamt neue Tatsachen bekannt sind oder ein Grundlagenbescheid vorliegt. Das kann auch ein neuer oder geänderter Schwerbehindertenausweis sein.

Der Weg vor Gericht

Hat das Finanzamt Einsprüche und Änderungsanträge schriftlich abgelehnt, bleibt nur noch der Gang zum Finanzgericht. Die Klage muss innerhalb eines Monats nach Zugang der Einspruchsentscheidung schriftlich beim zuständigen Finanzgericht eingehen. Eine Klage löst zunächst eine Vorauszahlung von 312 Euro auf die Gerichtskosten aus. Kosten für einen professionellen Rechtsbeistand sollten Sie ebenfalls einplanen. Grundsätzlich kann zwar jeder ohne Anwalt oder Steuerberater vor ein Finanzgericht ziehen. Doch es empfiehlt sich, dass Sie sich vorher von einem Lohnsteuerhilfeverein, Steuerberater oder Fachanwalt für Steuerrecht über die Erfolgsaussichten der Klage beraten lassen und die Kostenfrage klären.

INFO

Vorläufig noch offen: Hier können Sie auf Einspruch verzichten

In einigen Punkten bleiben Steuerbescheide offen, ohne dass Sie Einspruch einlegen müssen. Bis Redaktionsschluss für diesen Ratgeber standen laut Schreiben des Bundesfinanzministeriums vom 30. August 2021 (BMF-Schreiben, GZ IV A 3 - S 0338/19/10006) folgende Streitpunkte auf der Liste:

▸ die Verfassungsmäßigkeit des Solidaritätszuschlags seit 2005,

▸ die Höhe des Kinder- und Betreuungsfreibetrags,

▸ die Berücksichtigung der „zumutbaren Belastung" bei den Ausgaben für Krankheit oder Pflege,

▸ die mögliche Doppelbesteuerung von gesetzlichen Renten und anderen Leistungen der Basisversorgung.

Rentenbesteuerung. Nachdem der Bundesfinanzhof im Mai zwei Urteile zur Rentenbesteuerung gefällt hat (BFH, Az. X R 33/19, X R 20/19), ist dieser Punkt neu auf die Liste gekommen. Nun muss das Bundesverfassungsgericht entscheiden.

Erstattungszinsen. Nicht mehr auf der Liste steht die Frage, ob ein Zinssatz von 0,5 Prozent pro Monat für Nachzahlungs- und Erstattungszinsen des Finanzamts verfassungsgemäß ist. Hier hat das Bundesverfassungsgericht 2021 entschieden, dass ein solcher Zinssatz seit 2019 nicht mehr verfassungsgemäß ist (Az. 1 BvR 2237/14). Das Bundesfinanzministerium hat kürzlich in einem Schreiben (GZ IV A 3 – S 0338/19/10004 :005) klargestellt, dass festgesetzte Nachforderungs- und Erstattungszinsen für Verzinsungszeiträume ab 1. Januar 2019 ausgesetzt werden. Daraus ergibt sich unter anderem, dass Steuerpflichtige derzeit keine Nachforderungszinsen auf eine Steuernachzahlung entrichten müssen. Das gilt bis zu einer gesetzlichen Neuregelung.

Bundesfinanzhof: Anhängige Verfahren
Urteile der Finanzgerichte stehen noch aus

Eine Liste anhängiger Verfahren gibt es unter bundesfinanzhof.de. Dort klicken Sie in der linken Spalte auf „Anhängige Verfahren", danach „Anhängige Revisionsverfahren online". In der Maske können Sie unter „Text" ein passendes Stichwort, etwa „Arbeitszimmer", eingeben. Ein Klick auf „Suchen" öffnet die gewünschte Liste. Hier finden Sie auch beim Europäischen Gerichtshof und beim Bundesverfassungsgericht anhängige Verfahren.
Achtung: Unsere Übersicht haben wir mit Stand 17. September 2021 erstellt, seither können in den genannten Verfahren die Urteile gefallen sein. Jeweils aktuelle Informationen zu wichtigen Verfahren finden Sie auf test.de.

Diätverpflegung. Sind Kosten für glutenfreie Verpflegung aufgrund einer Zöliakie als außergewöhnliche Belastung absetzbar? (Az. VI R 48/18)

Firmenwagen. Verringert die Zuzahlung eines Arbeitnehmers zur Anschaffung eines Firmenwagens, den er auch privat nutzen darf, den steuerpflichtigen geldwerten Vorteil in einer Summe oder ist die Zuzahlung gleichmäßig auf die Nutzungsdauer zu verteilen? (Az. VI R 18/18)

Hausnotruf. Können die Ausgaben für ein Hausnotrufsystem auch dann einen Steuerrabatt bringen, wenn es sich im Privathaushalt befindet und nicht zur Pflege- und Betreuungsleistung einer Einrichtung für betreutes Wohnen gehört? (Az. VI B 94/20)

Kinderbetreuung. Müssen Eltern die Kosten für Kinderbetreuung, die sie zu einem Großteil als Sonderausgaben geltend machen können, um steuerfreie Zuschüsse vom Arbeitgeber kürzen? (Az. III R 30/20)

Kindergeld für ein krankes Kind. Besteht Anspruch auf Kindergeld für ein Kind, das eine Berufsausbildung aufgrund einer Erkrankung nicht beginnen und auch krankheitsbedingt keinen Ausbildungsplatz suchen kann? (Az. III R 13/20)

Kosten durch Marderbefall. Können Kosten, die durch Marderbefall verursacht wurden, und vorbeugende Maßnahmen dagegen als außergewöhnliche Belastung abgesetzt werden? (Az. VI B 41/20)

Lohnnachzahlung. Ist eine Überstundenvergütung, die für zwei Kalenderjahre nachgezahlt wird, ermäßigt zu besteuern? (Az. VI R 23/19)

Statiker. Umfasst der Steuerrabatt für Handwerker auch gutachterliche Leistungen? Im vorliegenden Fall war die Tätigkeit des Statikers notwendig, damit der Handwerker seine Arbeit ausführen konnte. (Az. VI R 29/19)

Sterbegeld. Ist das Sterbegeld aus der Beamtenversorgung, das etwa an den Ehepartner oder die Kinder eines verstorbenen Beamten gezahlt wird, steuerfrei? (VI R 8/19)

Stipendium. Zählen die Ausgaben für ein Masterstudium komplett als vorweggenommene Werbungskosten oder ist der Abzugsbetrag vorher um Leistungen aus einem Stipendium zu kürzen? (Az. VI R 34/20)

Taxi-Fahrt zur Arbeit. Ist ein Taxi ein öffentliches Verkehrsmittel und können Taxikosten über die Entfernungspauschale hinaus in voller Höhe geltend gemacht werden? (Az. VI R 26/20)

Umbau des Gartens. Sind Aufwendungen für einen behindertengerechten Umbau des Gartens, etwa für eine Verbreiterung des Zugangsweges, als außergewöhnliche Belastung abziehbar? (Az. VI R 25/20)

Werbung am Wagen. Gehört es zum Arbeitslohn, wenn Sie ein Entgelt dafür erhalten, dass Sie auf Ihrem eigenen Auto für Ihren Arbeitgeber werben? (Az. VI R 20/20)

Profitieren Sie vom Jahresprinzip

Die Steuer ist vor allem ein „Jahresgeschäft". Sie kommt und geht mit dem Kalenderjahr. So läuft das auch mit Freibeträgen, Freigrenzen, Höchstbeträgen und mit der Berechnung der Einnahmen und Ausgaben. Wenn Sie diese zumindest grob im Hinterkopf haben und beispielsweise bei Ihren Ausgaben darauf achten, winken Ihnen Steuervorteile.

Ausgaben für den Job

Für Ihre Ausgaben im Job steht Ihnen der Arbeitnehmerpauschbetrag von 1 000 Euro jährlich zu (→ Seite 61). Etwa die Hälfte der Arbeitnehmer kommt mit dieser Pauschale aus, weil sie im Jahresverlauf keine höheren Werbungskosten haben. Mit etwas guter Planung und mit dem Blick auf das Jahresprinzip lassen sich bei gleicher Ausgabenhöhe manchmal trotzdem höhere Werbungskosten geltend machen.

→ Zum Beispiel Wanda W.

Die alleinstehende Arbeitnehmerin hat außer der Entfernungspauschale von 350 Euro keine Werbungskosten. In diesem Jahr plant sie jedoch eine Fortbildung, die sie 500 Euro kosten wird. Im nächsten Jahr folgt ein Anschlusskurs zum gleichen Preis. Wanda könnte in beiden Jahren jeweils 850 Euro an Werbungskosten geltend machen (350 plus 500). In beiden Jahren würden die Fortbildungskosten im Arbeitnehmerpauschbetrag „verschwinden" und steuerlich wirkungslos bleiben. Wanda verhindert das: Sie zahlt in diesem Jahr die Kursgebühren für beide Fortbildungsveranstaltungen. Das bringt ihr 1350 Euro Werbungskosten (2 mal 500 plus 350) und damit 350 Euro oberhalb der Pauschale (1350 minus 1000). Bei einem Grenzsteuersatz von 30 Prozent (→ Seite 261) spart sie dadurch gut hundert Euro Steuern.

Private Kosten geschickt planen

Abseits vom Job können Sie auch im Alltag durch geschicktes Geld-Ausgeben die Steuern sparen, etwa in Sachen Ausgaben bei Krankheit und für Ihre medizinische Versorgung. Diese können Sie als außergewöhnliche Belastung beim Finanzamt geltend machen. Sie bewirken aber nur dann eine steuerliche Entlastung, wenn sie die sogenannte zumutbare Belastung überschreiten. Das ist eine Rechengröße, die je nach Verdienst und Familiensituation zwischen 1 und 7 Prozent der Einkünfte liegt. Wie das genau funktioniert, lesen Sie auf den Seiten 122 und 250. Auch hier gilt wieder das Jahresprinzip: Wenn die Krankheits- und Gesundheitskosten eines Jahres die Hürde der zumutbaren Belastung nicht überspringen, bleiben sie steuerlich unwirksam. Im nächsten Jahr steht dieselbe Hürde in gleicher oder in ähnlicher Höhe wieder da.

Natürlich lassen sich Krankheiten nicht „planen", Krankheitskosten aber manchmal schon, etwa beim (teuren) Zahnersatz, bei Kuren, neuen Brillen oder größeren Medikamentenbestellungen. Gelingt es Ihnen, die Kosten in einem Jahr zu bündeln, wirkt sich das steuerlich vorteilhaft aus (→ Beispiel Seite 129). Ansonsten „verschwindet" Jahr für Jahr alles in der zumutbaren Belastung und bringt keinen Vorteil.

Einsatz vom Profi kalkulieren

Eine weitere dicke Steuerentlastung können Ihnen die Ausgaben für Handwerkerleistungen in der Privatwohnung bringen. Pro Jahr ist eine Steuererstattung von bis zu 1200 Euro möglich (→ ab Seite 131). Sanieren beispielsweise Maler, Klempner und Fliesenleger im selben Jahr Räume des Eigenheims und stellen dafür 10 000 Euro Personalkosten in Rechnung, wären im Prinzip maximal 20 Prozent davon, also 2 000 Euro, absetzbar. Praktisch ist aber bei 1200 Euro im Jahr Schluss mit der Steuererstattung für Handwerkerkosten, weil das Finanzamt höchstens Ausgaben bis 6 000 Euro im Jahr berücksichtigt. Deshalb ist folgende Überlegung interessant: Würde in diesem Jahr nur ein Teil der Arbeiten in Rechnung gestellt, der andere Teil im nächsten Jahr, wären insgesamt 800 Euro Steuererstattung mehr möglich. Denken Sie deshalb einfach darüber nach, ob alle Leistungen zwingend auf einmal erledigt werden müssen oder ob sie sich zum Beispiel auf November und Januar verteilen lassen. Wichtig dabei: Entscheidend für die Frage, in welchem Jahr die Ausgaben steuerlich berücksichtigt werden, ist das Datum der Überweisung.

Einnahmen verschieben

Gelingt es Arbeitnehmern und Beamten, geschickt mit Einnahmen zu hantieren, kann das ebenfalls steuersenkend wirken. Hier haben Sie aber einen relativ geringen Spielraum, denn reguläre Lohnzahlungen lassen sich zeitlich kaum beeinflussen. Bei Sonderzahlungen, etwa Prämien, lässt sich der Chef manchmal auf eine zeitliche Verschiebung ein. Die könnte zweckmäßig sein, wenn Sie in diesem Jahr relativ viel und im nächsten Jahr voraussichtlich weniger verdienen. Kommt die Prämie erst im nächsten Jahr, sorgt das für einen Belastungsausgleich und damit unter dem Strich über beide Jahre für weniger Steuern.

Bei Abfindungen und Vergütungen für mehrere Jahre kann sich das erheblich auswirken. Verlassen Sie zum Beispiel im Dezember Ihren Job mit einer ordentlichen Abfindung, klären Sie, ob es sich für Sie lohnt, wenn diese erst im Januar ausgezahlt wird. Gerade bei größeren Summen sprechen Sie am besten vorher mit einem Steuerprofi, damit er Ihnen den Effekt ausrechnet (→ Seite 262).

Prüftermin 1. Advent

Wegen des Jahresprinzips ist Silvester ein entscheidender Steuertermin. Alles, was bis Mitternacht an Einnahmen und Ausgaben geflossen ist, gehört grundsätzlich zum abgelaufenen Jahr. Was danach fließt, wirkt sich bereits für das nächste Jahr aus.

Deshalb ist der Spätherbst oder spätestens der 1. Advent ein guter Zeitpunkt dafür, dass Sie sich einen Überblick über Ihre bisherigen Einnahmen und Ausgaben verschaffen. Bis Silvester bleibt noch etwas Zeit, zum Beispiel um noch in Arbeitsmittel zu investieren, um die Zahnarztrechnung zu bezahlen oder den Maler zu beauftragen und seine Rechnung anzuzahlen.

Freibeträge eintragen lassen: Gleich mehr netto

In den meisten Fällen fordert das Finanzamt von Arbeitnehmern und Beamten zunächst mehr, als ihm zusteht: Die monatliche Lohnsteuerberechnung ist nur eine mehr oder weniger grobe Vorababrechnung, sodass der Arbeitgeber häufig am Monatsende mehr von Ihrem Bruttoverdienst abzieht, als Sie eigentlich zahlen müssten. Warum der Arbeitgeber so handeln muss, lesen Sie → ab Seite 15. Das müssen Sie aber nicht einfach so hinnehmen, sondern Sie können dafür sorgen, dass Sie gleich weniger und damit passender Lohnsteuer zahlen und nicht bis zur Steuererklärung auf eine Erstattung vom Finanzamt warten müssen.

Das klappt, wenn Sie Ihre voraussichtlich anfallenden Werbungskosten, Sonderausgaben oder außergewöhnlichen Belastungen in sogenannte Freibeträge umwandeln. Mit anderen Worten: Sie lassen sich Freibeträge in Ihre Lohnsteuerdaten eintragen, die Sie sonst erst im Zuge der Steuererklärung beim Finanzamt abrechnen würden.

Zusätzliche Freibeträge in den Lohnsteuerdaten

Wenn Sie angeben, dass Ihnen im Jahresverlauf bestimmte Aufwendungen entstehen werden, vermerkt die Finanzverwaltung die voraussichtlichen Kosten in den ELStAM („elektronische Lohnsteuerabzugsmerkmale"), und der Arbeitgeber erhält die Mitteilung zum Steuerfreibetrag per Datenübertragung. Er behält dann entsprechend weniger Lohnsteuer ein und zahlt mehr Nettolohn aus. Unter dem Strich zahlen Sie dann zwar auch nicht weniger Steuern als ohne die Freibeträge, aber Sie haben sofort mehr Netto in der Tasche, und das hilft manchmal schon sehr viel weiter. Und sei es nur, um den Dispo-Kredit nicht unnötig zu strapazieren.

Freibeträge betreffen die Zukunft, darum will das Finanzamt ab und an Nachweise darüber, dass die beantragten Kosten mit hoher Wahrscheinlichkeit auch auftreten werden. Das ist in vielen Fällen kein Problem. So können Sie zum Beispiel bei einem langen Arbeitsweg, mit einem auswärts studierenden Kind oder einer erheblichen Kirchensteuerbelastung klar belegen, dass Ihnen eine laufende Entlastung zusteht. Andere Fälle sind schwieriger, etwa wenn eine aufwendige Ausbildung oder der Kauf von teuren Arbeitsmitteln geplant ist. Dann müssen Sie künftige Ausgaben „glaubhaft machen", indem Sie erklären, dass diese anstehen. Normalerweise akzeptiert das Amt solche Erklärungen, wenn sie nachvollziehbar sind.

Beachten Sie: Sobald Sie sich einen zusätzlichen Freibetrag in Ihre Steuerdaten eintragen lassen, müssen Sie grundsätzlich eine Steuererklärung abgeben. Ausnahmen: Bei Bruttolöhnen bis 12 250/23 350 Euro (alleinstehend/verheiratet, verpartnert) sowie beim Behinderten- und Hinterbliebenenpauschbetrag entfällt für das Steuerjahr 2021 die Abgabepflicht.

Hürde beachten

Das Finanzamt trägt aber nicht jeden Minifreibetrag ein. Es wird erst aktiv, wenn im Jahr insgesamt mehr als 600 Euro an Freibeträgen aller Art zusammenkommen. Das ist die sogenannte allgemeine Antragsgrenze, und die hat Folgen. So müssen Arbeitnehmer mehr als 1 600 Euro Werbungskosten haben, bevor das Amt einen Freibetrag für Werbungskosten berücksichtigt. Der Grund: Sie müssen zunächst den Arbeitnehmerpauschbetrag von 1 000 Euro überwinden, denn der wird bereits beim laufenden Lohnsteuerabzug automatisch berücksichtigt. Haben Sie das geschafft, müssen Sie zusätzlich die 600-Euro-Hürde der allgemeinen Antragsgrenze nehmen.

Beispielsweise muss ein Arbeitnehmer, der ausschließlich Fahrtkosten zwischen Wohnung und Betrieb als Freibetrag geltend machen kann, bei 230 Arbeitstagen im Jahr mindestens 23 Kilometer entfernt vom Betrieb wohnen. Er kommt so auf 1 621 Euro (für die ersten 20 Kilometer Entfernung erkennt das Finanzamt 30 Cent je Kilometer an, für die weiteren Kilometer 35 Cent, → Seite 66). Bei 22 Kilometer Entfernung würde er mit 1 541 Euro den Freibetrag knapp verfehlen.

Für einige Positionen, für die Sie einen Freibetrag erhalten können, gilt die allgemeine Antragsgrenze aber wiederum nicht. So dürfen beispielsweise der Hinterbliebenenpauschbetrag, der Behindertenpauschbetrag, Verluste im laufenden Jahr und Verlustvorträge, Ausgaben für Handwerkerleistungen und für haushaltsnahe Dienstleistungen, der Erhöhungsbetrag für Alleinerziehende mit mehreren Kindern oder Kinderfreibeträge für im Ausland lebende Kinder, für die es kein Kindergeld gibt, auch dann als Freibetrag berücksichtigt werden, wenn sie unter der 600-Euro-Marke bleiben.

Ausgaben für den Job

Für Arbeitnehmer und Beamte sind Werbungskosten aller Art in der Regel die wichtigste Quelle von Freibeträgen, vor allem die Entfernungspauschale von 30 Cent für jeden Entfernungskilometer zwischen Wohnung und erster Tätigkeitsstätte und neuerdings sogar 35 Cent für jeden Kilometer ab Kilometer 21. In dieser Entfernungspauschale sind grundsätzlich sämtliche Fahrzeugkosten eingerechnet.

Auch wenn Sie im Job viel unterwegs sind, können Sie das Finanzamt an Kosten für Fahrt, Unterkunft und Verpflegung beteiligen. Arbeitnehmer, die beispielsweise vorübergehend in einen Filialbetrieb beordert werden, auf Dienstreise sind oder regelmäßig weitere Arbeitsplätze aufsuchen, können dafür in der Regel die tatsächlichen Fahrt- und Übernachtungskosten als Werbungskosten abrechnen. Auch hier gibt es für jeden gefahrenen Kilometer mit dem privaten Pkw pauschal 30 Cent und je nach Abwesenheitsdauer für maximal drei Monate im Inland Verpflegungspauschalen von 14 oder 28 Euro (→ Seite 92).

Ausgaben für Fortbildung, Fachbücher, Fachzeitschriften, Werkzeug, Computer, Büromöbel, Arbeitsbekleidung und andere Arbeitsmittel sorgen ebenfalls für Freibeträge. Kosten für ein häusliches Arbeitszimmer spielen in Sachen Freibetrag eine größere Rolle, ebenso Ausgaben für eine doppelte Haushaltsführung (mehr zu Werbungskosten → ab Seite 66).

Entlastung für Eltern

Eltern dürfen pro Kind maximal 6 000 Euro Kinderbetreuungskosten geltend machen. Weil das Finanzamt zwei Drittel dieser Summe akzeptiert, können bis zu 4 000 Euro pro Kind als Freibetrag eingetragen werden. Egal ob Kinderbetreuungskosten ganzjährig anfallen oder nur in einem Teil des Jahres, werden sie als Freibetrag immer bis 4 000 Euro berücksichtigt.

Bei der Betreuung im Ausland, beispielsweise bei in Deutschland arbeitenden Vätern und in der Heimat lebenden Müttern, ist der Höchstbetrag entsprechend der Ländergruppeneinteilung zu kürzen.

Die Kinderbetreuungskosten sind Sonderausgaben und gelten für jedes Kind bis zum 14. Geburtstag; für behinderte Kinder ohne Altersbegrenzung (→ Seite 155). Weitere Sonderausgaben sind Zahlungen an Privatschulen, für die Sie als Eltern ebenfalls einen Freibetrag erhalten können. Gleiches gilt für erhöhte Aufwendungen bei auswärtiger Unterbringung während der Ausbildung eines Kindes (→ Seite 152).

Der Kinderfreibetrag und der Betreuungsfreibetrag spielen beim laufenden Lohnsteuerabzug in der Regel keine Rolle, weil die Kinderförderung zunächst über das Kindergeld läuft. Erst wenn sich nach Ablauf des Jahres herausstellt, dass Eltern mit den Freibeträgen besser fahren als mit dem Kindergeld, erhalten Sie die steuerliche Entlastung nach Posteingang des Steuerbescheids ausgezahlt. Diese Freibeträge können nicht vorab mit der Lohnsteuerermäßigung geltend gemacht werden. Eine Ausnahme gilt, wenn für Kinder im Ausland kein Kindergeld gezahlt wird.

Besonderes und Außergewöhnliches

Auch Sonderausgaben wie Spenden, Kirchensteuer, Unterhaltszahlungen an den Ex-Ehe-/Lebenspartner oder Ausbildungskosten für eine erstmalige

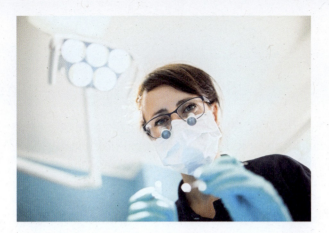

Berufsausbildung können zu Freibeträgen führen (→ Seite 117). Freibetragsfähig sind ebenso außergewöhnliche Belastungen wie Krankheits-, Behinderungs- und Pflegekosten.

Wenn absehbar ist, dass bestimmte Krankheitskosten (beispielsweise für chronische Leiden, Kur, Zahnsanierung) anstehen, können Sie dafür einen Freibetrag beim Finanzamt beantragen. Wichtig ist, dass Sie anstehende Aufwendungen belegen oder zumindest glaubhaft darlegen können. Und dann entscheidet das Amt, ob es mitgeht oder ablehnt. Da man die Kosten letztlich immer mit der Steuererklärung durchboxen muss, lohnt sich der Aufwand einer Klage an dieser Stelle in der Regel nicht. Auch

- **Behindertenpauschbeträge,**
- **Freibeträge** für Kinder über 18, die auswärts wohnen,
- sowie **Unterhaltszahlungen** an Angehörige

lassen sich für die Verringerung der laufenden Lohnsteuer nutzen. So kann etwa die geplante finanzielle Unterstützung der 27-jährigen Tochter als Freibetrag eingetragen werden. Beiträge zur Sozialversicherung können Sie allerdings nicht zu Freibeträgen machen, weil diese bereits als Vorsorgeaufwand den laufenden Lohnsteuerabzug senken.

Rund um den Haushalt

Für Dienstleistungen rund um den Haushalt fallen die einzutragenden Freibeträge besonders üppig aus. Dahinter steckt eine besondere Form der Berechnung: Das Finanzamt ermittelt den Freibetrag als das Vierfache der voraussichtlichen Steuererstattung, die die Dienstleistung bringen würde, maximal 16 000 Euro (4 mal 4 000 Euro). Bei Handwerkerleistungen sind es 4 800 Euro (4 mal 1 200). Für eine Haushaltshilfe mit Minijob gibt es einen Freibetrag von bis zu 2 040 Euro im Jahr (4 mal 510), und das sogar zusätzlich zu den Freibeträgen für haushaltsnahe Dienst- und Handwerkerleistungen.

→ Zum Beispiel Andrea und Andreas A.

Beide sind Arbeitnehmer und haben Lohnsteuerklasse IV. Andreas verdient 3 000 Euro brutto im Monat, Andrea 1 500 Euro. Sie sind verheiratet und haben ein fünfjähriges Kind. Beide fahren gemeinsam den täglichen Arbeitsweg von 10 Kilometern zu ihrem Betrieb.

Wie schaut es in diesem Fall mit den möglichen Freibeträgen aus?

▸ **Kinderbetreuungskosten:** Für Kindergarten, Tagesmutter und Babysitter muss Familie A. voraussichtlich 5 400 Euro Kinderbetreuungskosten zahlen. Das Finanzamt berücksichtigt zwei Drittel davon, also 3 600 Euro, als Freibetrag für Andreas.

▸ **Reparaturen:** Für Reparaturarbeiten am Dach ihres Einfamilienhauses hat die Baufirma Personalkosten von 5 500 Euro veranschlagt. 20 Prozent davon, 1 100 Euro, winken als Steuererstattung. Als Freibetrag für Andreas berücksichtigt das Finanzamt das Vierfache: 4 400 Euro.

▸ **Fahrtkosten:** Die Fahrtkosten zum Betrieb führen hier nicht zu einem Freibetrag, denn 10 Kilometer mal 230 Tage mal 0,30 Euro bringen Andreas nur 690 Euro Werbungskosten, und die „verschwinden" im Arbeitnehmerpauschbetrag von 1 000 Euro. Zusammen mit den 690 Euro Kilometerpauschale von Andrea würde er die Hürde nehmen. Das funktioniert aber nicht, weil für einen Freibetrag Werbungskosten immer nur derjenige geltend machen kann, dem sie tatsächlich entstanden sind. Diese strikte Trennung gilt auch bei Ehepaaren.

Andreas erhält einen Freibetrag von 8 000 Euro (3 600 Euro Kinderbetreuung plus 4 400 Euro Dachsanierung). Das bringt Familie A. rund 190 Euro mehr Netto pro Monat. Im Jahresverlauf zahlen sie dank Freibetrag etwa 2 263 Euro weniger Lohnsteuer.

Für bis zu zwei Jahre

Sie können Freibeträge mit zweijähriger Gültigkeit beantragen. Sollten sich die Verhältnisse während der Gültigkeitsdauer zu Ihren Ungunsten ändern, zum Beispiel weil weniger Werbungskosten anfallen als beantragt, sind Sie verpflichtet, dem Finanzamt solche Änderungen umgehend mitzuteilen.

Mögliches Plus bei Lohnersatzleistungen

Freibeträge können in manchen Fällen auch zu mehr Lohnersatzleistungen führen. Sie erhöhen bei der Berechnung von Krankengeld, Mutterschaftsgeld & Co. das Nettoeinkommen und damit die Berechnungsgrundlage dieser Leistungen. Beim Eltern- und beim Arbeitslosengeld funktioniert die Leistungserhöhung durch den vorherigen Eintrag von Freibeträgen nicht mehr. Dieser Einschränkung können verheiratete Eltern aber entgehen, wenn sie das sogenannte Faktorverfahren nutzen (→ Seite 237).

Richtig beantragen

Den Hauptvordruck „Antrag auf Lohnsteuer-Ermäßigung" muss jeder Antragstellende ausfüllen. Je nach Bedarf gibt es die „Anlage Kinder", die „Anlage Sonderausgaben/außergewöhnliche Belastungen", die „Anlage Werbungskosten". Die Formulare bekommen Sie beim Finanzamt oder im Internet unter formulare-bfinv.de. Auf der linken Seite zuerst die Rubrik „Steuerformulare" und dann im mittleren Feld „Lohnsteuer (Arbeitnehmer)" anklicken. Bis zum 30. November können Sie noch für das laufende Jahr den Antrag beim Finanzamt stellen. Ein Freibetrag wirkt sich dann jeweils zum nächsten Monatsersten aus.

Wer im November beantragt, erhält im Dezember den Jahresfreibetrag auf einmal angerechnet und organisiert sich so ein zusätzliches Weihnachtsgeld. Soll der Freibetrag des Vorjahres erneut eingetragen werden oder ein geringerer, reicht der zweiseitige Hauptvordruck aus.

Gehalts-Extras vom Chef

Das Angebot des Arbeitgebers klingt gut: Er will Ihr Gehalt erhöhen – jeden Monat 250 Euro brutto mehr. Wenn Sie dann die erste Gehaltsabrechnung mit dem Gehaltsplus in den Händen halten, folgt womöglich die Ernüchterung. Stieg das Monatsbrutto von 4000 auf 4250, bleiben Ihnen gerade einmal 130 Euro mehr netto als vorher. Grund sind die Steuern und Sozialabgaben, die auch für das Gehaltsplus fällig werden.

Geldwerte Extras anstatt Geld

Natürlich sind 130 Euro mehr jeden Monat besser als nichts, aber es geht noch besser: wenn Sie sich mit Ihrem Arbeitgeber anstatt auf mehr Monatsbrutto auf geldwerte Extras zum Gehalt einigen. Es gibt eine ganze Reihe von Leistungen, die Arbeitgeber ihren Mitarbeitern ganz oder teilweise steuerfrei zukommen lassen können, in vielen Fällen auch frei von Sozialabgaben. Davon profitieren unter dem Strich beide Seiten, denn steuerbegünstigte Gehalts-Extras bringen Arbeitnehmern deutlich mehr als übliche Gehaltserhöhungen, und der Arbeitgeber hat auch einen Vorteil: Er spart bei seinen Sozialabgaben. Zusatzargument: Extras können das Betriebsklima fördern.

Voraussetzung für einen Steuerbonus ist in der Regel, dass die Arbeitgeberleistung zusätzlich zum geschuldeten Lohn erfolgt. Einige der wichtigsten Leistungen stellen wir im Folgenden kurz vor:

▶ **Arbeitgeberdarlehen.** Für Darlehen des Arbeitgebers fallen keine Abgaben an, wenn der Arbeitgeber marktübliche Zinsen verlangt. Bei einem niedrigeren Effektivzins muss der Arbeitnehmer nur die Differenz zwischen dem marktüblichen Zins und dem geringeren Zinssatz des Arbeitgeberkredits versteuern. Wegen der derzeit sehr niedrigen Vergleichszinsen (Effektivzins der Deutschen Bundesbank) ergibt sich nur selten ein steuerpflichtiger Vorteil.

▶ **Arbeitsweg.** Der Arbeitgeber kann die Entfernungspauschale von 30 oder bei längeren Entfernungen auch 35 Cent pro Kilometer einfacher

Entfernung für Fahrten zwischen Wohnung und Betrieb übernehmen. Dafür zahlt der Arbeitgeber 15 Prozent Pauschalsteuer. Beim Beschäftigten ist die Auszahlung steuer- und sozialabgabenfrei, ist allerdings auf die Werbungskosten anzurechnen. Wenn der Arbeitgeber den Zuschuss mit 25 Prozent pauschal versteuert, müssen in der Steuererklärung die Fahrten mit der Entfernungspauschale nicht gekürzt werden. Die Kosten eines Monatstickets für Bus und Bahn kann der Arbeitgeber sogar völlig abgabenfrei übernehmen, wenn es maximal 44 Euro (ab 2022: 50 Euro) im Monat kostet und keine anderen Sachbezüge hinzukommen.

▶ **BahnCard.** Der Arbeitgeber kann für Mitarbeiter, die dienstlich viel unterwegs sind, die Kosten einer BahnCard steuer- und beitragsfrei übernehmen. Auch die private Mitnutzung der BahnCard durch den Arbeitnehmer löst keine Abgabenbelastung aus. Voraussetzung dafür ist, dass für den Arbeitgeber durch die BahnCard die Kostenersparnis für die betrieblichen Fahrten höher ausfällt als die Kosten der BahnCard selbst.

▶ **Betreuung von Kindern und anderen Angehörigen.** Der Arbeitgeber kann Betreuungsleistungen bis 600 Euro im Jahr für Kinder oder pflegebedürftige Angehörige von Arbeitnehmern steuer- und beitragsfrei übernehmen, wenn solche Leistungen durch berufliche Sondersituationen erforderlich geworden sind. Das haben vor allem in der Corona-Krise 2020 und 2021 viele Arbeitgeber genutzt. Die Erstattungsmöglichkeit für Kinderbetreuungskosten gilt für Kinder bis zum 14. Lebensjahr. Für Kinder im Vorschulalter kann der Arbeitgeber sogar sämtliche Kosten für die Betreuung des Nachwuchses seiner Mitarbeiter übernehmen. Weder für ihn noch für den Arbeitnehmer fallen Lohnsteuer und Sozialversicherung an. Die Betreuung muss aber außerhalb des eigenen Haushalts der Eltern erfolgen.

▶ **Elektromobilität.** Arbeitnehmer können private Elektro- und Hybridfahrzeuge oder auch das E-Bike an Stromladestationen des Arbeitgebers steuer- und versicherungsfrei betanken. Schenkt der Arbeitgeber dem Arbeitnehmer eine Ladevorrichtung, kann er das pauschal versteuern, der Arbeitnehmer bleibt belastungsfrei.

▶ **Erholungsbeihilfen.** Wenn der Arbeitgeber seinem Arbeitnehmer bis 156 Euro im Jahr Erholungsbeihilfe zahlt, bis 104 Euro für dessen Ehepartner und bis 52 Euro pro Kind, bleibt das sozialversicherungsfrei. Der Arbeitgeber muss die Zahlung allerdings pauschal mit 25 Prozent versteuern.

▶ **Fahrräder und E-Bikes.** Arbeitgeber können ihren Beschäftigten Firmen-Fahrräder zur Privatnutzung überlassen, ohne dass ein geldwerter Vorteil zu versteuern ist. Dies gilt selbst für E-Bikes, die kraftfahrzeugrechtlich als Fahrräder eingestuft sind, weil die Elektrounterstützung nur bis 25 km/h erfolgt.

▶ **Firmenwagen.** Einen Dienstwagen schätzen viele Arbeitnehmer mehr als eine Gehaltserhöhung. Sie können den Wagen auch privat nutzen, und der Arbeitgeber übernimmt nicht nur den Kauf, sondern begleicht meist auch die Tankfüllungen, zahlt die Versicherung, Kfz-Steuer und die Werkstattkosten. Die Mitarbeiter haben am Monatsende zwar etwas weniger in der Lohntüte, sparen sich damit aber die Kosten eines Privatwagens. Das Finanzamt berechnet den steuerpflichtigen privaten Nutzen in der Regel nach der 1-Prozent-Methode. Dabei gelten monatlich 1 Prozent vom Listenpreis des Autos plus eine Pauschale für jeden Fahrtkilometer zwischen Wohnung und Arbeitsstelle als fiktiver Zusatzlohn, auf den Einkommensteuer erhoben wird. Alternativ kann per Fahrtenbuch abgerechnet werden. Für Elektrofahrzeuge, die ab 2019 überlassen werden und höchstens 60 000 Euro Listenpreis haben, wird der geldwerte Vorteil nur aus einem Viertel des Listenpreises berechnet und für andere ab 2019 angeschaffte E-Autos sowie für Hybridfahrzeuge nur aus der Hälfte des Listenpreises.

▸ **Fortbildung.** Sie möchten nach Ihrer kaufmännischen Ausbildung nebenberuflich ein Masterstudium absolvieren? Ihr Chef kann die Fortbildungskosten steuer- und sozialabgabenfrei zusätzlich zum Arbeitslohn übernehmen oder bezuschussen. Das Finanzamt achtet jedoch darauf, dass die Weiterbildung zu einer verbesserten Einsatzmöglichkeit des Mitarbeiters führt. Hat sie keinen Bezug zur konkreten Tätigkeit oder zu einem Positionswechsel, liegt steuerpflichtiger Arbeitslohn vor.

▸ **Gesundheitsförderung.** Für Massagen, Rückenschulen, Raucherentwöhnung, Stressbewältigungskurse und andere Gesundheitsmaßnahmen innerhalb und außerhalb der Firma kann der Arbeitgeber seinem Mitarbeiter pro Jahr 500 Euro spendieren. Die Ausgaben bleiben steuer- und versicherungsfrei. Achtung: Beiträge an Sportvereine oder an Fitnessstudios sind nicht begünstigt.

▸ **Gutscheine.** Der Arbeitgeber kann seinem Mitarbeiter pro Monat zusätzlich zum Lohn Sachleistungen von maximal 44 Euro steuer- und versicherungsfrei zuwenden (2022: 50 Euro). Dabei kann es sich beispielsweise um Benzin- oder andere Warengutscheine handeln.

▸ **Mitarbeiterbeteiligungen.** Belegschaftsaktien und andere Formen der Vermögensbeteiligung am Unternehmen des Arbeitgebers bleiben neuerdings bis 1440 Euro im Jahr steuer- und beitragsfrei. Die Grenze wurde von vorher 360 Euro also deutlich angehoben. Der Arbeitnehmer hat hier sogar die Möglichkeit, bis 1440 Euro seines regulären Lohns in eine Mitarbeiterbeteiligung umwandeln zu lassen. Dann hat er zwar weniger Lohn, aber im Gegenzug die Hoffnung, dass sich seine Beteiligung ordentlich entwickelt. Und er zahlt weniger Abgaben.

▸ **PC & Co.** Nutzt ein Arbeitnehmer einen PC des Arbeitgebers (samt Drucker und anderen Peripheriegeräten) sowie Telekommunikationsgeräte des Arbeitgebers privat im Betrieb oder außerhalb, bleibt das steuer- und beitragsfrei. Bei einer Schenkung solcher Geräte an den Mitarbeiter kann der Arbeitgeber den geldwerten Vorteil pauschal mit 25 Prozent versteuern. Der Mitarbeiter bleibt unbelastet.

▸ **Personalrabatt.** Überlässt der Chef seinen Mitarbeitern Waren oder Dienstleistungen aus seiner Produktion oder aus seinem Angebot, bleiben im Kalenderjahr bis zu 1 080 Euro davon steuer- und beitragsfrei. Auf Waren und Leistungen gibt es außerdem 4 Prozent Abschlag.

Wie wertvoll geldwerte Extras im Vergleich zu einer „normalen" Gehaltserhöhung sein können, zeigt das folgende Beispiel:

→ Zum Beispiel Bettina B.

Die alleinerziehende Angestellte mit 3 000 Euro Monatsgehalt (Steuerklasse II) zahlt monatlich 280 Euro Kita-Gebühr. Sie verhandelt mit dem Chef, ob er statt der Gehaltserhöhung die Kita-Gebühr übernimmt. Die einfache Rechnung überzeugt ihn: Er hat so 70 Euro weniger Lohnnebenkosten (350 minus 280) und Bettina 125 Euro mehr in der Tasche als durch die Gehaltserhöhung (2 332 minus 2 207).

Vergleichsrechnung für Bettina B.*	Mit Kita-zuschuss	Mit Gehalts-erhöhung
Bruttogehalt vorher	3 000	3 000
Nettogehalt vorher	2 052	2 052
Bruttogehalt nachher	3 000	3 280
Nettogehalt nachher	2 052	2 207
Kindergartenzuschuss	280	0
Netto insgesamt (Nettogehalt nachher plus Zuschuss)	2 332	2 207
Zusatzkosten des Arbeitgebers (alle Angaben in Euro)	280	ca. 350

*Berechnung für das 2. Halbjahr 2021

Nebeneinkünfte: Bis 410 Euro steuerfrei

Vermieten Sie eine Garage an den Besitzer eines Wohnmobils oder die Dachgeschosswohnung an eine Studentin? Solange Ihre Nebeneinkünfte bei höchstens 410 Euro im Jahr liegen, können Sie diese steuerfrei kassieren. Zu den Nebeneinkünften zählen beispielsweise

▸ freiberufliche Einkünfte,
▸ Einkünfte aus Gewerbebetrieb,
▸ Mieteinkünfte,
▸ Renteneinkünfte.

Auf die Besonderheiten, die für eine selbstständige Nebentätigkeit – als Freiberufler oder Gewerbetreibender – gelten, gehen wir noch etwas ausführlicher im Kapitel „Nebenjobs" auf Seite 226 ein.

In der Aufzählung oben fehlen die Einkünfte aus Kapitalvermögen. Hier gilt die Freigrenze von 410 Euro im Jahr nicht.

Der 410-Euro-Freibetrag kann sich lohnen

Vermieten Sie zum Beispiel eine Ferienwohnung, die Ihnen nach Abzug von Abschreibung, Zinsen und anderen Werbungskosten jährlich 400 Euro steuerpflichtige Einkünfte beschert, bleiben diese steuerfrei. Das ist ein Vorteil, den nur Arbeitnehmer, Beamte und Pensionäre haben, und sie müssen wegen solcher Zusatzeinkünfte bis 410 Euro auch keine Steuererklärung abgeben.

Sobald die jährlichen Nebeneinkünfte über 410 Euro liegen, verändert sich die Lage: Dann sind Ihre Nebeneinkünfte nicht mehr steuerfrei, und Sie müssen eine Steuererklärung abgeben. Aber der Vorteil ist nicht gleich komplett verloren, er schmilzt bis 820 Euro langsam ab. Den „Härteausgleich" können ebenfalls nur Arbeitnehmer, Beamte und Pensionäre nutzen. Er bewirkt, dass Nebeneinkünfte bis 820 Euro etwas milder besteuert werden.

Das passiert durch eine einfache Formel: 820 Euro minus Nebeneinkünfte ergibt den Freibetrag für die Nebeneinkünfte. Hätte der Arbeitnehmer und Nebenerwerbsvermieter aus dem Beispiel oben nicht 400 Euro, sondern 460 Euro Mieteinkünfte, würde das Finanzamt zunächst die 820-Euro-Grenze um die Mieteinkünfte von 460 Euro verringern. Das Ergebnis wären 360 Euro (820 minus 460). Diese 360 Euro mindern das Einkommen. Unter dem Strich wären nicht alle 460 Euro Mieteinkünfte steuerpflichtig, sondern nur 100 Euro (460 minus 360).

Je mehr sich die Nebeneinkünfte der 820-Euro-Grenze nähern, umso geringer wird der steuerfreie Betrag. Erreichen sie 820 Euro, beträgt er null und sämtliche Nebeneinkünfte sind voll steuerpflichtig.

Besondere Rechnung als Paar

Für Ehe- und Lebenspartner gilt wie für Alleinstehende die gleiche Grenze von 410 Euro. Sie verdoppelt sich nicht, obwohl die Nebeneinkünfte beider Partner zusammengerechnet werden. Als Paar sollten Sie deshalb überlegen, ob sich eventuell zwei getrennte Steuererklärungen lohnen. Meist ist für Sie aber dennoch die gemeinsame Abrechnung günstiger.

Hat zum Beispiel die Ehefrau 400 Euro Nebeneinkünfte und der Ehemann 600 Euro, müssten sie das zusammen voll versteuern, weil mit 1000 Euro Nebeneinkünften die 820-Euro-Hürde gerissen wäre. Bei getrennten Steuererklärungen blieben die Nebeneinkünfte der Ehefrau dagegen ganz steuerfrei, weil sie unter 410 Euro liegen. Der Ehemann könnte den Härteausgleich nutzen und damit einen Freibetrag von 220 Euro (820 minus 600). In diesem Fall kann es sich lohnen, einen Steuerprofi einzuschalten, um zu überschlagen, ob die getrennten Steuererklärungen sich tatsächlich lohnen oder ob die Nachteile, die sich daraus ergeben, doch größer sind als der Vorteil (→ Seite 262).

Zusätzlicher Vorteil für Ältere möglich

Auch Nebeneinkünfte sind Einkünfte, wie sie das Steuerrecht versteht. Es geht hier immer um Einnahmen minus Werbungskosten oder Betriebsausgaben. Außerdem werden je nach Alter der Altersentlastungsbetrag

(→ Seite 194) und der Freibetrag für Einkünfte aus Land- und Forstwirtschaft berücksichtigt. Hätte der Arbeitnehmer und Nebenerwerbsvermieter aus dem vorherigen Beispiel im Jahr 2020 seinen 64. Geburtstag gefeiert und wäre Pensionär geworden, stünde ihm im Steuerjahr 2021 ein Altersentlastungsbetrag von 15,2 Prozent seiner Mieteinkünfte von 460 Euro zu (→ Seite 256). Das wären 70 Euro, und somit blieben nur 390 Euro steuerpflichtige Mieteinkünfte übrig (460 minus 70). Weil die Nebeneinkünfte damit unterhalb von 410 Euro liegen würden, blieben sie komplett steuerfrei, und eine Steuererklärung ist nicht erforderlich, weil für Pensionäre dieselben Regeln wie für aktive Arbeitnehmer gelten.

Das ist sicher kein alltäglicher Fall, er zeigt aber, dass auch eher geringe Entlastungen spürbare Steuerersparnisse bringen können.

Erzielen Sie Nebeneinkünfte von mehr als 410 Euro, kann der genannte Altersentlastungsbetrag trotzdem helfen, Ihre Abgaben zu drücken. Hätte unser Arbeitnehmer aus dem obigen Beispiel deutlich höhere Nebeneinkünfte, etwa aus Vermietung und Verpachtung, hätte das Finanzamt für ihn einen Altersentlastungsbetrag von bis zu 722 Euro berücksichtigen müssen:

→ Zum Beispiel Hubert H.

Hubert H. ist im Sommer 2020 64 geworden und will 2022 in Rente gehen. Noch arbeitet er in einer Bank und erzielt nebenbei aus einer vermieteten Einliegerwohnung 5 000 Euro Nebeneinkünfte. Für ihn muss das Finanzamt einen Altersentlastungsbetrag von 15,2 Prozent berücksichtigen, allerdings maximal 722 Euro im Jahr. Bei einem Grenzsteuersatz von 30 Prozent bringt ihm der Altersentlastungsbetrag somit eine Ersparnis von immerhin 216,60 Euro.

Nebenjob: Wenn Sie dazuverdienen wollen

Ihr Grundgehalt ist insgesamt niedrig? Sie arbeiten Teilzeit, würden gerne Stunden aufstocken, aber derzeit ist nichts im Unternehmen möglich? Oder möchten Sie sich gerne in einer neuen Branche ein zweites Standbein schaffen, vielleicht sogar als Ihr eigener Chef?

Für einen Nebenjob zu Ihrer Tätigkeit als Arbeitnehmer oder Beamter kann es ganz unterschiedliche Gründe geben. Geht es Ihnen vor allem um mehr finanzielle Freiräume, sollten Sie vor dem Einstieg in den Zusatzjob genau überlegen, wie viel Sie nebenbei arbeiten. Denn nicht jeder Zusatzverdienst lohnt sich letztlich so, wie Sie es vielleicht auf den ersten Blick erwarten. Lassen Sie sich nicht durch einen hohen Bruttoverdienst blenden – schauen Sie vor Jobantritt auf das, was Ihnen netto tatsächlich am Monatsende zur Verfügung stehen wird. Bitten Sie Ihren Arbeitgeber, dass er Ihnen vorab ausrechnet, was Sie netto erhalten. Zudem bieten zum Beispiel mehrere Krankenkassen auf ihren Internetseiten Gehaltsrechner an, mit denen Sie zumindest grob Ihr Monatsnetto ermitteln können.

Minijob nebenbei meist attraktiv

Die meisten Arbeitnehmer entscheiden sich für eine geringfügige Beschäftigung, einen sogenannten Minijob, nebenbei. Finanziell ist das sowohl für Angestellte als auch für Beamte nicht unattraktiv, denn wenn Sie im Schnitt höchstens 450 Euro im Monat beziehungsweise 5 400 Euro im Jahr nebenbei verdienen, können Sie Ihren Bruttoverdienst oft ohne Abzüge, also brutto wie netto, einstreichen. Auf die 450-Euro-Grenze werden steuerbegünstigte Zuschläge wie Sachbezüge oder Feiertags- und Nachtarbeit nicht angerechnet.

Für den Verdienst werden pauschal 2 Prozent Lohnsteuer fällig. Häufig übernimmt der Arbeitgeber die Lohnsteuer zusammen mit den zu zahlenden Sozialversicherungsbeiträgen. Dann müssen Sie Ihren Zusatzverdienst nicht in der Steuererklärung angeben. Sie tragen nur die Rentenbeiträge ein, die für Ihren Verdienst geflossen sind. Es kann auch sein, dass der Arbeitgeber die Pauschalsteuer auf Sie abwälzt. Das ist allerdings im Regelfall immer noch günstiger für Sie, als wenn er Ihren Verdienst nach Steuerklasse abrechnet.

Regelmäßig über 450 Euro

Brutto wie netto verdienen? Das klappt nicht mehr, wenn Sie regelmäßig mehr als 450 Euro brutto monatlich verdienen, denn dann werden für Ihren Verdienst Steuern und Sozialabgaben fällig. Der Arbeitgeber muss ihn nach Ihrer Steuerklasse abrechnen. Für Nebenjobber bleibt dafür nur die ungünstige Steuerklasse VI. Hier ist die monatlich fällige Lohnsteuer besonders hoch. Und trotz dieser hohen monatlichen Abzüge müssen Sie bei der nächsten Steuererklärung oft noch mit einer Nachforderung vom Finanzamt rechnen.

Für die Sozialversicherungsbeiträge gilt: Ihre Höhe hängt unter anderem davon ab, welche weiteren Einkommen Sie haben. So müssen Rentner und Studenten mit einem Monatsverdienst bis höchstens 1 300 Euro brutto nur reduzierte Sozialversicherungsbeiträge zahlen. Wer hingegen als Arbeitnehmer aus einem oder mehreren Jobs auf mehr als 1 300 Euro kommt, zahlt die vollen Beitragssätze zur Kranken-, Pflege-, Renten- und Arbeitslosenversicherung. Letztlich können die Steuer und die Versicherungsbeiträge dazu führen, dass ein hoher Bruttoverdienst netto gar nichts oder kaum mehr als ein pauschal versteuerter Minijob bringt:

→ Zum Beispiel Arzu A.

Arzu A. hat 2021 in Teilzeit in einer Spedition 2 200 Euro brutto im Monat verdient. Netto blieben ihr 1 547 Euro. Für ihren Zweitjob in einer Druckerei erhielt A. 700 Euro brutto im Monat. In Steuerklasse VI bekam sie netto 480 Euro im Monat ausgezahlt. Aus beiden Jobs hatte sie so insgesamt 2 027 Euro netto im Monat. Gibt sie nun in der Steuererklärung beide Jobs an, zeigt sich, dass ihr zu versteuerndes Einkommen so hoch ist, dass das Finanzamt noch einmal 1 168 Euro Steuern für das Jahr nachfordert. Das sind rund 97 Euro pro Monat. Netto hatte sie damit tatsächlich nur 1 930 Euro (2 027 minus 97 Euro) im Monat. Hätte A. sich stattdessen für einen pauschal versteuerten 450-Euro-Job entschieden, wäre sogar mehr drin gewesen. Sie hätte damit netto bis zu 1 997 Euro (1 547 plus 450 Euro) im Monat gehabt.

Vorübergehend mehr arbeiten: Saison- und Aushilfsjob

Sie können sich vorstellen, nicht das ganze Jahr über, sondern nur zu bestimmten Zeiten nebenbei zu arbeiten: etwa, wenn Sie im Sommer im Café einer Freundin aushelfen oder im Winter Samstagsschichten auf dem Weihnachtsmarkt übernehmen?

Liegt Ihr Verdienst in der Zeit über 450 Euro brutto im Monat, ist er zwar steuerpflichtig, aber Sozialabgaben entfallen meist. Denn wenn die Tätigkeit von vornherein auf maximal drei Monate oder 70 Arbeitstage im Jahr begrenzt ist, müssen weder Sie noch Ihr Arbeitgeber für den Verdienst Versicherungsbeiträge zahlen.

Die Höhe der Lohnsteuer ermittelt der Arbeitgeber meist nach der ungünstigen Steuerklasse VI. Waren die Abzüge zu hoch, holen Sie sich das Geld mit der Steuererklärung zurück.

Je nach Arbeitszeit und Verdienst kommt eventuell alternativ eine pauschale Besteuerung infrage. Der Steuersatz beträgt dann aber nicht wie beim Minijob nur 2 Prozent, sondern 25 Prozent. Deshalb lohnt sich die Pauschalsteuer für Sie als Jobber oft nur, wenn der Arbeitgeber sie zahlt und nicht auf Sie abwälzt.

Nebenbei selbstständig

Wollen Sie sich mit einer selbstständigen Nebentätigkeit ein zweites berufliches Standbein schaffen, müssen Sie den Verdienst zwar oft versteuern, aber auch bei dieser Kombination werden häufig keine zusätzlichen Sozialversicherungsbeiträge fällig. Solange die Selbstständigkeit etwa aufgrund Ihres Verdienstes und der Arbeitszeit nebenberuflich bleibt, müssen Sie für Ihre Einnahmen keine Krankenkassenbeiträge zahlen. Je nach Beruf können aber Beiträge zur Rentenversicherung fällig werden, etwa für Tätigkeiten als Handwerker oder Lehrer.

Erzielen Sie als Selbstständiger einen Gewinn von mehr als 410 Euro im Jahr, müssen Sie ihn in der Einkommensteuererklärung angeben (→ Seite 223). Machen Sie einen Verlust – zum Beispiel, weil Sie zunächst deutlich höhere Ausgaben als Einnahmen aus Ihrem Betrieb haben –, muss das Finanzamt ihn mit anderen Einkünften verrechnen, etwa mit den Einkünften aus angestellter Beschäftigung.

Beachten Sie aber, dass für Sie als Selbstständiger neben der Einkommen- auch Umsatzsteuer fällig werden kann. Das hängt davon ab, ob das Finanzamt Sie als Kleinunternehmer führt oder nicht. Als Kleinunternehmer müssen Sie keine Umsatzsteuer erheben und an das Finanzamt weiterleiten. Als Kleinunternehmer gelten Sie, solange Ihr Jahresumsatz nicht über 22 000 Euro liegt. Ist er höher, gelten Sie ab dem folgenden Jahr nicht

Mehrere Jobs kombinieren

Reicht Ihnen etwa der Verdienst aus einem Minijob zusammen mit Ihrer Hauptbeschäftigung nicht aus, können Sie beides noch mit einer saisonalen Beschäftigung kombinieren. Auch dann müssen Sie keine Sozialversicherungsbeiträge für Mini- und Saisonjob zahlen. Noch ein Minijob mehr würde dann aber nicht gehen. Mehr Informationen zu Zusatzverdiensten finden Sie unter minijob-zentrale.de, auch erreichbar über die Service-Hotline 03 55 / 2 90 27 07 99.

mehr als Kleinunternehmer. Liegt Ihr Jahresumsatz sogar über 50 000 Euro, können Sie schon im laufenden Jahr umsatzsteuerpflichtig sein. Sie sollten dann einen Steuerberater zurate ziehen.

Die Grenze von 22 000 Euro gilt im ersten Jahr monatsweise, sodass Sie monatlich im Schnitt bis zu 1 833,33 Euro einnehmen dürfen (1/12 von 22 000 Euro). Machen Sie sich erst im September selbstständig, darf der Umsatz höchstens 7 333 Euro (4 Monate mal 1 833,33 Euro) betragen. Ist der Umsatz höher, sind Sie ab dem Folgejahr umsatzsteuerpflichtig.

Die Kleinunternehmer-Regel klingt bequem und ist es häufig auch, da Sie sich nicht um Umsatzsteuer kümmern müssen. Sie müssen sie nicht von Ihren Kunden erheben und auch nicht an das Finanzamt weiterleiten. Doch die bequeme Lösung ist nicht unbedingt am günstigsten für Sie, so-dass es sich trotz niedriger Umsätze lohnen kann, dass Sie sich gegen die Befreiung von der Umsatzsteuer entscheiden, zum Beispiel, wenn Sie selbst für Ihren Betrieb größere Aufwendungen haben, etwa für techni-sche Geräte.

Die dafür bezahlte Vorsteuer dürfen Sie mit der Umsatzsteuer, die Sie einnehmen und weiterleiten müssen, gegenrechnen. Unterm Strich kann das Erstattungen bringen. Klären Sie am besten mit einem Steuerberater vorab, was für Sie am günstigsten ist. Haben Sie sich einmal gegen die Kleinunternehmerregel entschieden, kann man später darauf verzichten. An den Verzicht ist der Selbstständige fünf Jahre gebunden.

Lohnersatz: So holen Sie etwas mehr heraus

Durch die Corona-Pandemie sind Lohnersatzleistungen verstärkt ins Blickfeld geraten: Millionen Arbeitnehmer landeten 2020 und oft auch noch 2021 in Kurzarbeit. Die Zahl der Arbeitslosen ist ebenfalls deutlich in die Höhe gegangen.

Immerhin konnten und können sich die Betroffenen in dieser Situation auf finanzielle Unterstützung durch den Staat verlassen. Leistungen wie Kurzarbeiter- und Arbeitslosengeld sorgen dafür, dass in diesen Phasen weiterhin Geld aufs Konto kommt. Auch das Krankengeld, das in der Pandemie häufig gezahlte Kinderkrankengeld sowie das Elterngeld zählen zu diesen sogenannten Lohnersatzleistungen.

In diesem Kapitel fassen wir zunächst kurz zusammen, was diese Zahlungen für Ihre nächste Steuererklärung bedeuten. Noch wichtiger für die Zukunft ist jedoch die Frage, wie Sie heute schon dafür sorgen können, dass Ihr Lohnersatz eventuell künftig etwas höher ausfällt.

Lohnersatz bereits geflossen: Abrechnung häufig Pflicht

Haben Sie bereits Lohnersatz erhalten? Dann müssen Sie sich häufig auf zwei Punkte einstellen, die Sie vielleicht aus früheren Jahren nicht kennen. Einer davon: Sind Lohnersatzleistungen geflossen, ist die Steuererklärung häufig Pflicht, nämlich dann, wenn Sie neben Ihrem Arbeitslohn Lohnersatzleistungen in Höhe von über 410 Euro erhalten haben. Die 410-Euro-Grenze gilt übrigens für Alleinstehende sowie für Ehepaare und Lebenspartnerschaften. Sie verdoppelt sich für Paare also nicht.

Sind Sie in der Pflicht, dürfen Sie sich für die Erklärung übrigens nicht so viel Zeit lassen, wie Sie es vielleicht aus früheren Jahren gewöhnt sind: Es herrschen strenge Abgabefristen. Welche genauen Termine gelten, fassen wir ab Seite 46 zusammen.

Wenn Sie nun Ihren Lohnersatz abgerechnet haben, müssen Sie einplanen, dass sich Ihre Steuerbelastung erhöhen kann. Hintergrund: Leistungen wie Kinder- oder Kurzabreitergeld sind zwar steuerfrei, unterliegen aber dem sogenannten „Progressionsvorbehalt". Das heißt mit anderen Worten: Durch den Lohnersatz kann sich der Steuersatz für Ihre sonstigen Einkünfte erhöhen und damit auch Ihre Steuerbelastung. Das Finanzamt addiert den im Steuerjahr geflossenen Lohnersatz zum zu versteuernden Einkommen und ermittelt den Steuersatz auf diese Summe. Das ist der sogenannte besondere Steuersatz. Danach zieht das Rechenprogramm der Finanzverwaltung die Lohnersatzleistung wieder ab und wendet den besonderen Steuersatz auf das ursprüngliche zu versteuernde Einkommen an. Das Ergebnis ist in der Regel eine höhere Steuerbelastung als vorher:

→ Zum Beispiel Chiara C.

Die alleinstehende und kinderlose Arbeitnehmerin hatte nach allen Abzügen 22 000 Euro zu versteuerndes Einkommen. Zusätzlich erhielt sie 3 000 Euro Kurzarbeitergeld von der Bundesagentur für Arbeit. Die steuerfreie Lohnersatzleistung erhöhte Chiaras Einkommensteuer um rund 393 Euro, wie die folgende Rechnung zeigt.

zu versteuerndes Jahreseinkommen (ohne Kurzarbeitergeld)	22 000
Einkommensteuer (Durchschnittssteuersatz: 12,71 Prozent)	2 797
Chiaras zu versteuerndes Jahreseinkommen mit Kurzarbeitergeld (22 000 plus 3 000)	25 000
Einkommensteuer (Durchschnittssteuersatz: 14,50 Prozent)	3 626
22 000 Euro zu versteuern mit dem besonderen Steuersatz von 14,50 Prozent	3 190
Mehrbelastung (3 190 minus 2 797, alle Angaben in Euro)	393

Dieser Progressionsvorbehalt sorgt übrigens dafür, dass Sie als Ehepaar nicht automatisch in der Steuererklärung die gemeinsame Veranlagung ankreuzen sollten. Im Normalfall ist sie zwar für Ehepaare und eingetragene

Lebenspartner günstiger (→ Seite 235), doch durch den Progressionsvorbehalt kann es tatsächlich sein, dass es für Sie als Paar attraktiver ist, wenn Sie zwei einzelne Steuererklärungen einreichen – jeder Partner füllt eine eigene aus.

Lohnersatz ist nicht gleich Lohnersatz

Allerdings lösen auch nicht alle Lohnersatzleistungen den Progressionsvorbehalt aus. Lohnersatzleistungen, die dem Progressionsvorbehalt unterliegen, sind in § 32b Absatz 1 des Einkommensteuergesetzes benannt: Arbeitslosengeld (ALG I), Elterngeld, Insolvenzgeld, Krankengeld von Arbeitnehmern, die in der gesetzlichen Versicherung freiwillig oder pflichtversichert sind, Kurzarbeitergeld, Mutterschaftsgeld, Zuschuss zum Mutterschaftsgeld, Verletztengeld, Winterausfallgeld.

Was nicht in diesem Paragrafen steht, bleibt frei vom Progressionsvorbehalt, zum Beispiel Arbeitslosengeld II, Ein-Euro-Jobs, Krankengeld einer privaten Krankenversicherung, Sozialhilfe, Wohngeld, Zuschuss und Überbrückungsgeld für Existenzgründer.

Für künftige Zahlungen: So holen Sie mehr heraus

Die Höhe des Lohnersatzes ist festgelegt – daran können Sie nichts machen? Das stimmt so nicht! Mit etwas zeitlichem Vorlauf haben Sie immerhin noch die Möglichkeit, dass Sie sich für die Zukunft mehr Leistungen sichern.

Wenn Sie verheiratet sind, können Sie unter anderem an der Stellschraube „Steuerklasse" drehen. Viele Lohnersatzleistungen werden auf der Grundlage des Nettoeinkommens berechnet und damit in Abhängigkeit von der Lohnsteuerklasse. Welche Steuerklassen für welche Arbeitnehmer gelten, stellen wir ausführlicher im Kapitel „Trauschein mit Steuereffekt" vor (→ Seite 235). An dieser Stelle zeigen wir nur ein Beispiel, was ein Steuerklassenwechsel beim Lohnersatz tatsächlich bringt: Verdient beispielsweise eine verheiratete werdende Mutter 2 500 Euro brutto in der Steuerklasse V, zahlt ihr „Vater Staat" monatlich 885 Euro Elterngeld. Wechselt sie rechtzeitig in die Steuerklasse III, bekommt sie rund 320 Euro mehr: 1 206 Euro. Sie profitiert davon, dass in Steuerklasse III mehr Steuer-

234

 Die richtigen Anträge stellen

Wollen Sie als Paar die Steuerklassen III/V statt IV/IV, stellen Sie den „Antrag auf Steuerklassenwechsel bei Ehegatten" gemeinsam. Ein Wechsel ist mehrmals im Jahr möglich, letztmalig zum 30. November. Zur IV darf einer allein wechseln, der andere rutscht dann automatisch mit in die IV. Einen Freibetrag erhalten Sie per „Antrag auf Lohnsteuer-Ermäßigung 2021". Hier können Alleinerziehende auch den Wechsel in Steuerklasse II und den Entlastungsbetrag beantragen. Alle Anträge gibt es online unter: formulare-bfinv.de.

freibeträge berücksichtigt werden als in Klasse V. Damit sich der Steuerklassenwechsel aber tatsächlich auszahlt, sollten Sie als Paar mit Kinderwunsch auch finanziell auf eine langfristige Planung setzen. Wer wird voraussichtlich den überwiegenden Teil der Elternzeit nehmen?

Damit die Familienkasse den Steuerklassenwechsel in eine günstigere Lohnsteuerklasse mit Sicherheit anerkennt, sollten Sie als Mutter in der Regel mindestens sieben Monate vor Beginn des Mutterschutzes in Steuerklasse III sein. Beim **Krankengeld** muss die III spätestens einen Monat vor der Arbeitsunfähigkeit in den ELStAM-Daten stehen. Beim **Arbeitslosengeld** sollte sie im Januar des Jahres gelten, in dem die Arbeitslosigkeit beginnt. Einen späteren Wechsel akzeptiert die Arbeitsagentur nur, wenn die neuen Steuerklassen für das Paar sinnvoll sind. Beim **Kurzarbeitergeld** können Sie vor oder während des Bezugs zur III wechseln.

Wichtig insgesamt: Selbst wenn es für den Wechsel von der V in die III zu spät ist, bleibt Ihnen immer noch ein Wechsel zur Klasse IV + Faktor. Er ist für beide Partner immer möglich!

Eine weitere Chance, zumindest einige Lohnersatzleistungen zu erhöhen, bieten zusätzliche Freibeträge, die Sie sich in Ihre Lohnsteuerdaten eintragen lassen (→ Seite 211). Zusätzliche Steuerfreibeträge gewährt Ihnen das Finanzamt – vereinfacht gesagt – für Ausgaben, die Sie sonst in der nächsten Steuererklärung geltend machen würden. Mit diesen zusätzlichen Freibeträgen sinkt die monatlich zu zahlende Lohnsteuer, und Ihr Nettogehalt steigt, weil Sie gleich einigermaßen passend Ihre Steuer zahlen und nicht deutlich zu viel. Bei Leistungen wie dem Kranken- oder Mutterschaftsgeld führt das zu höheren Leistungen. Beim Eltern- und Arbeitslosengeld wirken sich die zusätzlichen Freibeträge allerdings nicht aus.

Trauschein mit Steuereffekt

Heiraten im Dezember? Es wird Hochzeitstage geben, an denen das Wetter deutlich besser ist, aber steuerlich ist ein Termin zum Jahresende genauso attraktiv wie im Mai oder September. Denn egal, wann Sie im Laufe des Jahres heiraten, Sie profitieren in dem Jahr von einigen Steuervorteilen. Wenn wir im weiteren Verlauf der Einfachheit halber nur von Ehepaaren sprechen, beziehen sich diese Informationen automatisch auch auf eingetragene Lebenspartnerschaften.

Der wirksamste Vorteil ist der spezielle Steuertarif, der Ihnen als Paar zusteht. Es geht um den „Splittingtarif", der Ehe- und Lebenspartnern in der Regel einen Steuernachlass bringt. Er fällt umso höher aus, je unterschiedlicher die steuerpflichtigen Einkünfte beider Partner sind.

Splitting-Vorteil im Überblick

Haben zum Beispiel Ehepaare/Lebenspartner zusammen ein zu versteuerndes Einkommen von 50 000 Euro, werden dafür 7 252 Euro Einkommensteuer für das Jahr 2021 fällig, wenn beide Partner eine gemeinsame Steuererklärung abgeben („Zusammenveranlagung"). Wie sich das Einkommen auf beide verteilt, spielt keine Rolle. Gibt aber jeder von ihnen eine eigene

Vorübergehend getrennt

Der Splittingtarif steht nur zusammenlebenden Ehe- und Lebenspartnern zu. Unternehmen aber getrennt lebende Partner einen Versöhnungsversuch und leben einige Zeit wieder zusammen, drückt das Finanzamt für das Jahr ein Auge zu. Egal wie der Versuch endete, gilt der Splittingtarif.

Steuererklärung ab („Einzelveranlagung"), werden die Partner im Prinzip wie zwei Alleinstehende besteuert. Und da zeigen sich die Unterschiede: Verdient einer alles und der andere nichts, würden bei einer Einzelveranlagung 11 994 Euro an Einkommensteuer fällig, also 4 742 Euro mehr als bei einer Zusammenveranlagung. Hätten beide ein gleiches zu versteuerndes Einkommen von 25 000 Euro, zahlte jeder bei einer Einzelveranlagung 3 626 Euro Einkommensteuer. Es wäre in diesem Fall zunächst egal, ob man gemeinsam oder einzeln seine Steuererklärung macht.

Sie können jedes Kalenderjahr erneut wählen, ob Sie eine gemeinsame Steuererklärung abgeben möchten oder einzelne. Häufig ist die Zusammenveranlagung günstiger, weil unter dem Strich eine Steuerersparnis steht. Andere Lebenssituationen sind weniger eindeutig. Ein Beispiel: Angenommen, das Einkommen ist einigermaßen gleich verteilt. Doch dann kommen nennenswerte Einnahmen hinzu, die wie etwa Kurzarbeitergeld dem Progressionsvorbehalt unterliegen (→ Seite 232), oder Verluste eines Partners, Abfindungen oder Nebeneinkünfte bis 410 Euro pro Jahr (→ Seite 223). Hier hilft nur genaues Rechnen – im Zweifel vom Steuerprofi.

Steuerklassen geschickt kombinieren

Einen weiteren Vorteil, den Paare haben: Sie haben einige Kombinationsmöglichkeiten bei der Wahl der Lohnsteuerklassen. So können Sie zum Beispiel Einfluss auf Ihr monatliches Nettogehalt und damit auch auf künftige Lohnersatzzahlungen nehmen. Denn je nach Lohnsteuerklassen-

Kombination müssen Sie in unterschiedlicher Höhe monatliche Abzüge vom Bruttoverdienst hinnehmen.

Die Kombination IV/IV ist in der Regel die richtige Wahl, wenn beide Partner etwa gleich viel verdienen. Liegen die Löhne weit auseinander, sorgt die Kombination III/V für den geringsten Steuerabzug im Laufe des Jahres, kann aber mit der Steuererklärung zu einer enormen Nachforderung führen. Der Partner mit dem höheren Lohn nimmt Klasse III, wenn er mindestens 60 Prozent des „Gesamtlohns" beider Partner hat, so eine Daumenregel. Unter test.de/Steuerratgeber-Extra finden Sie eine erläuterte Tabelle zur Lohnsteuerklassenwahl. Dort steht auch, bei welchem Einkommensverhältnis Ehepaare/Lebenspartner mit welcher Kombination am besten fahren.

Besteuerung per Faktor

Paare haben seit einigen Jahren noch eine weitere Kombinationsmöglichkeit. Diese läuft unter dem Begriff „Faktorverfahren". Dadurch verringert sich die hohe Steuerbelastung in der Klasse V zulasten der besonders günstigen Klasse III.

Mit der Steuerklassenkombination III/V kann es zu Steuernachzahlungen kommen, die bei großen Lohnunterschieden ansteigen. Außerdem verbleibt bei der Steuerklasse V oft relativ wenig Nettolohn. Wer beide Nachteile vermeiden will, kann das über die Wahl der Steuerklassenkombination IV/IV mit Faktor erreichen. Bei dieser Kombination entspricht der Lohnsteuerabzug annähernd der tatsächlich zu zahlenden Einkommensteuer. Das Finanzamt ermittelt dafür einen Faktor, der den Verdienstunterschied ausgleicht und die Lohnsteuerbelastung optimiert. Der individuell ermittelte Faktor wird dem Arbeitgeber mitgeteilt. Daraufhin zieht er die Lohnsteuer zunächst auf der Grundlage der Steuerklasse IV ab und multipliziert die Steuer danach mit einem Faktor, der kleiner als eins ist. So wird erreicht, dass die bisher hohe Lohnsteuerbelastung in der Lohnsteuerklasse V des gering verdienenden Partners deutlich sinkt. Ebenso wird eine deftige Steuernachzahlung, die bei unzutreffender Wahl von III/V errechnet werden kann, vermieden.

Sind Sie unsicher, welche Kombination für Sie am besten passt, nutzen Sie zum Beispiel die Seite bmf-steuerrechner.de und klicken Sie auf: „Berechnung der Lohnsteuer", danach „Faktorverfahren". Dort können Sie Ihre Daten eingeben und ermitteln, wie sich der Faktor bei Ihrer Lohnsteuerklassenwahl auswirkt.

Faktorberechnung nicht immer optimal

Wollen Sie als Paar die Steuerklasse IV mit Faktor wählen, müssen Sie mit einem gemeinsamen Antrag beim Finanzamt auch die voraussichtlichen Jahresarbeitslöhne aus Ihrem Hauptarbeitsverhältnis angeben. Arbeitslöhne aus weiteren Jobs, die nach Steuerklasse VI besteuert werden, bleiben bei der Faktorberechnung unberücksichtigt. Letztlich ist die Vorababrechnung dann nicht ganz genau, sodass es auch deshalb bei der Steuererklärung doch noch zu Nachforderungen kommen kann.

Paare können den Faktor für das laufende Kalenderjahr bis zum 30. November beim zuständigen Finanzamt eintragen oder bis zu diesem Termin einmal im Jahr ändern lassen. Arbeitnehmer, die sich für das Faktorverfahren entscheiden, müssen eine Steuererklärung abgeben. Der Faktor kann nicht nur für ein Jahr, sondern auch für zwei Jahre beantragt werden.

Lohnersatz beeinflussen

Sind Sie selbst in der Steuerklasse IV oder IV mit Faktor, ist Ihr Nettoverdienst höher, als wenn Sie in Steuerklasse V sind. Am höchsten ist das Monatsnetto in Steuerklasse III. Dementsprechend gilt auch: Wer damit rechnet, in absehbarer Zeit Lohnersatzleistungen wie Eltern- oder Kurzarbeitergeld zu bekommen, kann mit einem Wechsel in Steuerklasse III die Auszahlung erhöhen (→ Seite 248).

Vermutlich wird durch einen Wechsel der Steuerklassen – der Partner mit niedrigerem Einkommen geht von der V in III, der Besserverdiener dafür in die III – erst einmal die monatliche Lohnsteuerbelastung steigen. Allerdings lässt sich diese höhere Steuerbelastung später per Steuererklärung zurückholen. Dafür bleiben Ihnen aber in jedem Fall die höheren Lohnersatzleistungen erhalten.

Ein Wechsel kann aber auch negative Folgen haben, wenn der Partner mit dem höheren Verdienst selbst unerwartet etwa arbeitslos wird. Mit ungünstiger Steuerklasse fällt seine Lohnersatzleistung niedriger aus.

Steuerklassenwechsler sollten mit behördlichem Argwohn rechnen. Beim Elterngeld hat allerdings das Bundessozialgericht den Wechsel aus der Klasse V in die Klasse III oder IV als legale Gestaltungsmöglichkeit bewertet, auch wenn der Wechsel „nur" das Ziel hatte, mehr Elterngeld zu bekommen. Beim Arbeitslosengeld ist das anders. Erfolgt der Wechsel eines Partners in eine günstigere Steuerklasse im Jahr der Arbeitslosigkeit, prüft die Arbeitsagentur, ob der Wechsel „zweckmäßig" war. Zweckmäßig ist im Amtsverständnis ein Verhältnis der Arbeitslöhne der Partner, wie es die Finanzverwaltung in ihren Tabellen ausgerechnet hat. Verdient zum Beispiel ein Ehepartner 3 000 Euro und der andere 1 500 Euro und haben sie bisher die Kombination III/V, lehnt das Amt einen Wechsel in Kombinationen IV/IV und V/III als „unzweckmäßig" ab. Es berechnet das Arbeitslosengeld so, als hätte es keinen Wechsel gegeben. Das Amt hält sich dabei an die Lohnsteuerklassenkombination, die am 1. Januar des Jahres galt.

Hätte das Arbeitnehmerehepaar bereits vorher die Kombination gewechselt, hätte das Amt mitspielen müssen. Wenn Paare die Kombination wechseln wollen, weil ein Partner absehbar Lohnersatz beziehen wird, sollten sie das möglichst bis Silvester des Vorjahres tun.

Arbeitnehmerinnen, die sich per Steuerklassenwechsel mehr Mutterschaftsgeld vom Arbeitgeber holen wollen, brauchen dazu in der Regel sein Einverständnis. Verweigert er das, haben sie vor Gericht schlechte Karten.

Relativ problemlos führt der Steuerklassenwechsel beim Kurzarbeitergeld zu höheren Bezügen. Das war 2020 für viele der Arbeitnehmer während der Corona-Krise wichtig.

Tod des Partners

Ein paar steuerliche Besonderheiten gelten, wenn Ihr Ehe- oder Lebenspartner stirbt. Stirbt Ihr Partner im Jahr 2021, steht Ihnen weiterhin der Splittingtarif zu. Sie füllen die Steuererklärung für 2021 dann so aus, als würde der Partner noch leben. Für das Folgejahr 2022 reicht der verwitwete

Partner nur seine persönliche Steuererklärung ein und vermerkt im Hauptvordruck, dass er 2021 verwitwet ist. Das Finanzamt berechnet die Steuer für 2022 dann nochmals mit dem Splittingtarif. Erst für das Steuerjahr 2023 legt das Finanzamt nicht mehr den Splittingtarif, sondern den Grundtarif für Alleinstehende zugrunde. Dadurch kann die Steuerbelastung höher ausfallen.

Für die Besteuerung von Hinterbliebenenbezügen, beispielsweise Witwenrenten oder Werkspensionen, gelten die steuerlichen Bedingungen, die für den verstorbenen Partner galten. Wurde etwa der verstorbene Ehemann vor 2006 Rentner, ist eine erstmals 2021 gezahlte Witwenrente zu 50 Prozent steuerpflichtig und nicht zu 81 Prozent, wie das ein Rentenbeginn 2021 eigentlich vorschreiben würde (→ Seite 254). Gleiches gilt für den Versorgungsfreibetrag und seinen Zuschlag für Beamten- und Werkspensionen (→ Seite 257).

Freibeträge und andere Steuervergünstigungen, die als Jahresbeträge gewährt werden, können im Todesjahr vom überlebenden Partner noch doppelt genutzt werden. Das betrifft zum Beispiel den Sparerpauschbetrag von 1602 Euro (für beide) oder den Altersentlastungsbetrag, wenn die entsprechenden Einkünfte und das Alter bei beiden vorliegen (→ Seite 256). Für das Folgejahr gibt es solche Vergünstigungen nicht mehr.

Sobald Sie neben Ihrem eigenen Monatseinkommen eine Hinterbliebenenrente und damit Renteneinkünfte beziehen, werden Sie häufig zur Steuererklärung verpflichtet sein: Haben Sie Nebeneinkünfte von mehr als 410 Euro im Jahr, kommen Sie um die Jahresabrechnung nicht mehr umhin. Um in dieser neuen Situation steuerlich alles richtig zu machen, kann es sinnvoll sein, zumindest einmalig einen Steuerprofi einzuschalten. Das kann ein Steuerberater sein oder auch ein Lohnsteuerhilfeverein. Jedoch können Sie sich beim Lohnsteuerhilfeverein nicht zu Fragen der Erbschaftsteuer beraten lassen, sondern nur beim Steuerberater.

Allerdings müssen Sie sich hier meist keine Sorgen machen: Als hinterbliebener Ehe- oder Lebenspartner gelten für Sie bei der Erbschaftsteuer große Freibeträge, sodass Sie hier häufig keine Abzüge fürchten müssen.

Tipps für Beamte

Beamte, Richter und Soldaten behandelt das Finanzamt als Arbeitnehmer. Ihre Amtsbezüge gehören zu den „Einkünften aus nichtselbstständiger Tätigkeit" und damit auf die Anlage N (→ ab Seite 61). Dennoch sollten Sie auf ein paar steuerliche Besonderheiten achten. Die ergeben sich vor allem daraus, dass Sie in der gesetzlichen Sozialversicherung nicht pflichtversichert sind.

Altersvorsorge mit Förderung möglich

Auch wenn Sie selbst nicht in die gesetzliche Rentenversicherung einzahlen müssen, haben Sie die Möglichkeit, zusätzlich mit Steuerförderung vorzusorgen. So sind Sie bei der Riester-Förderung „unmittelbar Begünstigte" und können für sich und Ihren Ehegatten/Lebenspartner die Zulagen beziehungsweise den Sonderausgabenabzug nutzen (→ Seite 114). Dazu müssen Sie bei Ihrer Besoldungsstelle schriftlich einwilligen, dass Ihre Daten der zuständigen Stelle übermittelt werden dürfen. Ansonsten fällt die Riester-Förderung flach.

Sie können außerdem mit der sogenannten Basis-Rente, auch „Rürup-Rente" genannt, steuerbegünstigt vorsorgen. Im Regelfall handelt es sich um eine private Rentenversicherung, die Beiträge werden aber steuerlich genauso behandelt wie Beiträge in die gesetzliche Rentenversicherung. Sie sind als Sonderausgaben abzugsfähig. Das Finanzamt erkennt 92 Prozent der 2021 eingezahlten Beiträge als Sonderausgaben an. Die Förderhöchstgrenze liegt 2021 bei 25 787 Euro. Der Höchstbetrag, den Beamte in einen Rürup-Vertrag einzahlen können, wird auf besondere Weise ermittelt, wie das folgende Beispiel zeigt.

→ **Zum Beispiel Studienrat Elyas E.**

Die Bezüge des alleinstehenden Lehrers belaufen sich auf 50 000 Euro brutto. Er hatte überlegt, einen Riester-Vertrag abzuschließen, doch er hatte den Wunsch, mehr als die maximal mögliche Einzahlung von 2 100 Euro im Jahr für später anzulegen. Um seine spätere Pension aufzubessern, zahlt er deshalb nun 5 000 Euro in einen Rürup-Rentenvertrag. Davon darf er 4 600 Euro als Sonderausgaben absetzen. Er hätte sogar bis zu 16 487 Euro in den Vertrag einzahlen können.

Beitrag zur Basisrente	**5 000**
Höchstbetrag im Jahr	25 787
Kürzung des Höchstbetrags um 18,6 % von 50 000*	−9 300
gekürzter Höchstbetrag (25 787 minus 9 300)	16 487
abzugsfähige Sonderausgaben (92 % von 5 000, alle Angaben in Euro)**	**4 600**

* Um eine Gleichbehandlung mit Arbeitnehmern herzustellen, kürzt das Finanzamt den abzugsfähigen Höchstbetrag um den Beitrag, den der Beamte (einschließlich Arbeitgeberanteil) in die gesetzliche Rentenversicherung einzahlen müsste, wenn er dazu verpflichtet wäre.

** Das Amt vergleicht den tatsächlich gezahlten Beitrag zur Basis-Rente (5 000 Euro) mit dem gekürzten Höchstbetrag (16 487 Euro). Vom niedrigeren der beiden Beträge, hier von 5 000 Euro, sind 92 Prozent als Sonderausgaben absetzbar.

Freiwillige Beiträge an die Rentenversicherung

Um steuerbegünstigt für das Alter vorzusorgen, kommt eine Alternative infrage: Beamte wie Elyas können freiwillige Beiträge an die gesetzliche Rentenversicherung zahlen. Kommen sie auf mindestens fünf Beitragsjahre, steht ihnen im Alter neben der Pension auch eine gesetzliche Altersrente zu. Der Gedanke mag zunächst überraschend erscheinen – zusätzlich zur Beamtenversorgung eine gesetzliche Rente beziehen, wozu sollte das gut sein? Ein Vorteil ist, dass Beamte, die nebenbei eine gesetzliche Rente beziehen, die auf freiwilligen Beiträgen beruht, nicht fürchten müssen, dass wegen dieser Rente ihre Pension gekürzt wird. Es ist also möglich, diese Rente und die Pension parallel zu beziehen. Ein weiterer Vorteil ist, dass sich die Rendite der gesetzlichen Rentenversicherung gerade auch im Vergleich zu anderen Vorsorgeverträgen durchaus sehen lassen kann.

Wer unsicher ist, ob die Investition in die gesetzliche Rente attraktiv ist, kann sich zum Beispiel kostenlos in einer Beratungsstelle der Deutschen Rentenversicherung (deutsche-rentenversicherung.de) beraten lassen. Einen Termin vereinbaren Sie kostenlos über die Hotline 0800/1000 4800.

Wer sich für die freiwilligen Beiträge entscheidet, kann 2021 monatlich zwischen 83,70 und 1320,60 Euro an die Rentenkasse zahlen. Selbst wenn Elyas aus den Beispiel links monatlich den Höchstbetrag von 1320,60 Euro aufbringt, könnte er auch davon 92 Prozent als Sonderausgaben geltend machen. Aufs Jahr gesehen bliebe er unter Anrechnung seiner Bezüge unter der Förderhöchstgrenze (1320,60 mal 12 ergibt 15 847,20 Euro).

Kranken- und Pflegeversicherung

Die meisten Beamten sind privat kranken- und pflegeversichert. Sie können Ihre Beiträge an die Kranken (KV)- und Pflegeversicherung (PV) genau wie gesetzlich versicherte Arbeitnehmer als Sonderausgaben per Anlage Vorsorgeaufwand geltend machen (→ Seite 103). Der Arbeitgeber berücksichtigt beim laufenden Lohnsteuerabzug die KV- und PV-Beiträge, die ihm gemeldet wurden, oder eine Pauschale von 1 900 Euro im Jahr. Ausnahme: Steuerklasse III, hier sind es pauschal 3 000 Euro.

Zahlt Studienrat Elyas E. aus dem Beispiel auf der Seite zuvor 2 500 Euro Beitrag für die Basisabsicherung in einer privaten Krankenversicherung und 180 Euro in die Pflegeversicherung, gehören diese Beträge in Zeile 23 beziehungsweise Zeile 24 der Anlage Vorsorgeaufwand. Diese Beiträge sind komplett absetzbar. In der Mitteilung der Krankenversicherung ist der Betrag für die Absicherung des Krankengeldes bereits abgezogen, sodass anders als bei der gesetzlichen Krankenversicherung keine Kürzung um 4 Pro-

zent erfolgt. Elyas E. liegt mit seinen Beiträgen zur Kranken- und Pflegeversicherung über 1900 Euro. Deshalb kann er keine weiteren abzugsfähigen Versicherungsbeiträge geltend machen (→ ab Seite 110).

Er sollte jedoch darauf achten, ob der Selbstbehalt von 500 Euro, den er
mit seiner privaten Krankenversicherung vereinbart hat und der seinen
fälligen Beitrag etwas ermäßigt, immer vorteilhaft ist. Denn eine Beitragserstattung seiner Krankenversicherung mindert die abziehbaren Vorsorgeaufwendungen und damit die Steuerermäßigung. In manchen Fällen
wirkt sich der Steuervorteil per Sonderausgabenabzug unter dem Strich
vorteilhafter aus als eine geringere Beitragszahlung durch Selbstbehalte.
Das sollten Sie vor einer Änderung Ihres Vertrags berücksichtigen.

Als Paar nicht immer gemeinsam die Steuern erklären

Manche Staatsdiener zahlen nur geringe Versicherungsbeiträge, etwa weil
sie besonders günstige Tarife haben oder weil sie anstelle von Beihilfe die
Heilfürsorge oder die Truppenärztliche Versorgung nutzen. Liegen ihre
Beiträge zur Basisabsicherung unter 1900 Euro im Jahr, können sie mindestens die Differenz zwischen der Höhe ihrer Basis-Beiträge und 1900
Euro für weitere Versicherungsbeiträge geltend machen. Oftmals lohnt
sich dann für verheiratete Staatsdiener die Einzelveranlagung

Auf den ersten Blick ist das nicht immer gleich zu erkennen. Wenn Sie
Ihre Steuererklärung mit ELSTER machen, empfiehlt es sich, dass Sie beide
Varianten durchrechnen und anschließend vergleichen: Rechnen Sie zuerst aus, welche Steuerbelastung auf Sie zukommt, wenn Sie eine gemeinsame Steuererklärung machen. Rechnen Sie dann für beide Partner jeweils
einzeln ab und addieren Sie die Steuern, die der eine und die der andere
Partner zahlen müssen. Vergleichen Sie dann, ob diese Summe niedriger
ist als die zu zahlende Steuer bei der gemeinsamen Veranlagung.

Füllen Sie Ihre Steuererklärung mithilfe eines Steuerprogramms durch,
können Sie das Programm meist direkt vergleichen lassen, welche Variante für Sie günstiger ist. Haben Paare zunächst eine ungünstige Wahl getroffen, lässt sich das per Einspruch gegen den Steuerbescheid korrigieren
(→ Seite 202).

Nachforderungen einplanen

Zahlen Sie nur geringe Beiträge zur Kranken- und Pflegeversicherung, könnte sich für Sie aber noch ein anderes Problem ergeben: Der Arbeitgeber berücksichtigt im Jahresverlauf in der Regel eine Vorsorgepauschale von bis zu 1 900 Euro. Wenn Beamte tatsächlich weniger aufwenden als 1 900 Euro (beziehungsweise 3 000 Euro in Lohnsteuerklasse III), sind sie in der Regel verpflichtet, eine Steuererklärung abzugeben, und müssen einplanen, dass es zu einer Nachforderung vom Finanzamt kommen kann.

→ Zum Beispiel Nico N.

Der alleinstehende Nico ist Unteroffizier bei der Bundeswehr (Monatsbruttogehalt 2 418 Euro). Er erhält Truppenärztliche Versorgung und hat deshalb kaum Beiträge zur Kranken- und Pflegeversicherung. Beim laufenden Lohnsteuerabzug in der Klasse I wurde automatisch eine jährliche Vorsorgepauschale von 1 900 Euro berücksichtigt. Auf dieser Grundlage zahlt Nico im Jahresverlauf rund 3 936 Euro Lohnsteuer. Nico kann aber tatsächlich nur 500 Euro abzugsfähige Versicherungsbeiträge geltend machen. Das bedeutet für ihn unter dem Strich eine Nachzahlung von rund 400 Euro Lohnsteuer sowie die Pflichtabgabe einer Steuererklärung.

Hilfe

Übersicht

Tabellen

Lohnsteuerklassen

Die insgesamt sechs Lohnsteuerklassen unterscheiden sich vor allem dadurch, welche Pauschalen und Freibeträge sie beim laufenden Lohnsteuerabzug berücksichtigen. So haben etwa alleinerziehende Arbeitnehmer 2021 Anspruch auf einen Entlastungsbetrag von mindestens 4 008 Euro. Dieser wird mit Steuerklasse II berücksichtigt. Alleinerziehende zahlen dadurch im Jahresverlauf etwas weniger Lohnsteuer als Singles ohne Kinder mit Lohnsteuerklasse I. Der Arbeitgeber zieht außerdem in jeder Lohnsteuerklasse individuell unterschiedliche Beiträge zur Kranken-, Pflege- und Rentenversicherung ab. Die hier nicht aufgeführte Klasse VI gilt für ein zweites und jedes weitere Arbeitsverhältnis und berücksichtigt nur eine Vorsorgepauschale.

Freibeträge, Pauschalen*	Euro in Lohnsteuerklassen				
	I	II	III	IV	V
Grundfreibetrag	9 744	9 744	19 488	9 744	0
Arbeitnehmerpauschbetrag	1 000	1 000	1 000	1 000	1 000
Sonderausgabenpauschbetrag	36	36	36	36	36
Entlastungsbetrag für Alleinerziehende für ein Kind**	0	4 008	0	0	0
Vorsorgepauschale 2021	84 Prozent des Arbeitnehmeranteils zur gesetzlichen Rentenversicherung plus Beiträge zur Kranken- und Pflegeversicherung in den Steuerklassen I bis VI				

* Kinderfreibeträge spielen bei der Berechnung der laufenden Lohnsteuer keine Rolle, sie wirken sich nur auf die Berechnung von Solidaritätszuschlag und Kirchensteuer aus.
** Der zusätzliche Freibetrag von 240 Euro ab dem zweiten Kind und je weiterem Kind ist in der Steuerklasse nicht enthalten. Er muss deshalb als zusätzlicher Freibetrag beantragt werden.

Nettolohnvergleich

Die Höhe des monatlichen Nettolohnes richtet sich bei versicherungspflichtigen Arbeitnehmern auch nach der Lohnsteuerklasse. Den höchsten Nettolohn sichern sich Ehe- oder Lebenspartner in Steuerklasse III. Dafür hat der Partner in Klasse V den höchsten Lohnsteuerabzug. Wie hoch die Abzüge je nach Steuerklasse sind, können Sie unter bmf-steuerrechner.de selbst ausrechnen. Auf den Internetseiten einiger Krankenkassen finden Sie zudem Brutto/Netto-Rechner, mit denen Sie zumindest grob überschlagen können, wie viel Netto am Monatsende bleibt.

Bruttolohn im Monat in Euro	Nettolohn in Euro 2021*					
	Lohnsteuerklassen**					
	I	II***	III	IV	V	VI
1 000	798	800	798	798	698	686
2 000	1 432	1 476	1 596	1 432	1 199	1 163
3 000	2 000	2 052	2 250	2 000	1 679	1 642
4 000	2 534	2 594	2 842	2 534	2 129	2 093
5 000	3 043	3 111	3 428	3 043	2 588	2 547
6 000	3 566	3 639	4 054	3 566	3 050	3 009
7 000	4 037	4 135	4 659	4 037	3 511	3 471
8 000	4 560	4 659	5 313	4 560	4 035	3 995

* Berechnung ohne Kirchensteuer und ohne Kinderfreibeträge (außer 0,5 in Klasse II). Berücksichtigt wurden die Beitragsbemessungsgrenzen für die alten Bundesländer und der erhöhte Pflegeversicherungssatz für Kinderlose (außer in Klasse II) sowie 1,3 Prozent Zusatzbeitrag der Krankenkassen.
** Der Nettolohn in der „Unterklasse" IV + Faktor ist von einem Faktor abhängig, den das Finanzamt individuell auf der Grundlage der Löhne beider Ehepartner/Lebenspartner ermittelt. Der Nettolohn ist deshalb nicht einheitlich darstellbar. Über die Seite bmf-steuerrechner.de lässt er sich berechnen.
*** Berechnung 2. Halbjahr 2021

Behindertenpauschbetrag

Sie haben ab einem Behinderungsgrad von mindestens 20 Anspruch auf den Pauschbetrag. Sie können damit Ihre regelmäßigen Pflege- und Betreuungskosten pauschal abrechnen, statt diese einzeln als außergewöhnliche Belastung nachzuweisen. Zusätzlich können Sie ab einem Grad der Behinderung von 70 eine Fahrtkostenpauschale von 900 bis 4500 Euro als außergewöhnliche Belastung absetzen.

Sind Ihre regelmäßigen behinderungsbedingten Kosten im Jahr höher als der Behindertenpauschbetrag? Dann sollten Sie den Abzug als außergewöhnliche Belastung wählen. Hier wird zwar eine zumutbare Belastung angerechnet. Aber diese dürfen Sie als haushaltsnahe Pflege- und Betreuungskosten absetzen.

Grad der Behinderung	Jährlicher Pauschbetrag in Euro	Fahrtkostenpauschale[1] in Euro
20	384	–
30	620	–
40	860	–
50	1 140	–
60	1 440	–
70	1 780	900[2]
80	2 120	900
90	2 460	900
100	2 840	900
Hilflos/blind/ taubblind[4]	7 400	4 500[3]

1) Als außergewöhnliche Belastung mit Eigenanteil. 2) Mit dem Merkzeichen „G" für „erheblich gehbehindert". 3) Auch mit dem Merkzeichen „aG" für „außergewöhnlich gehbehindert". 4) Auch bei Vorlage des Bescheids über Pflegegrad 4 oder 5.

Zumutbare Belastung

Die zumutbare Belastung (→ ab Seite 122) richtet sich nach Einkünften, Familienstand und Familiengröße. Berechnungsgrundlage ist der „Gesamtbetrag der Einkünfte" (→ Seite 11).

Beispiel: Hat ein Paar oder ein Alleinstehender zwei Kinder und 55 000 Euro Einkünfte, erfolgt die Berechnung in folgenden Schritten.

▸ **1. Schritt:** 2 Prozent (1. Zeile, 4. Spalte von links) von 15 340 Euro (Spalte ganz links, 1. Zeile) ergibt 306,80 Euro.

▸ **2. Schritt:** 3 Prozent (2. Zeile, 4. Spalte von links) von 35 790 Euro (51 130 minus 15 340 Euro aus der Spalte ganz links, 2. Zeile) ergibt 1 073,70 Euro.

▸ **3. Schritt:** 4 Prozent (3. Zeile, 4. Spalte von links) von 3 870 Euro (55 000 Euro Einkünfte minus 51 130 Euro aus der Spalte ganz links, 3. Zeile) ergibt 154,80 Euro.

Aus den drei Schritten folgt eine zumutbare Belastung von 1 535 Euro (306,80 plus 1 073,70 plus 154,80). Diese muss die Familie selbst tragen.

Einkünfte in Euro	ohne Kinder		mit Kindern*	
	alleinstehend	verheiratet/ verpartnert**	1 bis 2	3 und mehr
bis 15 340	5 %	4 %	2 %	1 %
15 341 bis 51 130	6 %	5 %	3 %	1 %
mehr als 51 130	7 %	6 %	4 %	2 %

* Gilt für Alleinstehende und Ehepaare oder eingetragene Lebenspartner. Hier zählen nur Kinder, für die den Eltern Kindergeld oder der Kinderfreibetrag zusteht (→ Seite 141).

** bei Abgabe einer gemeinsamen Steuererklärung

Altersvorsorgeaufwand

Zum Altersvorsorgeaufwand gehören Beiträge zur gesetzlichen Rentenversicherung, zu Versorgungswerken und zu Rürup-Renten. Für diese
Beiträge können 2021 bis 23 725/47 450 Euro (Alleinstehende/Ehepaare)
als Sonderausgaben abgesetzt werden (höchstens 92 Prozent von
25 787/51 574 Euro (→ ab Seite 104).

Jahr	abzugsfähiger Altersvorsorgeaufwand		
	in Prozent	bis Euro	
		alleinstehend	verheiratet/ verpartnert
2018	86	20 393	40 785
2019	88	21 389	42 777
2020	90	22 542	45 083
2021	92	23 725	47 449

Beispiel: Ein lediger Arbeitnehmer, der 50 000 Euro brutto verdient
hat, zahlt 4 650 Euro in seine gesetzliche Rentenversicherung (RV)
und 2 400 Euro in eine Rürup-Versicherung ein. Er kann 2021 davon
6 114 Euro als Sonderausgaben geltend machen.

Arbeitnehmeranteil zur RV (9,3 Prozent von 50 000)	**4 650**
plus Arbeitgeberanteil zur RV (9,3 Prozent von 50 000)	+ 4 650
plus Rürup-Beiträge des Arbeitnehmers	+ 2 400
Summe	11 700
abzugsfähiger Betrag (92 Prozent von 11 700)	10 764
minus Arbeitgeberanteil zur RV	− 4 650
als Sonderausgaben des Arbeitnehmers abzugsfähig (alle Angaben in Euro)	**6 114**

Steuerpflicht: Das gilt für die Auszahlungen aus privater Vorsorge

Je nach Art des Vorsorgevertrags unterscheiden sich manche Steuerregeln deutlich. Renten und Kapitalauszahlungen sind im Alter zum Teil voll oder zu einem Großteil steuerpflichtig. Die Empfänger profitieren aber von einigen Freibeträgen.

	Steuerpflicht
Riester-Rente (auch über den Betrieb abgeschlossener Riester-Vertrag)	**Rente** und **Kapitalauszahlung** (bis zu 30 Prozent der Ersparnisse): Beides ist voll steuerpflichtig. **Vorteil:** Für Riester-Zahlungen steht den Empfängern der Altersentlastungsbetrag zu, wenn sie zu Beginn des Steuerjahres mindestens 64 Jahre alt waren. Erhalten Steuerpflichtige eine Abfindung aus ihrem Riester-Vertrag, wird diese nach der „Fünftelregelung" etwas günstiger besteuert.
Rürup-Rente	**Rente:** Ein großer Teil der Auszahlung ist steuerpflichtig. Der Anteil steigt für Neurentner jährlich an. Bei Beginn der Auszahlung 2021 sind es 81 Prozent, bei Beginn 2025 bereits 85 Prozent.
Betriebliche Altersvorsorge (Vertragsabschluss bis Ende 2004) Direktversicherungen, Pensionskassen und Pensionsfonds	**Renten:** Sie sind nur zum geringen Teil steuerpflichtig, wenn die Beiträge pauschal oder komplett versteuert wurden. Der steuerpflichtige Anteil richtet sich nach dem Alter bei Auszahlungsbeginn. Beruht die Rente dagegen auf steuerfrei eingezahlten Beiträgen, ist die Auszahlung steuerpflichtig. **Kapitalauszahlung:** Sie ist steuerfrei, wenn der Vertrag mindestens zwölf Jahre lief und die Beiträge pauschal oder normal versteuert wurden. Ergibt sich die Auszahlung hingegen aus steuerfrei eingezahlten Beiträgen, ist die Auszahlung komplett steuerpflichtig. **Vorteil:** Für komplett steuerpflichtige Zahlungen können die Empfänger den Altersentlastungsbetrag nutzen, wenn sie zu Beginn des Steuerjahres mindestens 64 Jahre alt waren.
Betriebliche Altersvorsorge (Vertragsabschluss seit 2005) Direktversicherungen, Pensionskassen und Pensionsfonds	**Renten** und **Kapitalauszahlungen** aus Verträgen, in die Arbeitnehmer steuerfreien Lohn oder Gehalt eingezahlt haben, sind voll steuerpflichtig. **Vorteil:** Rentner können aber vom Altersentlastungsbetrag profitieren, wenn sie zu Beginn des Steuerjahres mindestens 64 Jahre alt waren.

	Steuerpflicht
Betriebliche Altersvorsorge Unterstützungskasse und Direktzusage	**Werkspensionen** und **Kapitalauszahlungen** sind wie Arbeitslohn voll steuerpflichtig. **Vorteil:** Ab dem 63. Geburtstag können die Empfänger der Leistungen dafür den Versorgungsfreibetrag in Anspruch nehmen. Bei einer Kapitalauszahlung aus der Unterstützungskasse wendet das Finanzamt die „Fünftelregelung" an, sodass die Steuerbelastung etwas geringer ausfällt.
Private Rentenversicherung (ohne staatliche Förderung) Vertragsabschluss bis 2004	**Renten:** Sie sind nur zum geringen Teil steuerpflichtig. Der Anteil richtet sich nach dem Alter bei Auszahlungsbeginn. **Kapitalauszahlung:** Die Kapitalerträge sind steuerfrei.
Private Rentenversicherung (ohne staatliche Förderung) Vertragsabschluss seit 2005	**Renten:** Sie sind nur zu einem geringen Anteil steuerpflichtig. Er richtet sich nach dem Alter bei Beginn der Auszahlung. **Kapitalauszahlungen** sind nach Abzug der gezahlten Beiträge voll steuerpflichtig. Es sei denn, der Vertrag lief mindestens zwölf Jahre und der Versicherte erhält sein Geld frühestens mit 60 beziehungsweise mit 62 Jahren bei Vertragsabschluss nach 2011. Dann ist die Hälfte der Erträge steuerpflichtig. **Vorteil:** Über den Sparerpauschbetrag (801 Euro/Jahr für Alleinstehende, Ehepaare 1 602 Euro) bleiben die Kapitalerträge zum Teil steuerfrei.
Private Kapitallebensversicherung Vertragsabschluss bis 2004	**Kapitalleistungen** sind steuerfrei, wenn die Verträge mindestens zwölf Jahre liefen, fünf Jahre lang Beiträge gezahlt wurden und 60 Prozent der gesamten Beiträge für die Todesfallleistung vereinbart waren.
Private Kapitallebensversicherung Vertragsabschluss seit 2005	**Kapitalleistungen** sind nach Abzug der gezahlten Beiträge voll steuerpflichtig. Es sei denn, die Versicherung lief mindestens zwölf Jahre und der Versicherte erhält das Geld frühestens mit 60 beziehungsweise 62 Jahren bei Vertragsabschluss nach 2011. Dann ist die Hälfte der Erträge steuerpflichtig. **Vorteil:** Über den Sparerpauschbetrag (801 Euro/Jahr für Alleinstehende, Ehepaare 1 602 Euro) bleiben Kapitalerträge zum Teil steuerfrei.

Besteuerung gesetzlicher Renten

Die gesetzliche Rente ist für viele Arbeitnehmer das wichtigste Alterseinkommen. Allerdings müssen sie einen Teil davon versteuern, und der steigt schrittweise mit jedem neuen Rentner-Jahrgang. Arbeitnehmer, die 2021 in Rente gingen (linke Spalte), müssen 81 Prozent ihrer Rente mit dem Finanzamt teilen (2. Spalte von links). Wer 2040 in Rente geht, muss 100 Prozent versteuern. Anhand des steuerfreien Anteils ermittelt das Finanzamt einen dauerhaften Steuerfreibetrag.

Jahr des Rentenbeginns	Steuerpflichtiger Anteil in Prozent	Jahr des Rentenbeginns	Steuerpflichtiger Anteil in Prozent
2005	50	2023	83
2006	52	2024	84
2007	54	2025	85
2008	56	2026	86
2009	58	2027	87
2010	60	2028	88
2011	62	2029	89
2012	64	2030	90
2013	66	2031	91
2014	68	2032	92
2015	70	2033	93
2016	72	2034	94
2017	74	2035	95
2018	76	2036	96
2019	78	2037	97
2020	80	2038	98
2021	**81**	2039	99
2022	82	2040	**100**

Besteuerung privater Renten

Privatrenten sind teilweise steuerpflichtig. Der steuerpflichtige Teil, Ertragsanteil genannt, richtet sich nach dem Lebensjahr bei Rentenbeginn. Wer mit 60 Jahren (linke Spalte) erstmals Leistungen aus einer privaten Rentenversicherung erhält, muss 22 Prozent versteuern (2. Spalte von links), bei Rentenbeginn mit 65 sind es 18 Prozent. Sie sehen einen Tabellenauszug. Er betrifft aber nicht die Riester-Rente, die voll steuerpflichtig ist, und auch nicht die Rürup-Rente, die wie eine gesetzliche Rente besteuert wird.

Lebensalter bei Rentenbeginn	Steuerpflichtiger Rentenanteil in Prozent	Lebensalter bei Rentenbeginn	Steuerpflichtiger Rentenanteil in Prozent
51	29	66	18
52	29	67	17
53	28	68	16
54	27	69	15
55	26	70	15
56	26	71	14
57	25	72	13
58	24	73	13
59	23	74	12
60	22	75	11
61	22	76	10
62	21	77	10
63	20	78	9
64	19	79	9
65	18	80	8

256 Altersentlastungsbetrag

Der Altersentlastungsbetrag steht allen zu, die mindestens 65 Jahre alt sind. Wer diesen Freibetrag für das Jahr 2021 nutzen will, muss vor dem 2. Januar 1957 geboren sein. Jedoch schmilzt der Altersentlastungsbetrag von Jahr zu Jahr für jeden, der 65 wird. Die einmal mit dem 65. Geburtstag „erworbene" Höhe des Altersentlastungsbetrags bleibt lebenslang erhalten. Achtung: Den Altersentlastungsbetrag gibt es nicht für Einkünfte aus Renten und Pensionen, sondern für alle anderen Einkünfte, etwa Kapital-, Miet-, Lohneinkünfte oder gewerbliche Einkünfte.

Beispiel: Wer 2020 (Spalte links außen) seinen 64. Geburtstag gefeiert hat, erhält für das Steuerjahr 2021 15,2 Prozent (2. Spalte von rechts), maximal 722 Euro (1. Spalte von rechts).

Geburt vor dem 2. Januar	Prozent	bis Euro	Geburt vor dem 2. Januar	Prozent	bis Euro
1941	40,0	1 900	1959	13,6	646
1942	38,4	1 824	1960	12,8	608
1943	36,8	1 748	1961	12,0	570
1944	35,2	1 672	1962	11,2	532
1945	33,6	1 596	1963	10,4	494
1946	32,0	1 520	1964	9,6	456
1947	30,4	1 444	1965	8,8	418
1948	28,8	1 368	1966	8,0	380
1949	27,2	1 292	1967	7,2	342
1950	25,6	1 216	1968	6,4	304
1951	24,0	1 140	1969	5,6	266
1952	22,4	1 064	1970	4,8	228
1953	20,8	988	1971	4,0	190
1954	19,2	912	1972	3,2	152
1955	17,6	836	1973	2,4	114
1956	16,0	760	1974	1,6	76
1957	**15,2**	**722**	1975	0,8	38
1958	14,4	684	1976	0,0	0

Versorgungsfreibetrag mit Zuschlag

Beamten- und Werkspensionen werden neben der Werbungskostenpauschale von 102 Euro mit dem Versorgungsfreibetrag und einem Zuschlag zum Versorgungsfreibetrag begünstigt. Beide Steuervorteile sinken schrittweise. Wer solche Versorgungsbezüge erstmals 2005 oder vorher bekam, erhält einen Versorgungsfreibetrag von 40 Prozent, maximal 3 000 Euro, und einen Zuschlag von 900 Euro. Beide Abzugsbeträge bleiben unverändert, solange der Pensionär seine Pension erhält. Wer 2021 (linke Spalte) erstmals eine Pension bezogen hat, erhält 15,2 Prozent, jedoch maximal 1 140 Euro Versorgungsfreibetrag. Hinzu kommen 342 Euro Zuschlag (rechte Spalte, → Seite 258). Jeder spätere Jahrgang muss höhere Abschläge hinnehmen.

Jahr	Versorgungsfreibetrag		Zuschlag
	in Prozent	bis Euro	in Euro
2005	40,0	3 000	900
2006	38,4	2 880	864
2007	36,8	2 760	828
2008	35,2	2 640	792
2009	33,6	2 520	756
2010	32,0	2 400	720
2011	30,4	2 280	684
2012	28,8	2 160	648
2013	27,2	2 040	612
2014	25,6	1 920	576
2015	24,0	1 800	540
2016	22,4	1 680	504
2017	20,8	1 560	468

| Jahr | Versorgungsfreibetrag | | Zuschlag |
	in Prozent	bis Euro	in Euro
2018	19,2	1 440	432
2019	17,6	1 320	396
2020	16,0	1 200	360
2021	**15,2**	**1 140**	**342**
2022	14,4	1 080	324
2023	13,6	1 020	306
2024	12,8	960	288
2025	12,0	900	270
2026	11,2	840	252
2027	10,4	780	234
2028	9,6	720	216
2029	8,8	660	198
2030	8,0	600	180
2031	7,2	540	162
2032	6,4	480	144
2033	5,6	420	126
2034	4,8	360	108
2035	4,0	300	90
2036	3,2	240	72
2037	2,4	180	54
2038	1,6	120	36
2039	0,8	60	18
2040	0,0	0	0

Der Weg zum Einkommen

Arbeitnehmer können mithilfe der etwas vereinfachten Berechnung auf → Seite 260 die Schritte zum zu versteuernden Einkommen und den Inhalt ihres Steuerbescheids besser nachvollziehen.

In Zeile 1 bis 7 werden die Einkünfte ermittelt. Das ist beim Lohn überschaubar. In Zeile 3 der Übersicht tragen Sie alle weiteren steuerpflichtigen Einkünfte in Summe ein, zum Beispiel aus einer selbstständigen Nebentätigkeit, Vermietung oder einer Rente. Tragen Sie hier bitte nur Werte ein, von denen Sie bereits Werbungskosten, Betriebsausgaben, Pauschalen und Freibeträge abgezogen haben. Zinsen und andere Kapitalerträge tauchen hier nur noch auf, wenn sie nicht der Abgeltungsteuer unterlegen haben beziehungsweise wenn sie nicht der Abgeltungsteuer unterliegen sollen.

In einem zweiten Schritt (Zeile 8 bis 11) werden Aufwendungen und Kosten abgezogen, die Sie in Form von Sonderausgaben und außergewöhnlichen Belastungen hatten. So ermitteln Sie das Einkommen (Zeile 12). Davon ziehen Eltern die Kinderfreibeträge ab, wenn die für sie günstiger sind als das Kindergeld (→ Seite 141). Für alle anderen entspricht das Einkommen auch ohne diesen Schritt dem zu versteuernden Einkommen (Zeile 14). Wie viel Einkommensteuer darauf fällig wird, finden Sie zumindest in grober Übersicht unter test.de/Steuerratgeber-Extra oder unter bmf-steuerrechner.de, dort „Berechnung und Information zur Einkommensteuer" anklicken, danach „Berechnung der Einkommensteuer".

Die so ermittelte Einkommensteuer ist aber häufig noch nicht das Ende der Rechnerei. Das Finanzamt zieht davon gegebenenfalls Steuerermäßigungen ab, die sich aus Parteispenden oder aus Dienstleistungen rund um den Haushalt ergeben (→ Anlagen Sonderausgaben und Haushaltsnahe Aufwendungen, Seite 114 und 131), ebenso bereits gezahlte Steuer, vor allem die laut Lohnsteuerbescheinigung vom Arbeitgeber abgeführte Lohnsteuer. Hinzugezählt werden eventuell erhaltenes Kindergeld und erhaltene Riester-Zulagen, wenn Kinderfreibeträge beziehungsweise der Sonderausgabenabzug für die Riester-Rente mehr Steuerentlastung brachten (→ Seite 114 und 158). Auch der Solidaritätszuschlag

bei hohem Einkommen (5,5 Prozent der Einkommensteuer) und gegebenenfalls 8 oder 9 Prozent Kirchensteuer kommen hinzu. Arbeitnehmer-
ehepaare, die eine gemeinsame Steuererklärung abgeben, rechnen bis
Zeile 7 jeder für sich und danach gemeinsam weiter.

Zeile	Ermittlung der Einkünfte	Euro
1	Jahresbruttolohn laut Lohnsteuerbescheinigung	
2	minus Werbungskosten (tatsächliche oder 1 000 Euro)	–
3	plus alle weiteren steuerpflichtigen Einkünfte (etwa aus gewerblicher und freiberuflicher Tätigkeit, Renten, Pensionen, Vermietung, Land- und Forstwirtschaft)	+
4	**Summe der Einkünfte**	=
5	minus Altersentlastungsbetrag (bis 40 % der begünstigten Einkünfte, bis 1 900 Euro, → Seite 256)	–
6	minus Entlastungsbetrag für Alleinerziehende (bis 4 008 Euro für das 1. Kind, → Seite 150)	–
7	**Gesamtbetrag der Einkünfte**	=
8	minus Verlustabzug	–
9	minus Versicherungsbeiträge	–
10	minus weitere Sonderausgaben einschließlich Kinderbetreuungskosten, mindestens 36 Euro pro Person)	–
11	minus außergewöhnliche Belastungen	–
12	**Einkommen**	=
13	minus Kinderfreibeträge (sofern sie mehr Entlastung als Kindergeld bringen)	–
14	**Zu versteuerndes Einkommen**	=

Steuersätze

Der Durchschnittssteuersatz ist der Steuersatz, den der Fiskus im Schnitt vom ersten bis zum letzten Euro des zu versteuernden Einkommens nimmt. Der Grenzsteuersatz zeigt an, wie viel Steuer für den letzten Euro des zu versteuernden Einkommens fällig wird. Die dargestellten Werte berücksichtigen nicht einen möglichen Solidaritätszuschlag, der ab einem bestimmten Einkommen fällig werden kann.

Beispiel: Ein Alleinstehender mit einem zu versteuernden Einkommen von 40 000 Euro hat 34,5 Prozent Grenzsteuersatz und 20,8 Prozent Durchschnittssteuersatz.

Zu versteuerndes Einkommen in Euro	Grenzsteuersatz	Durchschnittssteuersatz	Grenzsteuersatz	Durchschnittssteuersatz
	alleinstehend		verheiratet/verpartnert	
9 744	0,0 %	0,0 %	0,0 %	0,00 %
10 000	14,5 %	0,4 %	0,0 %	0,00 %
12 000	18,5 %	3,1 %	0,0 %	0,00 %
14 000	22,5 %	5,5 %	0,0 %	0,00 %
16 000	24,5 %	7,8 %	0,0 %	0,00 %
18 000	25,3 %	9,7 %	0,0 %	0,00 %
20 000	26,2 %	11,3 %	14,5 %	0,4 %
30 000	30,3 %	17,0 %	24,1 %	6,7 %
40 000	**34,5 %**	**20,8 %**	26,2 %	11,3 %
50 000	38,7 %	24,0 %	28,3 %	14,5 %
60 000	42,0 %	26,8 %	30,3 %	17,0 %
70 000	42,0 %	29,0 %	32,4 %	19,0 %
80 000	42,0 %	30,6 %	34,5 %	20,8 %
90 000	42,0 %	31,9 %	36,6 %	22,5 %
100 000	42,0 %	32,9 %	38,7 %	24,0 %

Steuerexperten finden

Einkünfte aus Vermietung, Auslandseinkünfte, eine Abfindung oder einfach der Wunsch, in einer komplexen Frage keinen Fehler zu machen: Manchmal geht es eben doch nicht ohne die Hilfe vom Experten – vom Steuerberater oder im Lohnsteuerhilfeverein.

Der Weg zum Steuerberater

Bei allen Steuerfragen können Sie einen der rund 99 000 Steuerberater in Deutschland aufsuchen:

▸ **Berater finden:** Fragen Sie zunächst im Bekannten- oder Verwandtenkreis, ob sie jemanden empfehlen können. Ohne konkrete Empfehlung bleibt die Suche übers Internet. Sie können beispielsweise den Suchdienst der Bundessteuerberaterkammer unter bstbk.de nutzen oder über den Deutschen Steuerberaterverband unter dstv.de gehen. Dort gibt es auch Hinweise auf Fachgebiete und Spezialkenntnisse der einzelnen Fachleute. Wenn Sie jemanden gefunden haben, notieren Sie sich vor dem ersten Treffen Fragen und Probleme in Stichworten.

▸ **Erstes Treffen:** Haben Sie den Eindruck, den passenden Berater gefunden zu haben? Wichtig ist, dass er sich in Ihre steuerliche Situation hineinversetzen kann und Ihre Steuerprobleme verständlich erklären kann. Besteht zwischen Ihnen ein uneingeschränktes Vertrauensverhältnis? Ist der Berater oder die Beraterin für Sie leicht erreichbar und bleibt genügend Zeit für das Gespräch?

▸ **Kosten:** Einige Berater nehmen für den Erstkontakt gar kein Honorar. Das sollte aber vorab telefonisch geklärt werden. Ansonsten richten sich die Kosten nach der Höhe der Einkünfte und nach dem Aufwand des Beraters. Er hat im Rahmen seiner Vergütungsverordnung aber einen erheblichen Entscheidungsspielraum. Wenn Sie selbst einige Vorarbeiten erledigen und beispielsweise Ihre Unterlagen und Belege nicht im Schuhkarton, sondern gut geordnet übergeben, ersparen Sie dem Steuerberater Aufwand und zahlen weniger Honorar.

Beratung im Verein

Alternativ wenden Sie sich an einen Lohnsteuerhilfeverein. Die Vereine dürfen für Mitglieder die Steuererklärung beim Finanzamt einreichen.

▶ **Ansprechpartner finden:** Neben der Frage im Bekanntenkreis können Sie es über das Internet probieren, etwa unter beratungsstellensuche.de. Oder Sie suchen im Telefonbuch unter dem Stichwort „Lohnsteuerhilfe". Als Orientierungshilfe bei der Auswahl der Beratungsstelle können Sie darauf achten, ob sie eine ausgewiesene Qualifikation hat: Die einzelnen Beratungsstellen können an dem Prüfverfahren des ZVL – Zertifizierungsverband der Lohnsteuerhilfevereine e. V. Berlin – teilnehmen. Nach erfolgreich bestandenem Prüfverfahren erhält die Beratungsstelle das Gütesiegel des ZVL.

▶ **Erstes Treffen:** Notieren Sie vorab Ihre Fragen und klären Sie zu Beginn, ob der Lohnsteuerhilfeverein Sie vertreten darf. Denn die Vereine haben nur eine begrenzte Beratungsbefugnis. Freiberufler, Gewerbetreibende und Landwirte dürfen sie nicht beraten. Beziehen Sie solche Einkünfte, müssen Sie bei Beratungsbedarf grundsätzlich zu einem Steuerberater gehen. Es gibt jedoch Ausnahmen: Erhalten Sie freiberuflich in einem Ehrenamt nur steuerfreie Einnahmen, können Sie doch vom Verein beraten werden. Beschäftigen Sie eine Haushaltshilfe, dürfen Sie sich trotz Ihrer Funktion als „Arbeitgeber" vom Lohnsteuerhilfeverein beraten lassen.

▶ **Einkommensgrenzen:** Auf einigen Gebieten funktioniert die Begrenzung der Beratungsbefugnis der Vereine über die Höhe der Einnahmen. Wer Mieteinnahmen und private Veräußerungsgewinne bis zu insgesamt 18 000/36 000 Euro (Alleinstehende/Ehepaare und Lebenspartner) hatte, darf vom Lohnsteuerhilfeverein beraten werden. Zinsen und andere Kapitalerträge spielen bei der Einnahmegrenze keine Rolle, wenn die Kapitalerträge mit der Abgeltungsteuer besteuert wurden und in der Steuererklärung nicht angegeben werden.

▶ **Kosten:** Der Mitgliedsbeitrag ist in der Regel nach der Einkommenshöhe gestaffelt. Im Schnitt sind es zwischen 50 und 400 Euro im Jahr. Das ist gewissermaßen der jährliche Gesamtpreis der Beratung.

Begriffsübersicht von A-Z

Abgeltungsteuer: Seit 2009 gilt in Deutschland eine pauschale Abgeltungsteuer auf alle Kapitalerträge wie Zinsen, Dividenden und Gewinne aus Wertpapierverkäufen. Sie beträgt 25 Prozent. Zusätzlich werden Solidaritätszuschlag und gegebenenfalls Kirchensteuer fällig. Meist kümmert sich die Bank darum, dass die fällige Steuer an das Finanzamt überwiesen wird. Es gibt aber auch bestimmte Situationen, etwa, wenn Sie Ihr Konto oder Depot bei einer Auslandsbank haben, in denen Sie selbst Ihre Kapitalerträge beim Finanzamt abrechnen müssen. Je nach Einkommenssituation kann es sich auch lohnen, dass Sie Ihre Kapitaleinkünfte freiwillig beim Finanzamt abrechnen – um sich Abgeltungsteuer zurückzuholen, die im Laufe des Jahres zu viel überwiesen wurde.

Alterseinkünftegesetz: Dieses seit 2005 geltende Gesetz hat die Besteuerung der Altersvorsorge komplett umgekrempelt. Wichtigste Neuerung war die Einführung der nachgelagerten Besteuerung: Einnahmen im Alter wie die Rente aus der gesetzlichen Rentenversicherung oder einem berufsständischen Versorgungswerk müssen seither zu einem Großteil und ab 2040 komplett versteuert werden. Im Gegenzug ist ein stetig steigender Anteil der Beiträge für die Altersvorsorge steuermindernd als Sonderausgaben abzugsfähig. Die aktuelle Regelung kann allerdings, so der Bundesfinanzhof in zwei Verfahren, für künftige Jahrgänge zu einer unerlaubten Doppelbesteuerung führen – demnach würden sowohl die Vorsorgebeiträge aus bereits versteuertem Einkommen gezahlt und die daraus resultierenden Renten auch noch zum Teil besteuert. Um das zu vermeiden, soll es eine Gesetzesänderung geben.

Außergewöhnliche Belastung: In bestimmten Lebenssituationen ergeben sich Ausgaben, für die Sie selbst gar nichts können, zum Beispiel wenn Sie Ausgaben für Ihre Gesundheit haben oder nach einem Hochwasser größere Summen aufbringen müssen. An den Ausgaben nach möglichen Schicksalsschlägen können Sie das Finanzamt beteiligen. Viele dieser Posten, etwa wenn Sie Ausgaben für Arztbesuche, Hilfsmittel und Medikamente hatten, zählen allerdings nicht ab dem ersten Euro, sondern erst, wenn die Belastung so groß ist, dass sie nicht mehr „zumutbar", sondern eben „außergewöhnlich" ist. Wo diese Grenze verläuft, ermittelt das Finanzamt für jeden Steuerpflichtigen anhand der familiären Situation und der Höhe seiner steuerpflichtigen Einkünfte.

Betriebliche Altersversorgung: Hierbei handelt es sich um einen Sammelbegriff für alle Leistungen, die Rentner und Pensionäre (und ihre Hinterbliebenen) im Zusammenhang mit einer früheren Erwerbstätigkeit erhalten. Darunter fallen Leistungen, die ausschließlich oder teilweise vom Arbeitgeber beziehungsweise vom Arbeitnehmer finanziert wurden. Es gibt fünf Formen oder „Durchführungswege" der betrieblichen Altersversorgung: Direktzusage, Unterstützungskasse, Pensionskasse, Direktversicherung und Pensionsfonds. Das Prinzip dahinter: In der Ansparphase zweigt der Arbeitgeber einen Teil des Bruttoverdienstes ab und zahlt das Geld in einen Vorsorgevertrag ein. Als Arbeitnehmer sparen Sie so Steuern und Sozialabgaben. Dafür sind die Leistungen bei Auszahlung häufig steuerpflichtig: je nach Form, Finanzierung und Förderung sind sie entweder voll oder mit dem Ertragsanteil steuerpflichtig. Was wie zu versteuern ist, ergibt sich in der Regel aus der Leistungsmitteilung des Versicherungsträgers.

Ehegattensplitting: Ehepartner und eingetragene Lebenspartner profitieren in Deutschland vom sogenannten Splitting-Vorteil. Vereinfacht gesagt verbirgt sich dahinter folgende Rechnung: Geben die beiden Partner eine gemeinsame Steuererklärung ab (Zusammenveranlagung), ermittelt das Finanzamt für beide Partner zusammen, wie hoch das zu versteuernde Einkommen insgesamt ist. Diese Summe wird dann halbiert und die darauf zu zahlende Einkommensteuer ermittelt. Diese fällige Steuer wird dann wiederum verdoppelt. Es wird also immer so gerechnet, als ob beide Partner genau die Hälfte des gemeinsamen Einkommens erzielt hätten – ganz gleich, wie sich die Einkommen der beiden Partner tatsächlich verteilen. Diese Rechenschritte sorgen dafür, dass Partner, deren Einkommen weit auseinanderliegen, einen besonders großen Steuervorteil durch die Hochzeit haben. Erzielen die Partner hingegen beide ein Einkommen in ähnlicher Höhe, bringt ihnen die Hochzeit keinen oder nur einen geringen Steuervorteil.

Fünftelregelung: Bestimmte Zahlungen, etwa eine Abfindung Ihres früheren Arbeitgebers, besteuert das Finanzamt etwas günstiger nach der sogenannten Fünftelregelung: Im ersten Schritt errechnet das Finanzamt, wie viel Einkommensteuer Sie ohne die Abfindung zahlen müssten. Dann ermittelt es, wie hoch Ihre Steuer wäre, wenn ein Fünftel der Auszahlung zu Ihrem sonstigen Einkommen hinzukäme. Den Unterschiedsbetrag multipliziert es mit fünf und addiert diesen Wert dann zur ursprünglichen Steuer. Dadurch fällt die Steuer für die Abfindung etwas niedriger aus als ohne diese Rechenschritte.

Grundfreibetrag: Das ist der Teil des Einkommens, der nicht der Einkommensteuer unterliegt. Es ist ein Steuerfreibetrag, der für jeden gilt. Er soll sicherstellen, dass ein Einkommen, das unter dem Existenzminimum liegt, nicht noch durch die Steuer verkleinert wird. 2021 liegt dieser Grundfreibetrag bei 9 744 Euro im Jahr für Alleinstehende und 19 488 Euro für Ehe- und Lebenspartner.

Kindergeld: Leistung, die allen Eltern für ihren Nachwuchs ab dem Monat der Geburt zusteht. Anspruch besteht für Kinder bis zur Vollendung des 18. Lebensjahres. Wenn sie sich in der Ausbildung befinden, gilt der Anspruch bis zur Vollendung des 25. Lebensjahres. Anspruch für arbeitslose Kinder besteht bis zum 21. Geburtstag. Voraussetzung ist in allen Fällen, dass die Kinder ihren Wohnsitz in Deutschland haben oder sich hier für gewöhnlich aufhalten. Für Kinder, die wegen fehlenden Ausbildungsplatzes eine Berufsausbildung nicht beginnen oder fortsetzen können, gelten grundsätzlich die Regelungen für Kinder in Ausbildung. Das Kindergeld wird an die Person gezahlt, in deren Obhut sich das Kind befindet. Lebt das Kind mit beiden Eltern zusammen, können diese bestimmen, wer von ihnen das Kindergeld erhalten soll. Die Auszahlung des Kindergeldes erfolgt in der Regel durch die Familienkassen bei den Agenturen für Arbeit. Für Angehörige des öffentlichen Dienstes und Empfänger von Versorgungsbezügen wird das Kindergeld von ihrem Dienstherren oder Arbeitgeber festgesetzt und ausgezahlt. Im Zuge der Steuererklärung prüft das Finanzamt, ob die Eltern über das Kindergeld hinaus noch von Steuerfreibeträgen für den Nachwuchs profitieren.

Kleinunternehmer: Sind Sie (nebenberuflich) selbstständig, kann neben der Einkommensteuer auch Umsatzsteuer fällig werden. Das hängt davon ab, ob das Finanzamt Sie als Kleinunternehmer führt oder nicht. Als Kleinunternehmer müssen Sie von Ihren Kunden keine Umsatzsteuer erheben und an das Finanzamt weiterleiten. Sie können aber nur Kleinunternehmer sein, solange Ihr Jahresumsatz nicht über 22 000 Euro liegt. Ist er höher, gelten Sie ab dem folgenden Jahr nicht mehr als Kleinunternehmer. Liegt Ihr Jahresumsatz sogar über 50 000, können Sie schon im laufenden Jahr umsatzsteuerpflichtig sein. Doch selbst wenn Sie als Selbstständiger in den Grenzen für die „Kleinunternehmer-Lösung" bleiben und auf Umsatzsteuer verzichten können, prüfen Sie – am besten mithilfe eines Steuerexperten –, ob das tatsächlich günstig für Sie ist. Denn auch bei niedrigen Umsätzen können Sie sich gegen die Befreiung von der Umsatzsteuer entscheiden. Das kann sich lohnen, etwa wenn Sie größere Aufwendungen haben.

Progressionsvorbehalt: Wenn Sie Lohnersatzleistungen beziehen, zum Beispiel Elterngeld, Kurzarbeiter- oder Krankengeld, sind diese Leistungen steuer- und sozialabgabenfrei. Trotzdem können sie dafür sorgen, dass sich Ihre Steuerlast erhöht. Denn diese Leistungen unterliegen dem sogenannten Progressionsvorbehalt: Wenn das Finanzamt Ihren persönlichen Steuersatz ermittelt, addiert es den Lohnersatz zu Ihren übrigen Einkünften. Dadurch steigt Ihr Steuersatz an und damit auch die Steuerbelastung. Auf diese Weise kann es sich zum Beispiel für Ehe- und eingetragene Lebenspartner lohnen, wenn sie keine gemeinsame Steuererklärung einreichen, sondern getrennt mit dem Finanzamt abrechnen. Denn dann werden nicht die Einkommen beider Partner vom Progressionsvorbehalt getroffen, sondern nur das Einkommen des Partners, der den Lohnersatz erhalten hat. Am besten rechnen Paare, die Lohnersatz erhalten haben, vorab aus, welche Abrechnung für sie günstiger ist – einzeln oder gemeinsam.

Sonderausgaben: Verschiedene Posten, die Sie steuerlich geltend machen können – angefangen bei den Basisbeiträgen zur Kranken- und Pflegeversicherung. Hinzu kommen zum Beispiel Kirchensteuern und Spenden. Solche Sonderausgaben können einen enormen Steuervorteil bringen. Denn wenn Sie keine Ausgaben abrechnen, berücksichtigt das Finanzamt automatisch eine Pauschale von nur 36 Euro im Jahr. Dieser Wert ist schnell übersprungen, zum Beispiel, wenn Sie in der Weihnachtszeit eine größere Summe spenden.

Werbungskosten: Ausgaben, die Sie haben, um überhaupt Einnahmen erzielen zu können. Fahren Sie als Arbeitnehmer regelmäßig in den Betrieb, können Sie die Ausgaben für den Arbeitsweg als Werbungskosten geltend machen. Vermieten Sie eine Wohnung, machen Sie die Ausgaben für Instandhaltung und Renovierung als Werbungskosten geltend. Gehen Sie in den Ruhestand und schalten Sie einen Rentenberater ein, können Sie die Ausgaben für die fachliche Unterstützung als Werbungskosten geltend machen.

Stichwortverzeichnis

Die Stiftung Warentest wurde 1964 auf Be-schluss des Deutschen Bundestages gegründet, um dem Verbraucher durch vergleichende Tests von Waren und Dienstleistungen eine unabhängige und objektive Unterstützung zu bieten.

11., aktualisierte Auflage
© 2021 Stiftung Warentest, Berlin

Stiftung Warentest
Lützowplatz 11–13
10785 Berlin
Telefon 0 30 / 26 31–0
Fax 0 30 / 26 31–25 25
www.test.de
email@stiftung-warentest.de

USt-IdNr.: DE136725570

Vorstand: Hubertus Primus
Weitere Mitglieder der Geschäftsleitung:
Dr. Holger Brackemann, Julia Bönisch,
Daniel Gläser

Programmleitung: Niclas Dewitz

Autorinnen: Isabell Pohlmann, Angela Rauhöft
Fachliche Beratung: Tobias Gerauer (StB),
Peterskirchen
Projektleitung: Philipp Sperrle
Lektorat: Heike Plank
Korrektorat: Christoph Nettersheim, Nürnberg
Titelentwurf: Susann Unger, Berlin
Layout: Büro Brendel, Berlin
Bildredaktion: Anne-Katrin Körbi

Grafik, Satz: Anne-Katrin Körbi, Büro Brendel, Berlin, Uwe Weselmann, Berlin
Bildnachweis: Titel: Getty Images/James Shearman, U4: Getty Images/Dani Garcia Banos
Gettyimages: 4, 24, 48, 198 Klaus Vedfelt; 11 Fuse; 15 urbazon; 18 Erik Von Weber; 22 Maskot; 29, 82 Luis Alvarez; 47 MirageC; 53 Aleksandr Zubkov; 61 Tom Werner; 65 andresr; 70 Maskot 87 Phynart Studio; 89 Yevgen Romanenko; 99 OJO Images RF; 111 Thomas_EyeDesign; 119 Thomas_EyeDesign; 126 Morsa Images; 130 fotokraftwerk; 138 Imgorthand; 145 Thomas Barwick 151, 157, 189, 197, 219 Westend61; 162 PM Images; 166 Yves Murawski/EyeEm; 174 Image Source; 202 Sinan Kocaslan; 211 Nopparat Khokthong/EyeEm; 215 Luis Alvarez; 226 Maskot 230 SelectStock; 241 Tom Werner; 245 MaskotAdobe Stock: 106 YK – stock.adobe.com

Produktion: Vera Göring
Verlagsherstellung: Rita Brosius (Ltg.), Susanne Beeh, Romy Alig
Litho: tiff.any, Berlin
Druck: Fromm + Rasch GmbH & Co. KG., Osnabrück

ISBN: 978-3-7471-0466-8

Wir haben für dieses Buch 100 % Recyclingpapier und mineralölfreie Druckfarben verwendet. Stiftung Warentest druckt ausschließlich in Deutschland, weil hier hohe Umweltstandards gelten und kurze Transportwege für geringe CO_2-Emissionen sorgen. Auch die Weiterverarbeitung erfolgt ausschließlich in Deutschland.